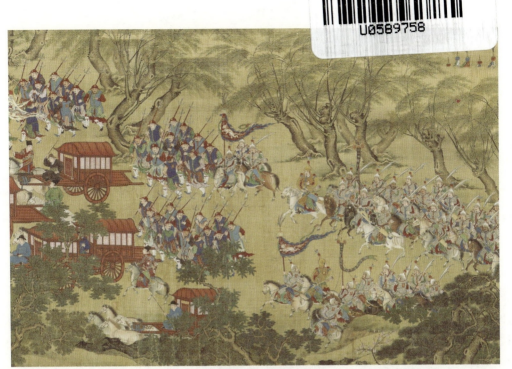

· 身穿蓝色罩甲、头戴朱漆勇字盔的锦衣卫力士与身穿盔甲、头戴凤翅盔的锦衣卫大汉将军（《出警图》局部）。

· 明神宗（右）与护卫他的一众锦衣卫（《出警图》局部）。

· 早期飞鱼的尾巴。

· 红地飞鱼纹纱单袍，
斜襟立领款，孔府藏。

· 香色马麻飞鱼袍，
贴里款，孔府藏。

·飞鱼纹样（撷芳主人摹）。飞鱼纹据说是汉族传统中寓意吉祥的纹样之一。《山海经·海外西经》载："龙鱼陵居在其北，状如狸（或曰龙鱼似狸一角，狸作鲤）。"因为它会飞，所以得名飞鱼。飞鱼是神兽，与华夏族上古的雷神有一定渊源。在明代，飞鱼的形象逐渐演变为龙头、四足、四爪、身如蟒、无翼、鱼尾，与蟒的区别关键在于尾巴部分。

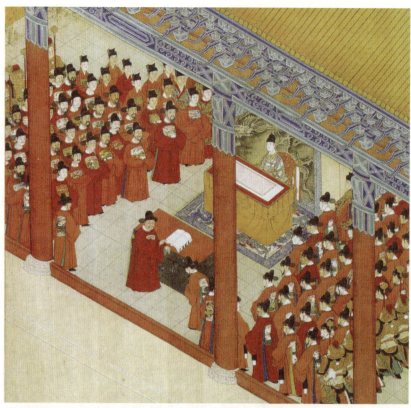

· 文华殿经筵，《徐显卿宦迹图》（故宫博物馆藏）。图中，皇帝与官员皆穿吉服，明神宗头戴乌纱翼善冠，身穿黄色龙纹云肩通袖膝襕袍，腰束玉带；徐显卿和其他官员都是乌纱帽、大红补子圆领；皇帝身侧戴三山帽者是近侍太监，官员身后穿盔甲者为锦衣卫大汉将军。

· 锦衣卫官员和校尉（《出警图》局部）。

· 锦衣卫大汉将军（《入跸图》局部）。

司礼监太监

司礼监太监

明神宗

锦衣卫堂上官

锦衣卫大汉将军

内阁大学士

· 金台捧敕，《徐显卿宦迹图》（故宫博物馆藏）。图中，黄幄内的是明神宗，戴乌纱翼善冠，穿黄色龙纹云肩通袖膝襕袍；御座之西为锦衣卫堂上官，穿大红狮子补直身；御座之东是三位内阁官；金台栏杆旁是锦衣卫大汉将军；御幄周围为司礼监太监。

·传世南京锦衣卫指挥使朝服。由于此图为家族在祭祀场合用的画像，因此提高了官职品级，才会戴七梁冠（一品）。这是默认的潜规则，虽然实际上属于僭越行为，不过没人计较。

·锦衣卫武官，身穿蟒纹曳撒。

·传世南京锦衣卫指挥使常服。

·锦衣卫武官，身着圆领蟒袍。

· 锦衣卫木印（中国国家博物馆藏），印面篆刻"锦衣卫印"，背面刻"成化十四年三法司置"。

· 五梁冠（正三品），孔府藏。锦衣卫指挥使就是正三品。

· 锦衣卫指挥使马顺的牙牌（首都博物馆藏）。

· 明代锦衣卫腰牌，象牙制。

· 孔府旧藏六十五代衍圣公朝笏。在锦衣卫指挥使马顺被当朝打死的事件中，大臣们的朝笏也出了不少力。

· 南京皇城校尉铜牌（中国国家博物馆藏）。

· 豹房勇士铜牌（中国国家博物馆藏）。这面铜牌一面铸有一只豹子，上方横铸"豹字九百五十五号"；另一面铸有"养豹官军勇士悬带此牌，无牌者依律论罪，借者及借与者罪同"。

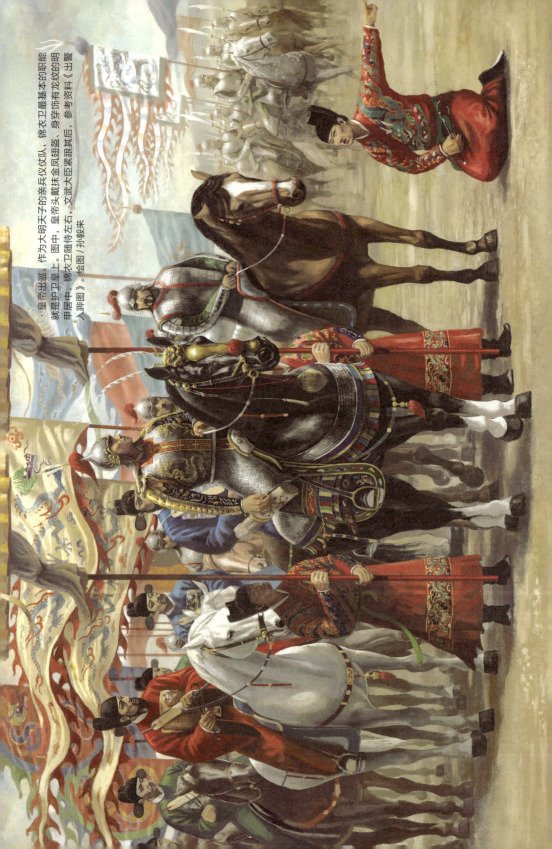

皇帝出巡。作为大明天子的亲兵兼仪仗队，锦衣卫最基本的职能就是护卫皇上。图中，皇帝头戴抹金凤翅盔，身穿饰有龙纹的明甲居中，文武大臣紧跟其后，锦衣卫随侍左右。参考资料《出警入跸图》。绘图/孙毅来

·锡兰山之战。郑和第三次下西洋时，船队在返航途中遭遇锡兰山国（今斯里兰卡）袭击，他临危不乱，率领锦衣卫奋起反击，最终攻下王宫，将其国王俘虏并带回大明。该图主要出场人物有郑和、锦衣卫武官与锡兰山国士兵。参考资料《出警入跸图》。

绘图 | 孔毅来

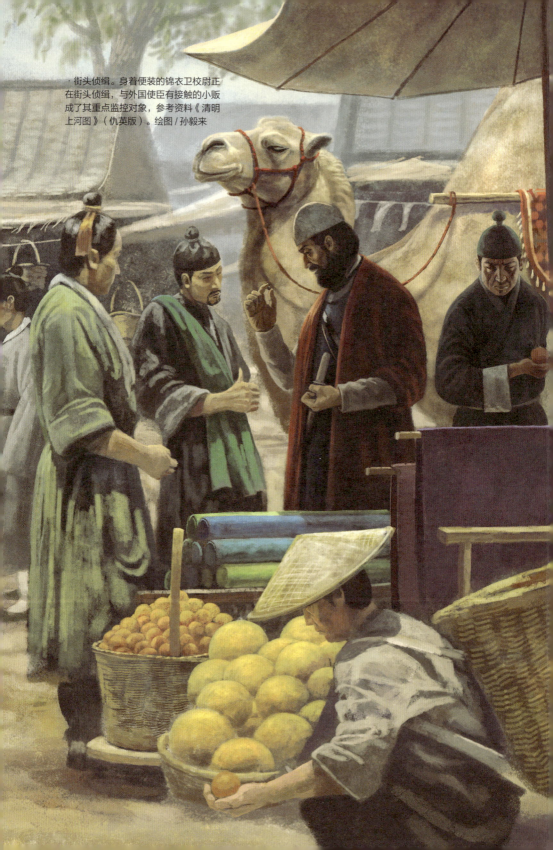

· 街头侦缉。身着便装的锦衣卫校尉正在街头侦缉，与外国使臣有接触的小贩成了其重点监控对象，参考资料《清明上河图》（仇英版）。绘图 / 孙毅来

皇帝身边人·001

锦衣卫

草色风烟 著 / 宋毅 主编

台海出版社

图书在版编目（CIP）数据

皇帝身边人 . 001, 锦衣卫 / 草色风烟著 . -- 北京：
台海出版社 , 2017.12
ISBN 978-7-5168-1610-3

Ⅰ . ①皇… Ⅱ . ①草… Ⅲ . ①中国历史－明代－通俗
读物 Ⅳ . ① K209

中国版本图书馆 CIP 数据核字 (2017) 第 251033 号

皇帝身边人 001：锦衣卫

著　　者：草色风烟

责任编辑：刘　峰　　　　　　　　策划制作：指文文化
视觉设计：杨静思　　　　　　　　责任印制：蔡　旭

出版发行：台海出版社
地　　址：北京市东城区景山东街 20 号　　邮政编码：100009
电　　话：010 － 64041652（发行，邮购）
传　　真：010 － 84045799（总编室）
网　　址：www.taimeng.org.cn/thcbs/default.htm
E － mail：thcbs@126.com

经　　销：全国各地新华书店
印　　刷：重庆共创印务有限公司
本书如有破损、缺页、装订错误，请与本社联系调换

开　　本：787mm×1092mm　　　　1/16
字　　数：192 千　　　　　　　　印　　张：16
版　　次：2017 年 12 月第 1 版　　印　　次：2017 年 12 月第 1 次印刷
书　　号：ISBN 978-7-5168-1610-3

定　　价：59.80 元

目録

目録

○ 引子 ○

印象·锦衣卫

　　说到锦衣卫，十之八九的人都会自动联想到明朝的黑暗专制，以及明朝皇帝的昏庸与怠政。正因为有这样一个人人自危的社会背景，锦衣卫这一群体的出现才显得合情合理，不至于太过突兀。在人们眼中，这些鲜衣怒马的衣冠禽兽，从来都是朝廷的鹰犬，是皇帝用来监视、迫害臣民的爪牙，他们欠下的累累血债简直罄竹难书。

　　基于这样的认知，无恶不作的锦衣卫与权倾朝野的狗太监最终成为大众眼里的明朝特产。人们甚至据此认为，没有这些元素的明朝故事都是不完整且缺乏时代感的。因此，在许多涉及明代题材的影视剧和文学作品里，都能看到这两大人群积极出没的身影。只不过他们照例充当的都不是什么好东西，迫害忠良、屠戮无辜、监控民意、扑杀异己……皆是他们的看家本领。尤其在以武侠小说为代表的江湖世界，他们更是常常被指给男女主角演对手戏，以凸显正义必然战胜邪恶的价值观。

　　偌大的明朝，好歹也曾有过万国来朝的辉煌，相信可以拿来闲谝的东西很多，可为什么大家放着其他的不表，单表锦衣卫和狗太监呢？

　　有人会说：因为明朝的皇帝昏庸无能，任用锦衣卫和狗太监肆意妄为，荼毒百姓，致使民不聊生，这铁一般的事实太令人印象深刻了，所以我们应当批判这种专制强权，以史为鉴，时时惕厉。

　　以史为鉴没有错，问题在于，你真的确信你所谓的印象是"铁一般的事实"吗？

　　印象这玩意儿其实挺可怕的，它的可怕往往体现在一种先入为主的惯性上。这种惯性会形成一种毫无辨别力的盲从，且少有人去主动矫正；而被动的矫正则往往充斥着质疑的目光，矫正的结果自然也是因人而异。不过，肯质疑总比一味地偏听偏信强，毕竟有质疑才会去用心求证。也唯有用心求证，人们才有可能接近历史的真相，得出相对客观的答案。

如是，我们不妨回到关于锦衣卫的话题，聊一聊大多数人印象中的他们。

特务、屠夫、恶徒、恐怖组织……这是大多数文史资料和艺术作品中关于锦衣卫形象及其职能的描述，也是大部分人听到"锦衣卫"三个字时，最直接的反应。对文史稍有涉猎的人甚至可以列举出有关锦衣卫的若干故事与传说。例如，一官员在家宴请宾客，第二天就被朱元璋问及宴请的情况，并拿出还原宴会现场的图画给他看，吓得该官员汗出如浆；另一官员前一晚在第 X 房小妾的屋里过夜，结果次日就被朱元璋点破……类似的"恐怖"故事有许多许多，而且领衔主演大多都是朱元璋。且不论明太祖朱元璋是不是真的无聊到连床第之事都乐得管，至少这些故事听起来都令人毛骨悚然。想这锦衣卫无孔不入到了怎样的地步，明朝的广大群众连起码的隐私都荡然无存了！如此经年累月处于严密的监管之下，还能愉快地玩耍吗？

想到这些，听故事的人们不由得感慨：活在明朝真是太可怕了！明朝的皇帝真是太变态了！

可是，你有没有发现如此推理下去，事情竟隐隐有些违和？

我们不妨设想一下，如果让你终日处于这样的恐怖环境中，连洗个澡都可能被人曝光裸照，然后你上司动不动拿裸照要挟你做事，你能忍受多久？估计但凡是个正常人，恐怕连 24 小时都撑不到就该暴走了。暴走的原因很简单：毫无安全感。

那么问题来了，我们连 24 小时都忍受不了的事情，明朝上上下下全体臣民居然默默忍受了近三百年，而且吃喝拉撒睡一样没落下，难道我们与明人不是一种生物、一种体质？还是我们的神经远不如明人坚韧？

照此一分析，我们不禁要疑惑，问题的症结究竟何在。

锦衣卫无孔不入难道不是事实吗？锦衣卫残害忠良难道不是事实吗？锦衣卫恣意妄为、贪赃枉法、荼毒百姓，难道不是事实吗？

负责任地说，这些都是事实，白纸黑字放在那里，没人可以否认和分辩。但是，事物是在不断发展演变的，每一个阶段都有每一个阶段的情况。单以某一阶段或者某一案例来给一个事物下定论，就如同盲人摸象，容易以偏概全，有失偏颇。

事实上，锦衣卫从建立发展，到最后走向毁灭，与寻常事物的生灭并无二致。它诞生的初衷，并不是只带着满满恶意。刻意夸大其存在过程中某一阶段的情况（如明初的"胡惟庸案"和"蓝玉案"时期），特别是其所造成的负面影响，本身就带有强烈的感情色彩。用现在流行的话说，属于一种有选择性地人为"黑化"。打个不恰当的比方，若把锦衣卫比作一个人，你只盯着他的缺陷，放大他的错误，无视别的特质，并据此判定"他就是十恶不赦的坏人"，仔细想想，是不是很主观、很感情用事呢？

有人估计马上就要反驳了：文献和史料中有记录锦衣卫良善的属性吗？明明满篇都是恶行好吗？就算有，肯定也不多，终归是恶比善多吧！

的确，在现有的大部分文献和史料中，锦衣卫的黑历史占据了很大的篇幅，远超他们做好人好事的记录。这使得从表面上看，锦衣卫的恶行多到难以计数，而善行几乎可以忽略不计。

"大家都说他不是好人，所以他肯定不是好人！"——这是大多数人的思维惯性，尤其是在深具从众心理的中国，这样的观点是非常具有市场的。

因此，锦衣卫在广大人民群众的印象里，成了黑暗的专制工具，是罪大恶极的产物，应被钉死在历史的耻辱柱上，永世不得翻身。然而，对着锦衣卫喊打喊杀的人民群众，大多忽略了一个关键性的问题：在被锦衣卫严密监控的大明朝，人身自由和起码的安全都无法保障，那么多有关锦衣卫的黑历史到底是如何留存下来的呢？

按照常理，明朝皇帝用这种极端手法监控民意，出发点肯定是针对威胁到自己统治的异己势力，至少也是为了减少对己不利的舆论。那么，他怎么会容忍自己的走狗锦衣卫被人这么肆意攻讦呢？他应该利用无孔不入的锦衣卫，不惜一切代价销毁这些文献，屠杀这些文献的记录者才对。这样一来，我们如今便不会看到有关锦衣卫作恶多端的大量记录，就算有，也绝对不会超过粉饰美化锦衣卫的篇幅。

值得玩味的是，留存下来的有关锦衣卫的黑历史不但量多到惊人，而且秉笔直书、毫无顾忌，整个没把大明天子放在眼里。

这就尴尬了：想用锦衣卫这只"忠犬"监控臣民，结果不但"忠犬"被吊打，连带着主人也被晒了尸体……到底是谁这么大胆，敢在天子头上动土！

答案是，官僚集团。

对，你没有看错，就是大明皇帝重点盯防的对象、锦衣卫的死对头——明朝的官僚们。其中战斗力最强且占据绝佳位置的，莫过于都察院的御史和记录天子言行的史官。前者但凡有理有据，就没有不敢监察弹劾的，皇帝也要让三分；后者手中握有笔杆，是秉笔直书还是曲笔揭秘，全看自身所处立场的需要。

什么需要？

皇权与相权（官僚集团）斗争的需要。

因此，明朝皇帝越是重用锦衣卫来制约官僚集团，官僚集团的回击越是激烈。皇帝毕竟是一国之君，尊严还得顾忌，那就只好拿他的"忠犬"锦衣卫开刀。表面上看，官僚集团与锦衣卫新仇旧怨不断，是源于锦衣卫逸出司法机关之外，逮捕刑讯大臣。实际上，官僚们的做法是打狗明示天下人：恶狗咬人，背后都是主人指使的哦！

舆论的矛头就此指向了皇帝。皇帝确实是锦衣卫逮捕刑讯大臣的主使，其针对的对象也并非都是洁身自好的忠贞之臣，可架不住权力斗争中"天下官僚是一家"的事实，得罪了一个，也就得罪了一群。为了给一只"忠犬"脱罪，主人亲自下场承受众怒，实在得不偿失。于是，在达成了预期的某种程度的平衡之后，主人选择把罪名都推给锦衣卫，牺牲"忠犬"，褒奖"清君侧"的忠良们，息事宁人。

皇帝与官僚集团握手言和了，脚下踩着锦衣卫的尸体。换言之，锦衣卫替皇帝背了黑锅，这一背就再没能卸下来，直到现在。

官僚集团掌握着记录历史的笔杆子，基于自身的政治立场，自然不会对皇帝的走狗锦衣卫手下留情。因此，就算锦衣卫做了利国利民的事，也要看彼时的情形，再作褒贬。

这也就解释了，为啥锦衣卫看似无孔不入，却连自身的黑历史都没法销毁，同时也揭示了明朝的臣民为何能够忍受皇帝严密的监控长达近三百年。因为，严格来说，明朝的臣民根本就不存在"忍受"监控的问题。若说有人忍受锦衣卫的监控和伤害，大约也只有特定品阶的官员们。毕竟锦衣卫的"工作对象"很明确，设立的宗旨就是协助皇帝制衡相权，而不是鱼肉百姓。尽管到了晚明，锦衣卫的作为显得相当没有下限，连老百姓也成为针对的目标，但也仅仅限于那个时期而已。

就这样反反复复折腾了几百年，锦衣卫随着明朝的灭亡消失在了历史的长河中，皇权与相权之争也灰飞烟灭了，人们对其恶劣的印象似乎也该随之渐淡了。不料，老天爷这个编剧创作的剧情就是这么跌宕起伏，继覆灭了的明朝官僚集团之后，新的黑手又出现了。这双黑手狠狠地推了一把方才坐起身的锦衣卫，锦衣卫又躺尸了，而且死得比之前更难看。

这双黑手就是埋葬明朝的新兴政权——清朝。

说清朝是"黑手"，没有任何开地图炮的意思。历来编修史料，特别是前朝的历史，无不强调前朝晚期的黑暗与昏庸，用来体现和论证本朝取而代之的先进性和法统。不表现前朝的无能，怎能突出本朝的强大？

只是若将矛头直接指向前朝皇帝，多少显得不够雍容大度，也太过图穷匕见。因此，参考明朝官僚集团的做法，朝前朝皇帝的"忠犬"下手，拐弯抹角、指桑骂槐，似乎是个掩藏真实意图的不二之选。于是，在清代的文人笔记和官方编修的明史文献中，再一次大量"记录"了有关锦衣卫的负面文字，并全力歌颂被大明天子迫害的忠臣良相。

时人对比着明朝人遭遇的"非人"待遇，感叹着在没有锦衣卫的大清生活，似乎强上不少。

无独有偶，清亡之后的民国时代，在朝在野的人们，比照着明朝的锦衣卫和清朝的文字狱，觉得自己简直身处黄金时代。

从诞生之日起，锦衣卫的负面形象就一再地被刷新和加强，而每一次变化无一例外都对应着某些思潮和特殊目的。在这个过程中，锦衣卫从被公正地批判，逐渐变成了莫名其妙地躺着也中枪，最后成了人人都能踩上一脚的对象。如此一边倒的风评，从客观上造成了如今锦衣卫形象的严重失真和扭曲。为此，有学者专门做过数据统计，得出结论：当代关于锦衣卫的研究长达八十年之久，都保持着对锦衣卫全面否定、对明朝强烈谴责的判定。尽管最近的十余年里，关于锦衣卫的学术研究开始有一些松动，研究领域逐渐扩展，许多不同于传统全面否定的学术观点也开始出现，但都不足以撼动此前几百年形成的惯性。锦衣卫是一个无恶不作的特务机构的看法，依旧无奈地主导着非历史爱好者和普通民众的内心，也渗透到了影视剧和文学的创作中。于是，大量有关锦衣卫的研究资料和文学作品、艺术作品不断涌现，几乎一边倒地将锦衣卫打入恶鬼行列。

正因为这样的主流见解，使得我们所知所见的，只剩下了印象里锦衣卫无恶不作、罪大恶极的模样，守护着一个极端专制、黑暗腐朽的大明帝国。

而这个有失公允的扭曲印象，烙印在观者的脑海里，根深蒂固，着实阻碍着史学观点的突破，使得历史研究者们还原明朝真实面目的道路变得更加艰辛与困苦。

如此的恶性循环还在继续着，仅仅因为一个最初的印象。究竟要如何才能打破一个被恶意扭曲的印象，重塑客观公正的印象呢？

被强行糊住本来面目的锦衣卫就如同一个重症的病人，想要一剂见效、拨乱反正，显然是不可能的。而若一味强调他的好，忽视其做过的恶，也必然会落入被人诟病替其洗白的困境，走入另一个极端。探寻研讨历史应持中正态度。好在学术界已经有了不同的声音，虽然时日尚浅，却到底是一个变化、一个希望。

社会环境在变化，人的认知水平也在变化，史学界出现的争鸣之声便是社会舆论环境开始变得宽容的表现。相信在不久的将来，伴随着新文献和文物的不断面世，人们对锦衣卫有失偏颇的看法会有所改观，先入为主的印象也会因之而松动。希望到那时，人们提起锦衣卫，不再是一边倒的唾骂和仇恨，而是平和地仅仅将其视为一个职业有点特殊的普通的群体。

正所谓，履道坦坦，幽人贞吉。

第一章

来吧！万岁爷需要你！

锦衣卫的由来与架构

明洪武十九年（1386年）五月的一天，一桩牵连多人的聚众谋反大案突然被踢爆。消息迅速传至京师（今江苏南京），引起了大明帝国的最高统治者明太祖朱元璋的高度重视。

此时距离朱元璋改元称帝已有近二十年，按理说，旧敌早已肃清，在他的治理下，即便还没达到国泰民安的程度，也不至于闹出聚众谋反这种通天的大案吧？然而，现实这个剧本的走向，就是这么让人措手不及。

这桩惊现的聚众谋反案发生在处州丽水县，由一个替人占卜的算命先生率先爆出。据他检举揭发，当地的大姓陈公望等五十七人聚众谋乱，欲行不轨。

若是王公大臣因政治利益分赃不均而图谋不轨，倒也不算新鲜事。可是，一个小县城的乡绅们冒着被满门抄斩的巨大风险，集体谋乱，这就蹊跷了。莫不是那里的地方官行为不端，官逼民反了？这才建国不到二十年，就有百姓造自己的反，这让标榜草根出身、深谙民间疾苦的朱元璋尴尬的同时有了危机感。他思虑再三，决定派遣锦衣卫千户周原带人前往案发地，缉拿涉案的一干人等，将他们尽数带回京师，以便好好彻查一番。

锦衣卫千户周原领命之后，马不停蹄地带着手下赶往案发地——处州丽水县。他与手下抵达丽水县后，抓捕行动尚未展开，就收到了丽水知县倪孟贤呈上的关于此案的详尽调查报告。

丽水知县倪孟贤给了周原一个更意外的回复：根据他微服私访调查的结果，可以认定丽水县治下并无谋反之事发生。

周原一头雾水：一个说五十七人聚众谋反，一个说谋反之事纯属子虚乌有，如此自相矛盾，你们是拿堂堂大明天子和锦衣卫消遣吗？然而，倪孟贤十分肯定地声称，他得知朝廷派了锦衣卫来调查后，秘密召见县中父老询问，县中的父老都否认有谋反之事。兹事体大，他不敢轻易下结论，于是又暗访事发之地的民情，发现男耕女织如故，毫无异常。他以为，朝廷任命他为知县，是希望他安民于田里; 如今, 良善之人遭遇诬陷栽赃, 他身为知县岂能坐视不理。故而, 他特地将调查到的情况进行了整理, 希望可以及时上报, 以免生出冤狱。周原一时也辨不清真伪——如此谋反大案岂敢轻易下结论, 于是照例派人将已经掌握的丽水县方面的情况, 如实上报给了朱元璋。

朱元璋看罢倪孟贤的汇报后, 并未直接做出裁决, 也没有派出刑部的官员去丽水县会同锦衣卫调查此案, 而是指示周原, 携县中父老四十人前来京师, 他要亲自圣裁此事。很显然, 他并不信任倪孟贤的说辞, 甚至对刑部官员能否秉公断案也持怀疑态度。

朱元璋为什么不肯按照法定程序走, 非得大费周章地亲自过问?

这是因为举报人社会地位低微, 处于弱势群体, 而其告发的人群却属于大姓富户。大姓富户在那个年代掌握着社会话语权, 官吏子弟也多出自这些人家, 故而在官场上, 大姓富户总是会得到关系网的庇佑, 或重罪轻判, 或逃逸于国法之外。朱元璋出身社会底层, 对弱势群体的生存状态再熟悉不过。在无法判定事实真相的情况下, 他宁愿亲自审问当事双方, 给予缺乏话语权的举报人说话的机会, 以防寒了民心, 酿成冤假错案。在这一案件上, 他表现出的慎重, 与大家印象中猜忌、刻薄、残酷的形象大相径庭。

应皇帝的指示, 四十个丽水县百姓跟随着锦衣卫浩浩荡荡地来到了京师, 旋即被召进宫中, 当着朱元璋的面陈述实际情况。他们告诉朱元璋, 那个举报人以替富户大姓占卜为生, 只因他要求的好处没有得到, 才恼羞成怒诬告陈公望等人聚众谋反。

得知真相的朱元璋长舒了一口气, 随即下令将涉嫌诬告他人谋反的举报人移交刑部, 由刑部按照《大明律》惩处。至于远道而来的“丽水老年团”, 作证也很辛苦, 不能委屈了他们。为此, 朱元璋特地赏赐了他们一顿丰盛的大餐, 然后逐一发放交通补贴, 送他们返乡。

这似乎是个皆大欢喜的结局，诬告者偷鸡不成蚀把米，吃上了牢饭；知县倪孟贤的尽忠职守获得了肯定；而明太祖朱元璋也对自己设置锦衣卫的初衷更多了几分执着。

此时距离朱元璋设立锦衣卫不过四个年头，然而锦衣卫的规模比它的前身仪鸾司扩大了许多倍，其势力也已渗透到了大明帝国的方方面面。虽然它表面上只是干着替皇帝打理仪仗和护卫的工作，但实际上随着规模的迅速扩张，其职责和权限都发生了巨大的变化。

别看锦衣卫创立只有短短数年，其实那只是明面上的。在它还叫"仪鸾司"的时候，它的运行机制便已经相当完备，工作内容也不仅仅限于替皇帝守夜或是掌理仪仗、负责安保。作为皇帝身边的亲随，仪鸾司的官员选拔是相当讲究的，必须得是皇帝觉得十二分可靠的人，毕竟24小时贴身跟随，换谁也不想把性命交给别有用心的人。从某种角度来说，锦衣卫是仪鸾司的升级版，想要解读锦衣卫，就不能不先认识仪鸾司。

那么，仪鸾司是什么？又是何时所建的呢？

仪鸾司是官署名，五代后梁开平元年（907年）始建雏形，脱胎于同和院，掌卤簿仪仗。到了宋代，这一机构被归入卫尉寺管辖，有了正式名称 "仪鸾司"，主要负责皇帝亲祠郊庙、出巡、宴享以及宫廷所用供帐，辖金银器皿帘幕什物库、香烛库和毡油床椅铁器杂物库。官署中设勾当官四人，以诸司使副及内侍充任。

在明代史料中，"仪鸾司"作为官署名首次出现，是在吴元年十二月辛酉。

吴元年，即公元1364年。这一年，朱元璋在应天府称吴王，建立起自己的百官司属。此时，北方的蒙元政权尚存，时为元顺帝至正二十四年。朱元璋从元末群雄混战中脱颖而出，于元至正二十三年战胜了西边的陈友谅，扩充了自己的实力，虎视江南；随后，他又将与盘踞在苏州的枭雄张士诚展开决战。在如此喜人的形势下，他的称王大典自然举办得异常隆重。也正是在这次大典上，首次出现了仪鸾司官员的身影，并被史官记录在了《明实录·太祖实录》中。

由此可知，至少从朱元璋称吴王开始，锦衣卫的前身仪鸾司就已经常态化、公开化了。甚至于，在更早的群雄混战时期，朱元璋身边的贴身亲军，在经历了战火的洗礼和考验后，取得了朱元璋的信任，已然承担起了仪鸾司的实际职责，其后来变身为官署，只是顺理成章地拥有了一个合理合法的外衣而已。

不过，这个仪鸾司在洪武初期，一度被撤销了。为何会被撤销，史料语焉不详，也许是因为帝国新建机构需要调整和重组，也许是由于别的什么原因。之后，时隔三年，仪鸾司再度被恢复，归入亲军都尉府。这个亲军都尉府脱胎于拱卫司，拱卫司一度改名为拱卫指挥使司，后来因为职责近似卫尉寺，便再次改名都尉司，最后才定名亲军都尉府，管左、右、中、前、后五卫军士，仪鸾司也归它管。

在拱卫司的名字被改来改去的过程中，有一个细节隐约透露出了朱元璋的用意。拱卫司原为正七品，改成拱卫指挥使司后，秩正三品，而最终的亲军都尉府亦为正三品。从正七品几年之内迅速攀升到正三品，其整体地位的提升速度和皇帝的重视程度，由此可见一斑。

随着上级部门地位的提升，明洪武四年（1371年），仪鸾司的品级被正式定为正五品，设仪鸾司使一人、副使二人。自此，在明朝重要的朝会、大典、皇族婚丧等仪式上，都会有仪鸾司官员的身影。他们的参与被定为重要的礼仪章程，必须严格执行。

由于亲军都尉府人数众多，为了便于管理，朱元璋下令制作守卫金牌，用以验明身份，防止有人混入其中生乱。守卫金牌以铜为主体，表面涂金，高一尺，阔三寸，使用"仁、义、礼、智、信"为编号①，以区别不同军士的身份地位与职守。金牌两面篆文，一面为"守卫"，一面为"随驾"。军士轮值时，必须佩带此牌；休沐之时，则须收起，严禁外借他人。后来锦衣卫所悬挂的腰牌，应该就是由守卫金牌演变而来，作用同样是甄别身份和方便管理。

仪鸾司的管理如此严格，挑选成员自然是慎之又慎，其成员通常从军中挑选，或是由仪鸾司官员亲自去民间招募。此外，仪鸾司成员的子弟也可以申请加入。当然，这都需要通过严格的考核。譬如对于体格的要求，通常参考的是挑选将军的标准，即"躯体丰伟有勇力者"。成员入选之后，根据品阶承担相应的工作，按照年资考核升迁。至于工作内容，很是繁杂，简单来说就是跟随皇帝参加朝会维持秩序，护卫皇帝的銮驾，披着铁甲、佩着弓矢、执着金瓜，列侍在皇帝左右。其中优秀者，被称为"天武将军"，余下的则被统称为"将军"。这一规则和标准也沿用到了明初锦衣卫的挑选上。

仪鸾司复立十一年后，即明洪武十五年（1382年），朱元璋正式下达旨意，改仪鸾司为锦衣卫（全称为"锦衣亲军都指挥使司"），品级直接从正五品跳到了从三品。与此同时，锦衣卫作为独立的官署，确切地说是亲卫军，受皇帝直接掌控，下设御椅、扇手、擎盖、旛幢、斧钺、銮舆、驯马七司，秩皆正六品。两年之后，锦衣卫再一次被调整了品级，一跃成为正三品。同时，朱元璋还对锦衣卫的人员配置进行了详细规定：

锦衣卫指挥使：一人，正三品。

锦衣卫指挥同知：二人，从三品。

---

① 守卫金牌分类：仁字号，上钑独龙盘云花，公、侯、伯、都督佩之；义字号，钑金伏虎盘云花，指挥佩之；礼字号，钑狮豸盘云花，千户、卫镇抚佩之；智字号，钑狮子盘云花，百户、所镇抚佩之；信字号，钑盘云花，将军佩之。

锦衣卫指挥佥事：四人，正四品。

卫镇抚：二人，从五品。

千户：每千户所设一人，正五品。

副千户：每千户所设二人，从五品。

所镇抚：每千户所设二人，从六品。

百户：每百户所设一人，正六品。

这些人统一戴武冠，根据不同的级别被称为将军、力士、校尉。他们主要的职责是跟随皇帝临朝理政、接受百官朝贺，或是在举行国宴的时候维持秩序。通常情况下，锦衣卫指挥使都要随侍皇帝左右，其余当值的一班大约五百人，全数佩刀，随时听从皇帝的指令。不过，这五百人是值白班的，夜班通常只留白班十分之一的人承担保卫皇帝的工作。

以上说法出自王世贞的《锦衣志》。王世贞是明朝中后期人，关于锦衣卫建制的记述或许与明初的略有差异，但总体上应该还算是可靠的。

从表面上看，锦衣卫承担的工作似乎与之前的仪鸾司一样，没有什么特殊的职权延伸。然而，明洪武十七年（1384年）的一则记录，揭示了锦衣卫的变化。

洪武十七年，朱元璋大规模地扩充了锦衣卫的人手。根据《明实录·太祖实录》的记述，此次从民间遴选招募了"力士者万四千二百余人"集中到应天府，这些人大多被划归锦衣卫，余下一小部分则归入了旗手卫。结合之前仪鸾司的扩充记录，本次扩充后，锦衣卫的人数可谓是成倍地增加了。

只是上朝、郊庙、宴群臣，带几个跟班也就罢了，弄个万余人给自己充仪仗，是不是有点太夸张？

其实，从本文开头的故事就可以看出来，万余人的锦衣卫并不只是用来充当仪仗的，更多是用来执行外派任务。

锦衣卫执行的外派任务种类繁杂，后文会专门来说。大体上，所有外派任务的宗旨，都围绕着一个点，那就是巩固皇权。

在中国历史上，为了巩固皇权而设立的特殊机构并不少见，明朝的锦衣卫只是承上启下的其中一个而已。细数一数，两汉有"诏狱"，大唐有"丽景门"和"不良人"，五代之际有"侍卫司狱"，大宋朝一脉相承也设了个"皇城司狱"，更别说后来清朝的"尚虞备用处"（粘杆处）了……这一干机构，任哪一个都不是吃素的，但是锦衣卫似乎是最广为人知的一个。

那么，明朝的锦衣卫，怎么就这么红？

相信这是许多人心底的疑问。

想要解开这个疑问，就不得不说一说，朱元璋设立锦衣卫最根本的用意。

目前流传下来的有关锦衣卫的研究专著，大致算得上是历朝特务机构研究中占比最多的了。之所以如此，只因锦衣卫在历史上留下的"罪证"最多；而它的"罪证"之所以得以大量留存，全是因为它在皇权与相权白热化的斗争中，充当了举足轻重的关键角色。

在这场长达近三百年的激烈的"拔河"比赛中，大明天子为了使自己能够胜出，打造了一把称手的利刃——锦衣卫。

凡事都有缘由，好端端的，朱元璋弄出个锦衣卫来，结果让自己背了"实行特务统治"的锅直到今天，他难道没有看到历史上那些前车之鉴吗？

大家都知道朱元璋是草根出身，元末底层百姓水深火热的生活，他都经历过。在这个过程中，无良官吏的压榨手段与官僚集团的行事做派，他都了如指掌。因此，打心底里，他是不信任这些脑回路复杂、心思多变的读书人的，他更愿意相信自己的判断，相信来自自己人的线报。当了皇帝之后，朱元璋显然无法亲自去聆听民情，那么派可靠之人替他收集消息，监控官员的不法行为，也算得上是合情合理。故而锦衣卫，乃至后来出现的东厂、西厂和内行厂，也都是照着这种思路相继设立的。所以说，锦衣卫的设立初衷并不是后人臆测的那样阴暗、变态、见不得人。

关于这一点，我们不妨来看一看《明实录·太祖实录》中一个惩治官员不法行为的故事。

故事中，一个名叫薛原桂的士兵，状告自己的上司——广西都指挥使耿良任职期间有多项不法行为，请求朝廷介入进行调查。朝廷得知后，尚未转入法定程序进行调查，镇抚张原也站出来指控耿良的不法之事二十多件。一个地方都指挥使在远离天子视线的地方胡作非为，致使下属控告、民意沸腾，这桩案子立刻引起了朱元璋的关注。他指示锦衣卫直接讯问当事人耿良，核实两位举报人的指控内容，查明事情真相。锦衣卫果然没有令朱元璋失望，耿良的不法行为被一一核实，耿良本人对此供认不讳。见到调查结果的朱元璋对耿良的行为容忍度为零，下旨将其从广西都指挥使直接贬为了驯象卫指挥佥事。自以为天高皇帝远，在广西的地界上可以为所欲为、一手遮天，结果却分分钟被皇帝给"盯梢"了，还成了钦定的案子，只能说，耿良太天真了。

不论是处州的丽水县，还是广西省，在当时都算不上是繁华地区，但消息却可在第一时间传入京师应天府，直接惊动朱元璋本人，可见这张信息网铺天盖地，无所不在，无处不在。组成这张信息网的是什么？掌握这张信息网的又是谁呢？

答案显而易见，朱元璋把锦衣卫扩充到万余人之众，难道真的只是为了带出门拉风吗？

锦衣卫队伍的不断扩充，与朱元璋对一线信息需求量的增加有着密切的关联。只有锦衣卫这张网铺到足够大，官民的不法行为才能被他牢牢地掌控在手中，这样他作为大明第一人的地位才会更加稳固。

为此，朱元璋对锦衣卫官员的要求变得更加苛刻且不近人情。有一次，一个名叫李志诚的锦衣卫镇抚即将随军出征。临行前，他上书请假，希望能抽空与妻子家的亲戚聚个会。他的申请被送到了朱元璋那里，朱元璋二话没说，直接免了他的职，让他一边待着去。

只不过跟领导申请探个亲、休个假，不准就不准吧，怎么就把前途无量的工作丢了呢？别说李志诚觉得委屈，相信换很多人都会觉得莫名其妙。

朱元璋给出的理由是这样的："朝廷对于武职人员申请跟伯叔兄弟聚会探亲，没有不答应的；但这与申请与妻族相聚是有差别的。你（李志诚）刚被委派从军征讨，还没能尽心竭力做事，就想着回家跟妻子的亲戚叙亲情。你难道不知道，身为一个将领，接受军令就该忘记一家之私，上了战场就该舍弃性命吗？这种时候还想着儿女私情？这是不忠于职守的表现！"

可见，当了锦衣卫，做了皇帝最信赖的身边人，眼里就不能再有自己的小家了，必须要做到"忘家"和"忘身"，方能称之为"忠"。

必须做到如此灭人欲境界的锦衣卫官员，奉命办差的时候，自然是不遗余力，把"快、准、狠"发挥到了极致。民间的一举一动，官员们的一言一行，都成为他们重点监察的对象。锦衣卫们布下的大网笼罩着大明帝国的疆域，海量的信息汇总到大网中央，由它的主人朱元璋来逐一进行判断、处理，并发出指令。很快，民间出现了官员们上朝每天都要跟家人生离死别的传说，朝野上下无不夹着尾巴埋头苦干，天知道自己身边是不是就有锦衣卫的眼线盯着。

朱元璋想用这样的方法让天下人恪守本分，少生非分之想，让官员的不法行为得到监控，以保证帝国按照他希望的那样维持稳定的运行秩序。然而，凡事矫枉过正，往往都会引发不良的后果。

当所有人都谨小慎微，出错与犯法之事自然就会相应减少。如此一来，锦衣卫的工作效率在工作狂朱元璋眼里，不免下降许多。无功即是过。唯恐皇帝怪罪下来，自己要承担严重后果，锦衣卫只能加大监控和收集信息的力度。操之过急的结果，便是出现非法凌虐嫌疑人（或无辜之人）的情况，致使冤案丛生。

一时间，大明朝风声鹤唳、草木皆兵，朝野上下敢怒不敢言，整个社会的风向都不对了。

锦衣卫的非法凌虐行为，最终通过某个途径传到了朱元璋的耳朵里。他无比震怒，这与他设立锦衣卫的初衷背离得太远太远，几乎是向着另一个极端飞驰而去。再这样下去，他就要成为那个令天下人"道路以目"的周厉王了。于是，洪武二十年（1387 年）正月，朱元璋下令，公开焚毁锦衣卫的刑具，将锦衣卫所囚嫌疑人全部移交刑部审理，以示让一切回归到国家法治的正常状态。

如日中天，可以直接上达天听、不理国法、任意处置嫌疑人的锦衣卫，突然就失势了。

眼看着可以重新回到《大明律》治下，回归正常的秩序，似乎所有人都可以松一口气了。

如果历史照这样发展，锦衣卫与大明帝国的恩恩怨怨大约就此终止了。无奈，老天爷这个编剧实在是不堪寂寞。

洪武二十六年（1393 年）二月，销声匿迹六年的锦衣卫不鸣则已，一鸣惊人，一出手就捅出了一桩通天大案——凉国公蓝玉谋反。

凉国公蓝玉可谓战功赫赫的从龙之臣，作为已故开平王常遇春的小舅子，从朱元璋起兵反元之始，他就和常遇春为朱元璋征战沙场。在大明帝国的建立过程中，他出生入死，立下了汗马功劳。这样一个人，放着锦衣玉食的日子不过，说反就反了，图什么？

官方史料里显然是不敢对此妄加猜测的，但是《明实录·太祖实录》中的一句话，隐约透露了一点端倪："胡陈之反，玉尝与其谋。"

"胡"者，胡惟庸；"陈"者，陈宁。"胡陈之反"指的是明初四大案之一的"胡惟庸案",又称"胡党之狱"。关于胡惟庸谋反一案,真相众说纷纭,有说是朱元璋设计的,旨在褫夺相权巩固自身;有说是淮西集团与浙东集团党争的结果。不论真相到底是什么,朱元璋集权的目的总归是达成了,与此相携的,是他大肆屠杀功臣的不尽骂名。

史料中轻描淡写的一句话,点明了蓝玉谋反的一个重要理由:他是胡惟庸和陈宁一党的,曾经参与谋反,早就有了反心。

吊诡的是,既然蓝玉掺和谋反,之前为何不处置他?对此,史书中没有给出答案,猜测应该是没有抓住实据。然而就算当年没有抓住实据,此次谋反案官方仍然据此判定这是蓝玉谋反的前提,这显然是在为后面罗列其不法举动找一个动机。

自恃功伐,专恣暴横,强占民田,捶逐御史,私藏战利品,强占元帝之妃,无人臣礼,不满皇帝的封赏……这些被公布在史册上的恶行,都在向后人昭示蓝玉其人就算不谋反,也是天人共愤,再宽厚的君主都无法容忍。因此,他谋反被诛,完全就是"多行不义必自毙"。

关于蓝玉谋反的过程,《明实录·太祖实录》里披露得还是比较详尽的。

据说,蓝玉西征还朝,指望着加官晋爵,至少给他个太师做。不想,朱元璋论功行赏,只给了他一个太傅。蓝玉非常失望,毫不掩饰地发泄不满说:"我北征归来,就该给我太师之位了!你如今才给我太傅!"继而上书跟朱元璋就所封爵位讨价还价。对他的无礼行径,朱元璋早已忍无可忍,坚决驳回了他的诉求。蓝玉得知自己的要求被否决,还家之后便对亲信说:"皇上怀疑我了!"于是,他决定串联鹤庆侯张翼、普定侯陈桓、景川侯曹震、舳侯朱寿、东莞伯何荣、都督黄辂、吏部尚书詹徽、侍郎傅友文及诸武臣谋反。众人在蓝玉宅邸私下聚会之后,确定了收集士卒、聚集家奴、配发武器铠甲起兵叛乱的计划。然而,计划还未付诸实施,就已被锦衣卫指挥使蒋瓛(huán)

报告到了朱元璋那里。

蓝玉谋反的动机是不是这么无厘头，真相已被历史的尘埃掩埋，分析出的结果也不过是仁者见仁，智者见智。这个故事的末尾，其实才是事件的重点——揭发蓝玉谋反的举报人是锦衣卫指挥使蒋瓛。

这是《明实录》里明文记录的，首个由锦衣卫指挥使亲自揭发的大案。

蓝玉为谋反忙活了半天，结果还没等出家门，就被锦衣卫指挥使打包送到了朱元璋那里。事实证明，论搞情报的效率和经验，蓝玉根本不是朱元璋的对手。这也从另一个角度证明，朱元璋手下锦衣卫的情报网布得有多大，有多密。

又或者，史书为蓝玉开列的这些罪名本就出自锦衣卫之手，是锦衣卫奉命多年收集汇总的成果。至于最后一个预谋反叛的经过，不过是压垮蓝玉这头骆驼的最后一根稻草罢了。

如此想来，低调了六年的锦衣卫用这样的方式高调复出，其侦查和情报收集的能力确实令人叹为观止，其揣摩圣意的本事，也足以为朱元璋所倚重。也难怪大案、要案，朱元璋宁愿授命他们去办，也不肯交由刑部官员按章法办。

蓝玉的谋反被诛，进一步为朱元璋剪除了开国功臣尾大不掉的隐患，朱元璋手中的皇权握得更牢固了。锦衣卫直接促成了这一目标的实现，于朱元璋实现君主专制而言，可以说是功不可没。然而，从反向来看，朱元璋对官僚集团的不信任以及在权限上的遏制思路也暴露无遗。君臣之间的嫌隙就此产生了，官僚集团对锦衣卫千般的厌恶也随之跃然于青史之上。二者之间的斗争，陪伴着大明帝国继续前行，直至覆亡。

类似朱元璋这样的强人君主，精力旺盛，在政务上恨不能事必躬亲，有无官僚集团的协助，对他来说并无太大影响。奈何，人的精力毕竟有限，广袤的帝国疆域每天发生的事情实在是太多了，总有无法顾及的时候。久而久之，他对自己的耳目锦衣卫的依赖越发强烈。尽管在表面上，他并没有大张旗鼓地扩展锦衣卫的职权，甚至对他们的约束格外严厉，多次表示不会重用锦衣卫，可是之后频频在《明实录·太祖实录》里活跃的锦衣卫身影，已然将他的真实想法暴露无遗。

可惜，朱元璋的子孙未必都有他的魄力和过人的精力。朱元璋的继任者们，能力强的，尚可驾驭锦衣卫，平衡锦衣卫与朝野的利益关系，维持帝国的稳定；能力较弱的，要么难以对锦衣卫的不法行为进行有效制约，要么一味滥用姑息，致使整个国家陷入动乱。这也许是朱元璋设立锦衣卫之初，不曾引起他重视的一个点，而这个点后来却成为大明帝国政治生活的关键点，几度酿成大祸。

作为制约百官、监控帝国民情的工具，锦衣卫这台比洪水猛兽更令人畏惧的帝国机器，从根本上触动了许多人的利益。倘若皇帝无能，无法对它进行节制，其引发的冲突就会成倍增长，招来的诟病与怨恨也会随之激增。这一切，都被载入时人所著的文字之中，流传至今。而这，便是锦衣卫不管在当时，还是在后世都如此出名的原因。

据此，有人说，大明帝国覆灭的根源就是锦衣卫的设立。

这话未免有些危言耸听和夸大，一个王朝的兴灭从来不是三言两语可以说清楚的。可你要说锦衣卫的设立与大明帝国的覆灭一丝关联都没有，那也不尽然。毕竟，它的设立影响了大明帝国近三百年的政治生活和国家治理，在许多重要的节点上，锦衣卫的存在或多或少充当了那只扑着翅膀搅动风云的蝴蝶。只不过于大明帝国的命运而言，他们有时是力挽狂澜的守卫者，有时是落井下石的破坏者。

任何事物都有其两面性，锦衣卫也是如此，他们不过是这些事物中普通的一员。因而，它的设立究竟是好，抑或是不好，都须结合具体的事情及其导致的深远影响来下最终评判。

第二章

想应聘？这里排队！

锦衣卫的选拔方式

随着网络文学的盛行，许多对锦衣卫和明史感兴趣的创作者，以极大的写作热情勾勒着那个时代的虚影。这中间绝大部分作品都旨在揭露和批判那段"黑历史"，内容多为江湖恩怨，儿女情长。武侠作为一个再通俗不过的题材，大都有它自己的套路。于是乎，许多作者按照武侠的套路去套锦衣卫，却不知距离真正的锦衣卫越来越远。

这么说，不是要否定锦衣卫的武力值，而是意在提醒诸位，锦衣卫中尽管有不少武林高手，但它并非江湖产物。类似"兄弟好身手，不如来我们锦衣卫吧！有享不尽的荣华富贵……"这样的台词，出现在锦衣卫身上的概率是相当低的。换言之，锦衣卫不是你想当就能当，想不干就能撂挑子的！它既然是一个政府组织机构，就有它的"脾气"。类似某特警从现代穿越到明朝，凭借高强的武艺当上锦衣卫高官的梗，纯粹只能当消遣娱乐一笑置之。

为什么？

答案很简单：一个连正常户籍都没有的人，政治审查就过不了关，不被抓去官府拷问就算很走运了。

户籍，是所有创作穿越小说的作者最容易忽视的东西，但却是古代社会不可或缺的重要组成部分。各个时代都有一套户籍管理制度，它与人口、土地密切相关，从来都是国家最基础也最重要的监控数据。楚汉相争之际，正是因为萧何掌握了秦朝中央政府有关天下民生的档案，才能够在后来合理利用这些资源辅助刘邦战胜项羽，定鼎天下。而在这些档案中，户籍是至关重要的部分。

撇开其他时代不论，单说明代的户籍制度，倘若完全展开来说，足以写成一部专著。通过如此海量的信息，我们得出一个重要结论：在大明帝国，没有户籍，你很可能寸步难行。找工作需要户籍，孩子念书和参加科举考试需要户籍，就连做生意不在户籍所在地，也要开具"暂住证"……更遑论去做锦衣卫了。

那么，做锦衣卫到底需要具备哪些条件呢？

在详细介绍锦衣卫入职所需的硬性条件之前，我们还得把明代的户籍制度大抵理一下，因为想要说清楚相关因果，确实没有捷径可言。

明朝建立之初，被战火蹂躏过的土地百废待兴，为此明太祖朱元璋定下了休养生息的基本国策。既然要休养生息，那么恢复农耕自然是重中之重。鼓励因战争流离失所的农民回归土地耕作，成为当时政府官员的主要工作任务。然而，前朝很多政策的后遗症，以及社会风气的改变——商业社会蓬勃发展，使人们不再拘泥于农耕事业，百姓的流动性非常大。乱世方定，无论从国家安全稳定的大局出发，还是从国家的综合管理层面来说，尽快恢复秩序都是当务之急。

基于这样的社会现实，国家统一后，户籍制度立刻就开始运转。

明代的户籍制度，最初采用传统的四民模式为基础。所谓"四民"，即士、农、工、商。这样划分的目的在于让大明的子民各守本业，以便杜绝游惰好闲的游民，稳定社会大环境。明代的户籍制度主要由"户帖"（户口本）和"黄册"（户籍）两大部分组成。前者由每家户主手执，后者则是国家为核实户口、征调赋役而制成的户口版籍。黄册是户帖的汇总，十户为一甲，一百一十户为一里，以地方州府县作为统计单位，并由地方汇总上交户部。

洪武十四年（1381 年），明朝政府颁布了让天下人以"本等名色占籍"的法令，即以自己所从事的职业，来呈报户籍，以便国家分派差役（差事与徭役）。就此，有了军户、民户、匠户和灶户四个基础户籍。顾名思义，承担民差的为民户，当兵的就是军户，从事制造业和手工业的为匠户，承担煮盐工作的则称为灶户。此后随着时间的推移，政府又相继增加了弓兵户、铺兵户、医户、儒户、商户、官户、先贤户、卫户等名色户籍，这些户籍都属于"良民"。有"良民"户籍，自然就有"贱民"和"弃民"户籍，譬如各王府的乐户、南京教坊司之类就属于"贱民"。至于"弃民"，通常指没有正常户籍的流浪汉。

需要特别强调的是，按照当时的规定，这些户籍一旦被确定下来计入黄册，就不能随意变更和修改。也就是说，如果祖上是匠户，子子孙孙的户帖上都只能是匠户出身，哪怕到了明代中后期户籍制度有所松动，能改变的概率也很小。譬如，著名的改革家张居正就是军户出身，他的祖父是藩王的护卫，隶属于锦衣卫系统；主持嘉靖年间浙江抗倭军事工作的胡宗宪也是军户出身，他的祖先自明初就跟随明太祖朱元璋东征西讨，绩溪的胡氏算得上是世代锦衣卫，他的孙子胡焯后来也继承了锦衣卫武官之职。虽然这两人都做了高官显贵，成为封疆大吏，但依然无法改变他们世袭军户的身份。

明太祖朱元璋之所以这么规定，意在加强对社会与人口的管控，以此寄望大明帝国的百姓能够各司其职、各守本分，整个国家就按照这样的规则运行到天长地久。

可是，现实往往是对理想最好的嘲讽。

这一套充满了理想主义的运行程序，随着经济的发展和大航海时代的到来，越发不能适应社会现实，引发了一系列问题。不过，这些不在我们的讨论范围内，我们要关注的是在这名色繁杂的户籍中，能够参加锦衣卫选拔的有哪些？

很显然，"贱民"和"弃民"是被第一时间排除在外的；如此，剩下的便只有"良民"。根据《锦衣卫选簿》和《南京锦衣卫选簿》中显示的情况，"良民"籍出身的锦衣卫里，民户、军户和匠户出身的人占据了较大比例，其中军户出身的人数量最多。毕竟锦衣卫本身就是一个卫所，它在挑选人员的时候，自然也采用了卫所系统通用的选拔方式和标准。

这么一来，我们就有必要专门就明代卫所人员的来源做一个大致了解。

明代的军户是世袭的，采用的是"战时出征，闲时屯田"的方式运作。确切地说，军户的实际身份与我们现在所理解的常备军不同，而是预备役。有战事时，这些军户也不是直接征发送上战场，而是按照规定，通过选拔后全部集中到五军都督府报到，然后根据需要重新编组。这就意味着，帝国的军人们在出征前并不知道自己会被编入什么样的部队，由何人率领，自己的战友都是什么样的人；至于领军的将领，也是一样的。所谓"兵不知将，将不知兵"，便是如此。

这样的设计，难道不会影响军队的军事行动，以及作战时全体指战员的配合默契吗？当然会！但是，比起将领与士卒知根知底打成一片，动辄兵变引发动乱，对君主而言，这样显然要安全得多。

这些军户通常由四类人员组成，即从征、归附、谪发和垛集。从征，主要是指元末就投奔到朱元璋帐下的那一批军人。归附，指的是元朝归降的士卒，以及其他割据势力（如陈友谅、张士诚等割据势力）中投降而来的军人。谪发比较好理解，就是俗称的"充军"，即被发配到边远地区从事屯种或充实军伍的犯人。至于垛集，也就是通俗意义上的征兵，从民户中按照一定比例抽丁充军。值得强调的是，在这四种兵源之中，以垛集这种形式参军的人在锦衣卫中占据的比例较小，与之近似的金充，才是锦衣卫扩充兵员的一个重要形式。

所谓"金充"，就是金发民户充任锦衣卫、旗手卫校尉、力士以及府军前卫幼军等等。这点通过《锦衣卫选簿》和《南京锦衣卫选簿》中有大量金充参军的世袭武官档案记录可以佐证。也就是说，锦衣卫可以根据需要，从民户中选拔人手，并将选中者由民户变为军户。故而，金充这种形式，实际上提供了民户与军户变通的机会，许多有志于成为锦衣卫或从军的百姓借助这个途径改变了命运。在史料中，有大量的锦衣卫武官家族都是因为祖先金充入卫、投笔从戎，才变成世袭军户的。

可以说，民户金充和世袭军户入卫作为锦衣卫扩充的重要方式，在招募中占比最大。不过，普通的民户想要金充入卫，首先自身要符合锦衣卫的招募条件，其次则需要契机。以洪武十二年（1379年）锦衣卫扩充为例：夏四月，明太祖朱元璋亲自派遣仪鸾司典仗陈忠，前往浙江杭州诸府招募愿意加入锦衣卫的百姓，并承诺被招募的人家可以免除徭役。这个待遇在当时算是很优厚了，而且开列出的选人标准也很简单——"丁壮无疾病过犯者"。也就是说，健康、无犯罪记录的成年男丁都可以前来报名。待遇这么好，招募条件又不高，老百姓自然是趋之若鹜。一场"招聘会"下来，陈忠为朱元璋领回了一千三百四十七人。这个数量估计还是精挑细选出来的。类似这样的条件和契机，这之后都比较鲜见，因为锦衣卫的招募条件越来越烦琐，对技能的要求也越来越高，光是膀大腰圆有把傻力气，没有后台，单纯想要通过金充的方式入选，几乎是不大可能的。这一情况在晚明时期发生了改变，但当时锦衣卫在群众中的正面形象大打折扣，主动加入的人，想来也有限。良民不至，游手好闲的流氓恶霸自然趋利而来，锦衣卫的整体素质和道德水平因之逐渐沦丧，也就不奇怪了。

当然，这只是通过正常途径加入锦衣卫或卫所系统的方式。不过，相对于其他卫所，锦衣卫的人员构成情况更加复杂，也更能凸显特权色彩。

为什么这么说呢？

因为，锦衣卫自带的一些特殊职能使其职位常被皇帝用于封赐，比如安插达官、荫封功臣及其子弟、恩赏外戚等等。

我们就先从在锦衣卫中安插达官开始说起。

所谓"达官",又作"鞑官",指的是来降的周边部族的首领或将领。对他们进行带俸安插,目的是利用这些人通晓各部族或地区的语言民俗来搞外交,并对某些部族进行实际控制。根据现有资料记载,锦衣卫中安插达官的比例还是相当可观的,总计达到二百九十余人之多。安插达官的时间跨度,上自洪武年间,下至成化年间。

达官的来源包括蒙古诸部、辽东女真等。以《明实录·宣宗实录》中宣德六年(1431 年)四月的条目为例。这年春天,迤北的失都等四十九人,携带各自的家眷亲属共计三百余口,南下进京,提出要留在京师为大明效力。按照流程和安插达官的成例,兵部和礼部得讯后,经过商议,将他们分成五个等级安插进锦衣卫中,并将方案呈报了明宣宗。明宣宗据此颁布旨意,封位列第一等的失都、哈答、阿匝丁、使臣失儿哈四人为锦衣卫都指挥佥事,其他人员则依次封为锦衣卫指挥同知、锦衣卫正千户、锦衣卫百户和锦衣卫所镇抚,按月领薪俸,并赐予他们相应的冠带、金织袭衣、彩币、银钞、绢布、鞍马等。为了鼓励这种行为,明宣宗还对其中率先来投的两人和年幼的孩子们增加了赏赐,用以收揽人心。除此之外,明宣宗还特别叮嘱工部尚书吴中,让他给这些人建造住宅,配发生活所用的一应器物,可谓体贴备至。

明宣宗这样的姿态,传到各个部族和少数民族控制地区后,吸引了更多的人争相前来归附。如此一来,大明帝国的政权变得更加稳固,而且在对外战争中,他们的存在也令明军助力大增。不过,这并不代表他们可以凭借这一恩荣为所欲为,实际上,明朝政府对达官这个群体始终保持着警惕,对他们的监视一刻也没有放松。毕竟,他们与其出身的部族有着千丝万缕的联系,一旦生出谋反之心,对帝国的稳定威胁实在太大了。通过《锦衣卫选簿》中涉及天顺年间"曹石之变"的多名达官"被官军拿去,不知下落"的记载可以看出，大明朝廷很忌惮这些达官叛乱，宁可错杀也不敢轻易放过有嫌疑者。因此，在锦衣卫中安插达官，表面上是出于恩赏和收买人心，其实更深的用意，是为了监控地方部族。可见，想跑到京师加入锦衣卫过锦衣玉食的好日子，也是要付出代价的。

在锦衣卫中安插达官的目的性很强，同样的，把锦衣卫官职赏给自己的舅舅、表哥或是老丈人、小舅子等，也是皇帝对外戚势力的一种安置。

历朝历代，外戚始终是对皇权影响最大的势力之一。这之中，不仅有皇帝母族的施压和干预，还有皇帝妻族的推动与搅局，如果是往正确的方向引导，国家会因此兴盛，但若是往反向偏移，则会使国家陷入动乱与灾祸。汉武帝晚年，之所以立刘弗陵为继承人，而杀死他的母亲钩弋夫人，就是出于对"子弱母壮"的担忧。但即便如此，外戚干政的情况仍然相伴汉朝四百余年，造成了多次权力动荡。

明太祖在这点上吸取了前朝的经验教训，在后妃的挑选上，尽量避开贵族和世家子弟，选择民间的良家女子。因此，明代的后妃大多出自平民百姓家，而明代的外戚集团也始终没能形成足以扰乱朝政的强大势力，尽管也曾有过那么几个宠极一时的后妃，如明宪宗的万贵妃、明孝宗的张皇后、明神宗的郑贵妃等等。

虽然在实权方面，外戚集团无法获得太多的优待，但在养尊处优的地位上，还是需要体现出与寻常人等的差别。因此，锦衣卫这个名额不限、待遇从优的机构，无疑成为供养外戚人员、提高他们社会地位的好选择。哪怕是明神宗的郑贵妃，一度恩宠无以复加，却也不过是父兄子弟可以被编入锦衣卫为武官而已。

明朝对外戚尚且如此厚待，对宗室皇亲自然也不会有所亏欠。

有人要问，宗室皇亲不就是藩王子孙么？他们不是有世袭的封地么，为何还要入锦衣卫任职?

宗室皇亲除了外戚和藩王,还包含下降①的公主一脉。明代的公主尽管下降出宫,但其子孙后代仍然带有皇族血脉,与官宦人家、平民百姓到底还是有所区别的。此外,一些藩王妃嫔的母家子弟,也往往因为婚姻关系可以享受获封锦衣卫武官的待遇。这些人与外戚子弟一样,拥有被授予锦衣卫官职的资格,合理合法地在锦衣卫中占有一席之地。

岳父、妻舅、外甥……这一大批皇亲国戚,不需要承担什么具体事务,却可以养尊处优,按时去锦衣卫领薪俸,确实令人羡慕,可这毕竟是可遇而不可求的。翻看史料,选入宫中为妃嫔的女子很多,但能受到恩宠并为父兄及其家族谋到锦衣卫官职的,凤毛麟角。大多女子在宫中是虚度光阴,然而也有一部分人以自己的死亡,为家族换来了子弟可以任职锦衣卫的"荣耀"。

拿自己的性命来换取家族子弟的金饭碗,这些女子居然如此有奉献牺牲精神? 其实答案与奉献牺牲无关,而是跟一个令人毛骨悚然的词有关——殉葬。

是的,你没有看错,一个在明代之前已被废除很久的制度,在明代重新被搬上了历史舞台。

明太祖驾崩之后,本着事死如事生的原则,他后宫中未曾生育的许多妃嫔和宫人都被迫殉葬,跟随他到地下,继续侍奉君王左右。继位的建文帝朱允炆为了抚恤殉葬宫人的族属,便将这些宫人的家人选入锦衣卫,晋升这些人为锦衣卫千户或百户,带俸世袭。时人管这些殉葬的宫人的家族为"太祖朝天女户"。待到"靖难"之后,明成祖朱棣上台,他相继废除了朱允炆在位时颁布的许多政策,也革除了朱允炆在位时升迁的官员,唯独这几家"太

---

① 古代驸马娶公主皆称"尚",以突出公主尊贵的地位;公主出嫁则与之对应,称之为"降"。

祖朝天女户",他念及为朱元璋殉葬的情分,特别下了谕旨,全部调往孝陵卫领俸禄,但不许管事。此例一出,直到明英宗废黜殉葬这一制度,因殉葬而使族属获封锦衣卫官职的"潜规则"才算被打破。期间,因此而枉死的宫人到底有多少,如今已很难再说清楚。

难道被选入后宫,就没有折中的办法,在不得宠也不用送死的情况下为自己的家人换来锦衣卫官职吗?

有两个方法:第一,做皇帝的奶娘或保姆;第二,成为女户。

我们先来说给皇帝做奶娘或保姆。

"奶娘"是老百姓的叫法,在宫中则被称之为"乳母",主要工作是给皇子(未来的皇帝)喂奶。保姆,又作"保母",主要是教育皇子(未来的皇帝)。不要小看这两个不起眼的岗位,能被皇家选中来做这个工作,也是需要通过一定的选拔的。至于如何选拔乳母和保母,选拔的标准是什么,有兴趣的人可以参考清朝末代皇帝溥仪在《我的前半生》中的自述。根据明代的野史记载,皇家通常是选生女孩的女人来哺育皇子,人数约为十几个,然后不断淘汰到最后一人,才确认为固定乳母。这淘汰率也是挺高的,竞争甚为激烈。按照宫廷里的制度,皇子出生之后,与自己的生母是别宫而居,完全交由乳母和保母养育。皇子从小与她们生活在一起,生活习性和三观基本上由她们奠定,与她们的感情也非一般人所能比拟。因此当皇子成为皇帝之后,感念儿时恩情,对含辛茹苦养育自己的乳母和保母封赏有加也在情理之中。

从明仁宗封自己的保母金氏为翊圣恭惠夫人、杨氏为卫圣夫人开始,明朝就有了封赏保母和乳母的常例。他的子孙根据祖先创下的这个"模板",一路封赏下去,每一朝总会多出几个奉圣夫人、佑圣夫人的名号。直到明熹宗臭名昭著的乳母客氏获封"奉圣夫人",才算终结。

在封赏自己的乳母和保母的同时,因为与其感情深厚,明朝的皇帝都会恩及她们的亲眷。《锦衣卫选簿》中就记载有一个因保母获封而得到锦衣卫世袭官职的季氏家族。

明宪宗的保母翊圣夫人刘氏，因为与明宪宗感情深厚，她的丈夫季福受封锦衣卫指挥同知。等季福年老乞休后，他与刘氏的嫡长子季成便顶了父职，继承了锦衣卫指挥同知的官职，并于明成化十七年（1481 年）晋升为锦衣卫指挥使，执掌镇抚司事。两年后，深受明宪宗信任的季成被命令管理锦衣卫内部事务，还被外派出京公干。明孝宗继位之后，召回了季成，于弘治二年（1489 年）提升他做了锦衣卫都指挥佥事，仍掌管锦衣卫内部事宜。四年后，季成病故，他的庶长子季英接替了他的职位。

这是由乳母、保母受封，推恩选入锦衣卫的典型案例，对其他人等而言，可复制性并不是那么强。相对于这个办法，直接入宫负责寻常事务使全家成为锦衣卫女户，要来得更便利些。

所谓"锦衣卫女户"，有别于此前说到的殉葬的那一批"太祖朝天女户"，她们不需要拿生命去换取家人的地位提升，只需要进宫洒扫宫院、晒晾幔褥、浆洗衣服、造办饭食即可。其中，能识文断字者按照品阶给予薪俸，负责宫廷内的杂役。这些人的家人，自女子入宫之日起，便脱离原来的户籍，一律归入锦衣卫女户，由锦衣卫带管食粮，但仅限于该女子在世，不能世袭。因此，这一类获封的锦衣卫只能算是"临时工"，能存续多久，取决于家里的姑娘能在宫里当差多久。

既然连奶娘和宫女的家人都能获封锦衣卫，哪怕只是个"临时工"，那没道理让辛辛苦苦给皇帝做事的身边人白干而不给好处吧?

做皇帝的，一碗水自然是要端平的。奶娘和宫女的家人都给了好处，每日替皇帝跑进跑出的宦官们哪能白干活。于是乎，锦衣卫选拔中多了一个"中官推封"的途径。

所谓"中官"，即宫中的宦官，俗称"公公"。明代的宦官和唐代的宦官在历史上是相当有名的。唐代的宦官牛到可以废立皇帝，明代的虽然没有这么大的权力，但恶整官员、鱼肉老百姓那是绰绰有余的。明代的宦官因为皇帝与官僚集团权力斗争形势严峻之故，常常被派去监视官员和军队，出镇边地，打理矿务，手中积累下沉沉的军功。这些军功换作是武官家族，世袭继承毫无压力；但是，宦官不同，宦官是刑余之人，无法拥有真正意义上的子嗣，因此他们只能寄望于将这些军功"推封"给与自己有血缘关系的兄弟或侄子，采取奏请的方式，请皇帝将自己的血亲、家人授予锦衣卫世袭武官的职务。比如，大名鼎鼎的神宗朝总督东厂太监冯保，就奏请将自家的亲属冯邦定推封为锦衣卫。当然，也不是非得沾着血亲，事实上也有宦官将养子推封做锦衣卫的，譬如明宪宗朝的司礼监太监金英的养子周全，正是由其养父金英推封成为锦衣卫的。由这一点可知，晚明时期诸多的不法之徒、流氓地痞通过太监的门路成为锦衣卫，并不是一件匪夷所思的事情。

不过，相比对身边宫人和奴仆的安置，大明天子自然把更多的名额留给了为帝国社稷兢兢业业工作的官员的子弟。在锦衣卫选拔制度中，这一形式被称为"官员恩荫"。"恩荫"的意思，是指官员子孙因其先祖立功而恩荫锦衣卫武职。通过这一途径选拔入卫的人数相对较多，在锦衣卫整个武官系统里占据了很大的比重。通过一份因恩荫成为锦衣卫武职的名单，我们不但可以知道明代官员的家族世袭，也可以倒推出那些名臣的出身。其背后的信息量之大，对于分析很多历史事件相当有用。

翻看《锦衣卫选簿》，恩荫入卫的名单中，你会看到一串陌生的名字，但追溯其父祖的名字，你会不由自主地感叹："原来是他！"

例如《锦衣卫选簿》中有一个叫伍纯的人，籍贯湖广松滋县，因恩荫成为锦衣卫武官。他是得了谁的恩荫呢？对照《明实录·世宗实录》可知，他之所以能成为锦衣卫武官，是因为他的父亲立有大功。他的父亲不是别人，正是在"宸濠之乱"中追随新建伯王守仁平叛，擒拿宁王朱宸濠的吉安知府伍文定。看过明史科普书的人，一定还记得那个提着剑"身犯矢石，火燎须不动"的高大身影。此时，历经三朝的伍文定已不再是知府，而是朝廷倚重的、有戡乱定国之力的兵部右侍郎，时常奉旨领军外出定乱平叛，军功煊赫。为了表彰他为国家立下的汗马功劳，依照恩荫惯例，明廷将他的儿子伍纯选拔入锦衣卫为锦衣卫千户，世袭罔替。

再来看一个名叫杨文泰的人，祖籍四川新都县。在明代，提到姓杨的官员，大部分人都会往"三杨"（杨士奇、杨荣、杨溥）的方向去想。然而，结合此人的祖籍，熟悉明宪宗、明孝宗、明武宗、明世宗四朝历史的人，会立刻想到一个名字——杨廷和。四朝元老、内阁首辅杨廷和，作为明代著名的政治改革家，又拥有大才子杨慎这个儿子，时人提起没有不竖起大拇指的。这个杨文泰就是杨廷和的玄孙，按照辈分，大抵是杨慎的曾孙。从杨廷和到杨文泰，传了整整五代，杨文泰仍然可以因杨廷和的威望而得入锦衣卫，可见杨廷和的余荫有多大。

杨廷和这种传了五代还能恩荫玄孙的案例是比较少的，不过并不是没有，这里就讲一个比他还特殊的恩荫例子。这个例子有关一个蒙冤而死的名臣。这个人在"土木堡之变"后，主持并取得了京师保卫战的胜利，挽救大明帝国于危难之间，延续了大明帝国的国祚。相信诸君已经知道这人是谁了。他就是写下"粉身碎骨浑不怕，要留清白在人间"的兵部尚书于谦。他因为明英宗与明代宗（朱祁钰）的权力之争而被冤杀，死后，他的家被抄没，子孙被流放。直到明宪宗成化初年，其子于冕被赦免归家，上疏诉冤，才得以平反。明万历二十三年（1595 年）三月，朝廷感念他救国于危难的功绩，将他的玄孙于嵩恩荫选入锦衣卫为武官，也算是善恶到头终有报。

除了以上详细说到的名臣之后外，抗倭名臣胡宗宪之孙胡焞、谭纶之子谭河图、万历首辅张居正之子张简修等，都是因为父祖之功获准成为锦衣卫武官的。此外，还有许多我们并不熟悉的朝臣子弟获得恩荫的待遇，成为锦衣卫选拔的重要来源之一。因此，在当时能拥有一个牛气的父祖，轻轻松松通过恩荫做上锦衣卫武官，简直是所有人梦寐以求的事情。

倘若以上这些条件，都无法达成，那么获选锦衣卫还有三条路可以走。只是实现的概率会更小。

第一条路，从王府改调。攻略如下：首先，你需要成为某藩王的护卫，加入其王府的仪卫司（主理王府仪仗）或群牧所（主理牧马）等附属机构；然后，等该藩王绝嗣除封，或者像明世宗一样由藩王入继大统，你就可以由王府武官改调为锦衣卫。

第二条路，由军匠或专业技术人员调入。如果你拥有出色的技艺或罕有的技能，那么你就有可能脱颖而出，被皇帝赏识成为锦衣卫。再不济，你也可凭借军功，抑或和皇帝同甘共苦的情谊，升为锦衣卫。具体细节，会在后面为大家详细讲述。

第三条路，由华侨或外籍人员的身份，调入锦衣卫。攻略如下：先驾船出海，到西洋各国打拼下安身立命之所，然后再找个机会，在海外为帝国外交或战事效力，最后因功获得锦衣卫身份，子孙享受世袭待遇。

总而言之，锦衣卫选拔的路径还是挺多的，只是对于身份和能力的要求极为严格。要么拼自身的实力，要么拼父祖的背景，要么走"死太监"的门路，要么去给皇家做仆役换取族属成为锦衣卫的机会；反正，不付出点代价作为交换，锦衣卫的大门恐怕是不会轻易为你敞开的。

明代的卫所制度

卫所制度，又称为"卫所制"。它是明朝最主要也是最基本的军事制度，其自身拥有一套完整的管理体系，始创于明太祖朱元璋时期，结构主要参考了隋唐时代的府兵制。

"所"作为明代军事系统中最小的组织单位，其上还有卫、都司（行都司）和五军都督府。除此之外，还有都司直辖的千户所。他们与户部系统下的行政单位一起，分管着帝国的疆土，并以这些土地屯田，保障军队的后勤供给。

卫所由朝廷根据各地的防卫和战略需要设定，或数府合一卫，或一府设数卫，抑或一府、一州设一千户所，各个时期各不相同。这些卫所遍布帝国疆域，其中，指挥与镇抚多驻扎在城中，千户、百户、总旗、小旗等多驻扎在城外，呈村落状散布，方便屯戍垦殖。在重要的交通沿线、战略要冲，也会设置专门的军队进行屯田。

卫所的区域划分根据战略需要，所辖面积大小不一。相当一批都司、卫、所掌管的地盘，大如布政司、府、州、县管辖的地盘，类似通俗意义上的"军管型政区"。因为要方便军士屯田，保障后勤，所有的卫所都会有对应的土地用以耕作。此外，围绕着卫所的屯田，军士的家属也被纳入到了卫所制度中，相应地诞生了"军户"这个特殊的户籍概念。因此，家属同守与寓兵于民是明代卫所制度的两个重要特点。

明代卫所制度下，官职及其品级梳理如下（由高至低排列）：

都指挥使司：都指挥使（正二品）、都指挥同知（从二品）、都指挥佥事（正三品），下辖经历司经历（正六品）、都事（正七品），断事司断事（正六品）、副断事（正七品）、吏目等。其中都指挥使、都指挥同知和都指挥佥事等不予世袭，由朝廷从世袭军官中升任或从武举人中任命。

　　卫：指挥使（正三品）、指挥同知（从三品）、指挥佥事（正四品）、卫镇抚（从五品），其下辖经历（从七品）、知事（正八品）、吏目（从九品）、仓大使、副使等。其中指挥使以下的官职全部可以世袭。

　　千户所：正千户（正五品）、副千户（从五品）、所镇抚（从六品），其下辖吏目。官职全部可世袭。

　　百户所：百户（正六品）、总旗、小旗。官职全部可世袭。

第三章

拿好你的制服和腰牌！

锦衣卫的服饰与装备

近年来，随着锦衣卫相关题材的影视剧开始频繁出现在荧幕上，片中锦衣卫造型的历史还原度，成了不少观众讨论的热点。在这些锦衣卫的造型上，服装设计师和道具设计师可谓煞费苦心，既要包含明代的设计元素，又要迎合现代观众的审美意趣，着实不易。但面对一身炫酷黑衣打扮、戴着一顶飞碟形头盔的锦衣卫，或是绣片随意点缀在衣袖和裙摆上故作花团锦簇的锦衣卫制服，谈历史还原度委实有点尴尬。

作为大明天子的亲兵仪仗队，作为人民群众眼中的"神秘组织"，历史上的锦衣卫到底是个怎样的形象呢？

其实，你还是少年的时候，如果上语文课没有开小差或睡着的话，对锦衣卫的形象至少会有一个粗浅的印象。这个印象来自一篇课文，名字叫作《五人墓碑记》。晚明名士张溥在文中详细记载了苏州的五名普通市民反抗阉党迫害忠良，至死不屈的故事。其中特别强调了锦衣卫缉捕周顺昌时的嚣张与跋扈。

个别对此文尚有记忆的人可能会发疑：文中通篇没有提到"锦衣卫"三个字，又从何而知锦衣卫的形象呢？

张溥的文中确实没有出现"锦衣卫"的字眼，但是却提到了锦衣卫的别称——"缇骑"。何为"缇骑"？

"缇"是一种颜色，按照《说文》中"帛丹黄色"的解释来分析，大约近似现今的橘红色。"缇骑"从字面上来看，是指穿着橘红色衣服的骑兵，而了解中国古代服饰历史的人就会知道，这是帝王出巡时护卫亲军的标志性形象。"缇骑"的说法产生于秦朝，是秦朝中尉的代称，延续到汉武帝时才更名为金吾卫，到了明代自然而然演变成了锦衣卫的别称。撇开锦衣卫服饰的形制不谈，至少我们可以通过张溥的记载得知，在锦衣卫服饰的主色调上，明代延续了帝王亲军主打缇色的传统。如此一来，那种为了突出冷酷肃杀而使用暗黑色调设计的锦衣卫装束，在讨论历史还原度问题时，第一轮就被淘汰出局了。

那么，真正的锦衣卫服饰与装备是什么样的呢？

在某部涉及锦衣卫的热门电影里，女主角的一句台词带出了锦衣卫服饰装备的重要特征："我讨厌你的飞鱼服，还有你的绣春刀。"台词很短，但点出了历史上锦衣卫形象最重要的两个特征：飞鱼服、绣春刀。

需要特别提示的是，尽管这两样东西是明代锦衣卫非常典型的配置，但并不是绝对的。这一点，后文会详细为大家解说。我们先来就飞鱼服和绣春刀聊一聊。

飞鱼服，简单地说，就是装饰有飞鱼纹案的官服。

什么是飞鱼？会飞的鱼？

估计不少人会联想到《少年派的奇幻漂流》里，大海上铺天盖地会飞的鱼吧！

Are you sure？

这里所说的"飞鱼"，实际上跟鱼这种水生动物没什么大的关联。因此，你如果顺着鱼的形象去想象它，看到真身，一定会气得眼泪掉下来。关于飞鱼的真实形象，《明史·舆服志》里有个著名的典故。

明嘉靖十六年（1537年），群臣于驻跸之所朝觐明世宗朱厚熜。明世宗本来高高兴兴的，但瞥见兵部尚书张瓒后，脸立刻就阴了下来，二话没说就把他拎出百官队列，怒气冲冲地质问他："你只不过是二品的兵部尚书，居然敢穿蟒袍？"

所谓"蟒袍"，又称"花衣"，因饰有蟒纹而得名。按照沈德符在《万历野获编》里的说法："蟒衣为象龙之服，与至尊所御袍相肖，但减一爪耳。"也就是说，蟒纹并不是大家以为的大蟒蛇模样，虽然它最早象征的是蛇中最大的王蛇；而是类似于象征皇家的龙，只是比龙少一个爪子而已，龙为五爪（趾），蟒为四爪（趾）。根据山东曲阜孔府旧藏的传世明代蟒袍实物，你会发现，如果不仔细辨别，乍一看很容易把龙和蟒混为一体。在明代，蟒袍不在官服之列，通常是内使监宦官、宰辅蒙恩特赏的赐服，能获得此物，属于人人羡慕的无上荣耀。这么稀缺，自然不是寻常人等可得的，寻常人若敢弄个山寨的穿出门嘚瑟，按照法律，制作的工匠处斩，家属发配，穿着者重罪不宥。

然而，明世宗登基之前，蟒袍已经被前任皇帝们，尤其是明武宗的任意赏赐，弄得泛滥成灾了。所以明世宗一上台，就下诏重申："近来冒滥玉带，蟒龙、飞鱼、斗牛服色，皆庶官杂流并各处将领夤缘奏乞，今俱不许。武职卑官僭用公、侯服色者，亦禁绝之。"可是，这并没有啥用，明世宗自己很快也加入到滥赐蟒袍的队伍中。禁令连自己都不遵从，也是够讽刺的。

不过，皇帝到底是皇帝，自己可以滥赐蟒袍，但别人却不可以乱穿！毕竟公开场合还是要面子的，因此发现"以身犯禁"的兵部尚书张瓒，明世宗不免龙颜大怒。张瓒面对明世宗的质问表现得很淡定，他恭敬地回答说："臣穿的是钦赐的飞鱼服，颜色鲜亮，纹案类似蟒纹而已，其实不是蟒袍啊。"言下之意，陛下你连蟒纹和飞鱼纹都傻傻分不清了吗？

故事到这里戛然而止，但却透露出来一个细节：飞鱼服和蟒袍非常类似，乍一眼看去非常容易混淆。

说了这么多，又是蟒又是龙，飞鱼到底长啥样？

飞鱼纹据说是汉族传统中寓意吉祥的纹样之一。追根溯源，飞鱼的出处在《山海经·海外西经》中："龙鱼陵居在其北，状如狸（或曰龙鱼似狸一角，狸作鲤）。"因为它会飞，所以得名飞鱼。确切地说，飞鱼是神兽，与华夏族上古的雷神有一定渊源。不过，在形象上，飞鱼更接近古印度传说中的摩羯，故而有人认为飞鱼就是由古印度的摩羯演变而来。

摩羯纹，又称"鱼龙纹"，南北朝时期伴随佛教传播，由古印度传入中国，是古印度神话中河水之精、生命之本的象征。它最初的形象只是恒河之中一种长鼻利齿的鱼，后来在传播的过程中，不断融入了新的民族元素，在东晋时期变成了羊头鱼身的模样。宋代以后，逐渐不再流行摩羯纹。再后来，到了明代，结合彼时的文化风尚与审美意趣，开始出现龙头、四足、四爪、身如蟒、无翼、鱼尾的飞鱼纹形象。

单看文字描述，诸位一定觉得这纹案很复杂，事实上，就视觉冲击而言，飞鱼纹确实很繁复。如此复杂的纹案，不了解情况的人大概以为耗费的只是绣工而已。其实不然，明清两代的皇家服饰及官服等，都是由专门的织造府织造。换言之，这些礼服或常服上的纹案都不是在面料上刺绣完成的，而是在织造面料的时候，直接通过控制丝线的经纬来织就，涉及了云锦织造中的妆花工艺。面料完工的同时，衣服的形制也一目了然了，纹案就织在对应的位置上，可以直接交由针工局进行裁剪缝纫。这就意味着，在面料织造之前，就要精密地设计好每一块纹案的位置、颜色、用料等等，这对工匠的技艺要求相当之高。因此，在织造含有此纹案的衣料时，需要耗费更多的时间和材料，工艺的复杂性也决定了它的贵重程度。

这仅仅只是纹案和面料方面，结合到飞鱼服的形制上，诸位会觉得更加复杂。理论上说，飞鱼服只是强调衣服上的特殊纹案，但凡饰有飞鱼纹的衣服，无论什么款式，都可称之为飞鱼服。不过，大部分人最熟悉的应该是曳撒款式的飞鱼服。

所谓"曳撒"（标准写法为"褹褶"），读法源自蒙古语"一色（shǎi）"的变音，念作 yì sǎn，本意是指蒙古袍。根据明人王世贞在《觚不觚集》里的描述，可以得知曳撒的大致样子："胡服也，其短袖或无袖，而衣中断，其下有横褶，而下腹竖褶之。若袖长则为曳撒。"这一服装在明初被形象地俗称为"断腰袍"，主要作为内廷侍卫的服饰。后来，它从宫廷中流传出来，穿的人越来越多，传播范围也逐渐扩大。在这一过程中，其款式不断发生变化，不仅窄袖改成了琵琶袖，名称亦改作了"曳撒"或"腰线袄"。由于曳撒的款式不如圆领款和直身款的服装正式，所以曳撒款飞鱼服通常都在日常交际、非正式场合穿着，并且多为锦衣卫高级武官和宫中太监的常服。

另外还有一款与曳撒非常接近的服装形制唤作"贴里"，清代仍有沿用，又作"铁莲衣"，原是明代男装常用的款式之一。贴里上下分裁，于腰部以下打褶，也是裙式，但与曳撒有别。贴里既可用作便服、吉服，亦可作为衬衣与便服、常服等配套穿着，宫中内官多穿贴里。这点在明代宦官所写的《酌中志》一书中有详细记载。飞鱼服自然也是有贴里款的，但那同样只能作为常服使用。山东曲阜孔府所藏的贴里款飞鱼服大家应该就极为熟悉，不过那件秋香色的飞鱼纹贴里只是皇帝赏赐衍圣公的便服，与锦衣卫的飞鱼服还是有不小的差别。

这么一说，诸位对飞鱼服的概念应该有个大致了解了。

简单概括就是，只要有飞鱼纹案的服装都可以称为飞鱼服，不论形制。

那么问题来了，如此不菲的面料织造起来耗时耗力，制作不同款式的服装成本也高，这要给数以千计的锦衣卫做工作制服，是不是太奢侈了一点？明朝公务员的福利还真是好啊！

是的！阁下抓住了事情的关键点！

《明史》中尽管有"锦衣卫，掌侍卫、缉捕、刑狱之事……朝日、夕月、耕猎、视牲，则服飞鱼服和绣春刀，侍左右"的文字，但实际也向我们明确了一个重要的细节：飞鱼服不是普通的朝服，它只有在朝会等重要的特定场合才能穿着。

照这么说，飞鱼服就是锦衣卫的礼服吧，每人一套，开大会的时候穿来给皇帝充门面。

事情要是这么简单就好了！

《明史·舆服志》里有这么一段话："（正德十三年）赐群臣大红贮丝罗纱各一。其服色，一品斗牛，二品飞鱼，三品蟒，四、五品麒麟，六、七品虎、彪；翰林科道不限品级皆与焉；惟部曹五品下不与。"这段话说明，飞鱼服不是人人都有的，得上一定品阶才能拥有。这一规定适用于除宦官之外的全体官员，包括锦衣卫。

锦衣卫不是特权人员么？为何不能例外？

锦衣卫的工作内容的确比较特殊，但它在体制上仍然归属于明朝的军队系统，其官员的待遇自然是比照着其他卫所的武官设定。也就是说，想要穿飞鱼服，你必须得达到参将、游击这一品阶或更高级别，才有资格。如果只是一个普通的校尉之流，想穿飞鱼服出去显摆武功，鲜衣怒马，完全是白日做梦。很多人想象中的锦衣卫全员着飞鱼服出动的壮观场面，真的只能停留在脑补的阶段。

既然飞鱼服不是人人都可以穿的，那么锦衣卫的寻常制服到底是什么样的呢？

严格意义上来说，锦衣卫的制服有很多，根据不同品阶、不同场合有不同的样式，甚至可以说，没有啥统一的标准。

锦衣卫的堂上官一般品阶都比较高，属于中高级武官。他们都在朝堂上侍奉，但根据站的位置不同，承担的职责不同，衣服也会有所区别。

以锦衣卫堂上官锦衣卫指挥使为例。在皇帝升殿之际，他们需要悬挂金牌（腰牌），站在御阶西面，向东而立。正式场合，他们都戴着乌纱帽，穿着大红色缀补子的吉服（多为直身款），腰间束有鸾带。这时锦衣卫堂上官衣服上的补子并不拘泥于飞鱼纹案，有时也会使用对应武官品级的狮子、老虎等纹案。不过在重要场合中，锦衣卫指挥使一般都会选择穿着飞鱼服或麒麟服，毕竟这是锦衣卫特殊地位的象征。最直观的案例，可见明代《徐显卿宦迹图》之"金台捧敕图"，锦衣卫堂上官在朝会上的形象，那鲜亮的大红色，包你过目不忘。

穿这么精神，难道是要结婚娶媳妇儿吗？

当然不是！沈德符在《万历野获编》里给出了准确答案："锦衣官侍朝，俱乌帽、吉服，以便拿人。"原来是为了方便随时指挥大汉将军下场子逮捕大臣啊！居然只是工作服而已！

根据两张传世的明代南京锦衣卫指挥使的画像，我们可以对他们在正式场合与非正式场合的标配有个大致了解。南京锦衣卫指挥使的朝服，即朝会礼服，与文武百官在大祀、庆成、正旦、冬至、圣节及颁诏、开读、进表、传制时穿戴的没有太大的差别，多为红色（缇色）的吉服样式；而他们的常服，以圆领补服为主，上缀狮、虎之类的补子。在这两种场合，锦衣卫指挥使要么头戴五梁冠加笼巾貂蝉，要么就是戴最常见的乌纱帽。注意不要受影视剧服装道具的误导，明代的乌纱帽正面没有嵌入玉石状的帽正，除了黑色的乌纱外，啥装饰都没有。明朝举国上下，都没有在男装的帽子上镶嵌帽正的习俗。因此，大家在影视剧里看到的带帽正的乌纱帽，基本上都是戏服。

若是跟着皇帝去祭天，这一身"骚包红"就不能穿了，锦衣卫指挥使得换上另一身行头，即对应品级的甲胄。这甲胄不是实战用的，而是注重威仪的戎装礼服，与今天的军人礼服一样。

锦衣卫的甲胄类型和样式非常多，不同级别和用途的造型是大相径庭，以大汉将军的日常装扮为例。大汉将军是锦衣卫的一种，主要承担大明天子的随行安保工作。基于他们的工作性质，他们不可能像锦衣卫堂上官那样穿着飞鱼服,戴着乌纱帽。按照《明实录》的记载: "凡早晚朝及宿卫扈驾,俱执金瓜、披铁甲、佩弓矢、冠红缨铁盔帽,列侍左右;如大朝会,则披金甲、金盔帽,列侍殿庭。"这么一看,大汉将军列席大朝会时,从头到脚穿戴的家伙什真是有够烦琐的。而没有大朝会的日子,他们也甭指望闲着,须二十四人一班,穿明盔甲,悬挂金牌,佩带腰刀,手执金瓜,列队于皇帝御座旁的栏杆内。想要一睹风采的朋友,不妨去瞧一瞧著名的《出警入跸图》,上面描绘了一众锦衣卫以及各种类型的甲胄。在这里还要友情提醒一下,有密集物体恐惧症的人就不要看了。

锦衣卫指挥使位高权重,大汉将军亦是"定海神针",穿得拉风也无可厚非。不过,锦衣卫再牛,事情也得靠人做。这些具体做事的人,也就是我们所调侃的"一线职工"锦衣卫校尉,他们多半是根据场合与事务着装,并无特殊规定。校尉们可以穿着罩甲、直缀、贴里,戴各种式样的头巾或盔帽,与其他军士并无二致。为了潜入被侦察对象身边执行监控任务,他们一日三变,穿着的服饰也随之变换。出门在外时,他们通常身着道袍等便装,如此一副小帽与青衣的造型就是官外非士大夫人群的普遍装束,与大街上的百姓无异。你可以将其理解为:便服有利于掩饰身份,拉近人与人之间的距离,从而使对方放松,收集到更多的信息。

说罢衣服,作为武器的绣春刀也该上线了。

首先要说明的是,绣春刀不是每个锦衣卫的标配,与飞鱼服一样,它也是需要达到一定级别的锦衣卫武官才能拥有的。而且,它只是一种礼仪用刀,一种用来赏赐的刀,是荣誉的象征,并不是配发给你打架用的。也就是说,它没有什么实战的机会,尽管它的质量有口皆碑,谁用谁知道。

明世宗在位期间的锦衣卫指挥使张爵的墓志铭,就是论证绣春刀是赐刀的最好例证: "赐四兽麒麟服、銮带绣春刀、银鎁(yé)瓢方袋三事。"明世宗之所以赏赐他，是因为张爵在明世宗巡幸期间，工作很积极，侍奉很周到，一路不辞劳苦，令明世宗甚为感动，所以才用此待遇奖赏他。

撇开绣春刀谁能有、谁不能有不谈，单琢磨琢磨此刀的真实样子，相信很多人都很感兴趣。

为何这么说呢？

因为，绣春刀目前并没有实物出土，所以它真正的模样依旧很神秘。许多影视剧中的绣春刀，都是根据明代的兵器特点推测设计出来的。道具设计师或者参考了明代雁翎刀的模样，或者参考了唐刀、少林梅花刀、苗刀的特点。至于具体参考了哪些特征，参考这些特征的理由，每个道具设计师或冷兵器爱好者的想法不同，有人取其轻巧、狭长且略弯，便于携带与中距离攻击；有人取其厚背薄刃，并延长手柄，利在马背上砍杀，很难说哪一个更贴近绣春刀的真面目。

总而言之，关于绣春刀的真实模样，在没有实物出土之前，人们各执一词，谁也讲不清楚。倒是绣春刀得名的原因，看起来颇为统一。

据说，绣春刀得名于唐代诗圣杜甫的诗作《入奏行》里的诗句——"绣衣春当霄汉立，彩服日向庭闱趋"，宋人化用了"绣春"之名，建了一座名园。由于杜甫的原诗与宋人的化用大有寓意，为了表示锦衣卫与皇家的密切关系，便将锦衣卫的佩刀称作了"绣春刀"。

所以，绣春刀从某种意义上来说，只是一个锦衣卫中高级武官的身份象征。特别是到了明朝中期大航海时代到来之后，中西方文明的交流越来越多，来自西洋的火器也逐渐有取代冷兵器的势头，锦衣卫的实战武器自然而然要顺应军事需要更新换代。不过，这并不影响他们在重要的典礼和正式场合依照祖制佩带绣春刀。绣春刀对于他们来说，无所谓打架时称手与否，重点是那属于锦衣卫全体的荣誉。

第四章

岗前培训很重要！

锦衣卫的基本职能和岗位分配

在很长的一段时间里，当人们被问起锦衣卫的基本职能到底是什么时，相信不少人都会毫不犹豫地回答说："当特务啊！"然而，结合前文的内容，想必诸位应该不会再如此草率地回答这个问题了。

我们知道，锦衣卫是由明太祖逐鹿时代的亲兵演化而来，后来发展成了明朝皇帝的重要仪仗队和卫队。单是仪仗队和卫队这两个职务，就足以说明锦衣卫的基本职能没有传闻中那么简单。是以，锦衣卫为何会给人们留下"特务"这一单一的印象呢？

锦衣卫被写在官方文件上的职能其实很简单——"掌天子仪仗""维护安全保障"，但是在现实生活中，锦衣卫所承担的更多工作，却是隐性的、复杂的、随机的，这些并未被刻意记入官方的法定文件内。正是基于这样的事实，锦衣卫法定的基本职能在很多人看来，只不过是为其"不可告人"的工作施加的障眼法而已。

尽管锦衣卫从事的许多工作似乎在法定职能里多找不到对应的项目，但仔细观察琢磨，就会发现他们的所有工作都可以归纳入"掌天子仪仗"和"维护安全保障"这两个体系之中。比如豢养猛兽，明武宗时期名声在外的豹房就是锦衣卫豢养豹子的场所。可是豢养豹子跟锦衣卫的法定职能有关系么？

有关系！因为，在天子举行重要典礼时，按照礼仪规定，必须要有大象之类的猛兽在场列席，以示万物都臣服于这位天子。所以，这些猛兽也是锦衣卫的"成员"，也是仪仗队的重要组成部分。既然是成员，又是仪仗所需，豢养猛兽自然符合锦衣卫的法定职能。

至于锦衣卫协理京畿治安，那就更加顺理成章了。大明天子虽然住在皇宫里，但宫城处在京畿的拱卫之下，可以说京畿的治安直接影响到天子的安危。如此一分析，锦衣卫协理京畿治安，你还有什么话说？就是代理京畿治安又能怎样？

诸君无须感慨汉语的"博大精深",在这个问题上,明太祖一定是经过深思熟虑的。他这样安排,既可以让锦衣卫做事有个法定名义,又可以根据需要增减锦衣卫的职能。尤其是"维护安全保障"这条,安全与否,评判标准取决于皇帝自己,以此为由,简直无往不利。

这么说来,从明太祖设立锦衣卫开始,到锦衣卫覆灭,其职能到底增加了多少呢?

我们无法详细地一项一项罗列出来,因为这些条目琐碎又杂乱,有些界限还很模糊,难以确切地将之归类,所以只能按照大的门类来进行梳理。

在具体介绍锦衣卫的基本职能前,我们先就锦衣卫的机构和人员配置进行一个比前文更详细的介绍。

锦衣卫的中高级武官,文献中称之为"锦衣卫堂上官"。堂上官,又称"堂官",是明代对国家级官署府衙主事官员的称谓,得名于他们都要在大堂之上处理公务,譬如主管锦衣卫的锦衣卫指挥使、六部的尚书与侍郎等。其具体品阶划定并不十分清楚,大略判断为正四品及以上的正职官员。锦衣卫堂上官,也就是锦衣卫相关部门的主事官员,他们的官职名、品阶和配置因为所掌部门不同,职责不同,而有所区别。前文我们对其品阶和官职名称有所介绍,这里不做赘述;而这些堂上官之下的机构,就是本章要阐述的重点。

锦衣卫常设十二个所(全盛时期为十七个卫所)。其中,中、左、右、前、后五个所负责统领卫下充任天子仪仗的所有军士,承担重要典礼上的仪仗与安全保卫工作,属于锦衣卫最基本的核心五所。另有上中、上前、上后、上左、上右和中后六个所,负责管理力士和军匠。这六个所虽然称为"所",但在行政上却共用上中所一个印信,实际从属关系不言而喻。这十二个卫所中,最特别的一个是驯象所。驯象所一开始叫"驯象卫",隶属亲军卫的水军,后来改为了"驯象千户所",由锦衣卫直接管辖。驯象所有专门的象奴,用来驯养大象以应对朝会上的陈列、驾辇和驮宝等事务，管理常朝大象。

锦衣卫的核心五所，每一个所都下辖十个司，分工相当明确，主要工作仍是打理皇帝的仪仗，它们分别是：銮舆司，负责管理皇室卤簿仪仗中所需的辂、辇、轿；擎盖司，负责管理皇室卤簿仪仗中所需的伞具；扇手司，负责管理皇室卤簿仪仗中所需的扇具；旌节司，负责管理皇室卤簿仪仗中所需的节；幡幢司，负责管理皇室卤簿仪仗中所需的麾、旛、幢、竿等，明神宗时期新增了御仗一对；班剑司，负责管理皇室卤簿仪仗中所需的刀、剑、杖等兵器，明神宗时期新增了柳仗一对；斧钺司，负责管理皇室卤簿仪仗中所需的盆罐、脚踏、椅、灯、钺和戟；戈戟司，负责管理戈氅、戟氅、仪锽氅，明神宗时期增加一对御仗；弓矢司，负责管理皇室卤簿仪仗中所需的盔甲、弓矢、刀和盾；驯马司，负责皇室卤簿仪仗中所需的马匹。以上十个司，各有大汉将军和校尉，用于承担大型的仪卫任务。这五个所延续了元朝时期的怯薛制度，以轮流值班的方式随时满足皇帝的需要。

除此以外，锦衣卫与其他政府机构一样，设有经历司和镇抚司。经历司与镇抚司由锦衣卫直领，与锦衣卫核心五所等平级。经历司负责公文案牍的收发；镇抚司掌管锦衣卫所有卫所的刑罚，同时兼理锦衣卫的军籍档案。特别需要提示的是，锦衣卫的镇抚司从明成化十四年（1478年）开始为锦衣卫铸造印信，并进一步明确北镇抚司（衙署设在北京）和南镇抚司（衙署设在南京）的执掌内容。北镇抚司从此专事刑狱，而南镇抚司则将主要精力放在锦衣卫内部人员的档案以及锦衣卫中军匠的管理上。这样做的目的，是防止锦衣卫大权全部集中在指挥使一人手中，是要将权力分割一部分给北镇抚司。这样，非锦衣卫卫中的刑狱案件，就可以直接送达北镇抚司，不用告知锦衣卫指挥使，指挥使就算知道了，也禁止干预案件，否则即被视为越权，皇帝会给予严厉的制裁。

十司所掌器物

锦衣卫中所、左所、右所、前所、后所：各所官分领军士，与诸卫同；而各所又分十司，统领校尉，掌卤簿仪仗及驾拏人直宿等事；凡本卫各项差委、轮流承行。

銮舆司：大辂一乘、玉辂一乘、大马辇一乘、小马辇一乘、步辇一乘、大凉步辇一乘、板轿一乘、宝匣一座、具服幄殿一座。

擎盖司：黄罗销金九龙伞一把、黄罗曲柄绣九龙伞一把、紫罗素方伞四把、红罗素方伞四把、青罗销金伞三把、红罗销金伞三把、黄罗销金伞三把、白罗销金伞三把、皂罗销金伞三把、黄油绢销金雨伞一把、红罗曲柄绣伞四把、红罗直柄华盖绣伞四把、黄罗直柄绣伞四把、红罗直柄绣伞四把、黄罗曲柄绣伞二把（银铃全）、五方伞十把。

扇手司：红黄罗双龙扇四十把、红黄罗单龙扇二十把、红黄素罗扇四十把、红绣雉方扇十二把、红罗绣花扇十二把、双龙寿扇二把。

旌节司：金节三对、方天戟四对、响节十二对。

旛幢司：黄麾一对、绛引旛五对、传教旛五对、告止旛五对、信旛五对、政平讼理旛一对、龙头竿五对、朱雀幢一、玄武幢一、青龙幢一、白虎幢一、豹尾二对、羽葆幢五对、御仗一对（新增）。

班剑司：班剑三对、仪刀三对、吾杖三对、立□三对、卧□三对、柳仗一对（新增）。

斧钺司：金盆罐一副、金交椅一把、金脚踏一箇、红纱灯三对、红纸灯三对、（耽去耳改鱼）灯三对、骨朵三对、金钺三对、金灯三对、单龙戟三对、双龙戟三对。

戈戟司：仪鍠氅十对、戈氅十对、戟氅十对、御仗一对（新增）。

弓矢司：盔甲一百副、弓矢一百副、刀一百把、盾一百面。

驯马司：金鞍锦韂马三十匹。

南北镇抚司各有直厅职守百户一名、总旗一员、校尉三十名。此外，北镇抚司因执掌诏狱，为便于看管，另设有百户五名、总旗五员、校尉一百名。北镇抚司下辖五个军户所，是锦衣卫各司中统辖士兵最多的部门。

至于前文提到的"大汉将军"，请不要被他的名称所迷惑，以为是什么了不起的人物，其实他们只是宫中殿上的"保安"，主要负责传递皇帝的敕令，兼顾宫廷的安全保卫工作。大汉将军在锦衣卫中自成一营，仅在明朝初年，就有一千五百零七人之多。

大汉将军之下，还有总旗、小旗和校尉、力士等等。这些人都是特别挑选出来的，有一整套的选拔标准。在锦衣卫的正常运转中，这些人也是出镜率最高的人群，在明代被统称为"缇骑"。

值得注意的是，锦衣卫的法定身份是军人，在户口上隶属军籍，并不是传闻中什么二流子都收纳的乌合之众。虽然到晚明时期，锦衣卫的整体素质因为宦官摄政而大幅下降，但从整个明朝来看，他们的素质与其他卫所的军人相比并无太大差别，依旧严格按照军人的标准选拔。

介绍完了锦衣卫中的武职人员，我们再来说说文职人员。

虽然锦衣卫是卫所，但一些部门还是需要由文职人员来主理的，比如经历司的公文简牍，你就不能指望一帮大老粗的军人来处理。

锦衣卫的经历司设有令史六名（正九品）、典吏十七名（从九品）、仓攒典一名（从九品）。驯象所设司吏二十四名（从九品）、仓攒典一名（从九品）。锦衣卫下辖的百户所共设司吏八十七名（从九品）。按例，锦衣卫的镇抚司，本应设有司吏四名（从九品）、典吏九名（从九品）；但北镇抚司设典吏十名（从九品），下面还有办事吏二十名（不入流）、皂隶三十名（不入流）、直堂把门皂隶十一名（不入流）。

以上是属于中央核心部分的锦衣卫衙署配置，但这些只是整个锦衣卫系统中的寡头，大部队还是分驻各地以及遇事临时往外派遣的锦衣卫。从明成祖继位开始，分驻各地的锦衣卫供职场所就开始广泛扩建，以至于发展到最后，大明境内凡是重要的城镇都设有锦衣卫的供职场所，皇帝的耳目因之密布整个帝国。

如此庞大的锦衣卫机构、众多的当职人员，到底是如何运转的呢？

《明史·卷七十六》"职官五"中言道："锦衣卫，掌侍卫、缉捕、刑狱之事，恒以勋戚都督领之，恩荫寄禄无常员。"此一语道出了锦衣卫最基本的几个职能，我们来一个一个为大家具体介绍。

作为天子亲军，锦衣卫的首要工作自然是侍卫君主。关于这一点，明朝的皇帝相当重视。这也可以理解，毕竟事关自己性命，半点马虎不得。自洪武二十年开始，明太祖朱元璋就保持着"命锦衣卫精选力士五千六百人随驾"的常态。永乐六年（1408 年），明成祖朱棣在北征之前，下令"锦衣卫仍选将军五百人、校尉二千五百人、力士两千人"随自己御驾亲征。尽管这一举动有展开军事行动的前提在，但仍能表明锦衣卫的护卫工作是皇帝时刻关注的重点。

为了与这些贴身侍卫搞好关系，皇帝必然要时常给予一些特殊的恩遇，用以收买人心。比如在永乐二年（1404 年），明成祖朱棣就曾经谕令户部官员："锦衣卫将军月粮并全给米。"

月月领军粮，并且全部都给米。这个待遇，我们现在看来，似乎没什么值得感恩戴德的，但在当时的情况下，确实是非常优厚的了。为何这么说呢？

因为在明代，官员们的工资与我们现在理解的不一样。明代在张居正改革之前，都是征收实物税，既然收的是实物，那么支出的多也是实物，给官员发的薪俸自不例外。洪武时代的官俸全部给米，有时以钱钞折支，以一贯（一千）钱抵米一石；后来钱钞贬值，才增加到每石米折钞十贯。由于明代的物价并不稳定，时不时就会通货膨胀，所以钱和物随时都会贬值，但是朝廷调整薪水标准的频率却很低。如此一来，一旦适逢通货膨胀，钱钞就严重贬值，贬到每个月将近40%的米是官员拿不到的。这40%的米拿什么折呢？通常会拿绢布、棉布之类来抵，甚至用更零碎的小东西来替代。具体发些什么，取决于户部的仓库里什么东西积压得最多，碰巧当时的贵重物资如胡椒之类有积压，或许还会给发点这个。故而，身为朝廷要员，你要有一定的觉悟，要做好领薪水的那一天，拿不到全部工资（大米），却领到一筐胡椒或者一匹布的准备。下了朝，你还得想办法把它们换成钱。近来一些研究表明，明代官员的薪俸总体来说并不低，但是由于官员需要负担幕僚、随从的报酬以及部分办公费用，还要养家糊口，以致收支无法平衡，最终导致了大面积的贪腐。在朱元璋亲自颁布的刑典《大诰》中，曾经记载了诸如此类的受贿案："某某收受衣服一件、靴两双""某某收受书四本、网巾一个、袜一双"等等。想要两袖清风地做官，也不是不可以，海瑞就是你的榜样：自己种菜，自己理事，自己织补衣服……不过，娶几房小妾来烧钱，你可别学他！

说了这许多，只为告诉诸位，像锦衣卫这样旱涝保收的皇差，在当时真的是金饭碗。而且，成化十八年（1482年）之前，锦衣卫将军的升授没有固定的年限，完全凭皇帝本人的心情。成化十八年十二月，吴秉彝等十人援旧例陈乞升职，明宪宗在核实正统年间事例无所获之后，定下了"（锦衣卫将军）须待八年以上，方许奏闻升授"的规定。这也就是说，只要入了锦衣卫，尽心当差，每隔八年就有一次升迁的机会。这也是其他部门所没有的优待。

皇帝给锦衣卫这么优厚的待遇，不仅是为了自己的人身安全考虑，也是在为大明的皇家、宗室、贵戚买保障。凡是皇家宗室、后妃，甚至部分外戚，平时都受锦衣卫的保护。以万历四十七年（1619年）的一则故事为例。当时，惠王妃要搬移诸王馆，简单地说，就是搬家。为了协助此事，皇帝命文书房传旨，动用了五城兵马司火夫五十名扫除巡逻，巡捕官军二十名昼夜巡逻，锦衣卫旗官和校尉共计一千五百人接扛（gāng），沿途采取交通管制。这架势哪是搬家，简直要赶上春节运输大迁徙了。

一部分跟着皇子去往封地的锦衣卫，大部分混得还不错，一般也都世世代代跟着那个藩王继续当锦衣卫。但是，也有个别混得不如意的锦衣卫，向皇帝和锦衣卫领导打报告要求调回京师。对于这部分"偷奸耍滑"的锦衣卫校尉，明宣宗直接谕令兵部说："囊分拨锦衣卫多余校尉于各王府，今后有告愿还原卫报效者，勿听。"皇帝一眼洞穿了他们的小伎俩，什么"告愿还原卫报效"，你们都觉得在外藩混不如京师好，人人都回来，锦衣卫衙署还怎么办公？其实在外藩混也没什么不好的，比如跟着明世宗朱厚熜和他父亲两代藩王的锦衣卫们，后来因为朱厚熜承袭皇位，一下子就鸡犬升天去了锦衣卫总部了。这概率不高，但总还是有的。

除了保护皇帝、皇室宗亲、贵戚的人身财产安全以外，在这些被保护之人的人生重要场合，也能看到锦衣卫们忙碌的身影。锦衣卫原为皇帝的仪仗队，皇帝登基、朝会、郊庙、接受藩臣拜谒、大婚、封妃、葬礼他们都会按照礼仪制度出席，这自不必说。皇太子娶太子妃，亲王娶妃，公主出降，他们也必须按照《大明会典》中的典章制度出席，参与礼仪指定的内容。概括地说，凡有锦衣卫出现的场合，必定会涉及大明皇室的尊严，他们所办之事也多与大明天子身边的重要人物有关。因为礼仪规章文字篇幅较大、内容烦琐，所以不在此处一一展开叙述。诸位只需要记得，锦衣卫的基本职能——"天子仪仗"，即象征大明天子和皇室宗亲的脸面。

那么，当大明天子需要御驾亲征或是国家要对外用兵的时候，锦衣卫作为军队，要不要上战场呢？

当然需要！

虽然锦衣卫的主要职责是侍卫君王，但归根结底，锦衣卫首先是一个卫所。因此，在具体的配置上，它与普通卫所几乎是一样的。在建国之初，明太祖推行屯田制度以解决军费不足这一难题时，锦衣卫就率先进行了"试点"和"表率"，《大诰武臣》便提到过这样一个案例。有个叫王成的锦衣卫千户，他先因朝廷缺少军人被派去辽东出征，在那苦寒之地待了好几年，皇帝念着他吃了苦，把他给调回京师官复原职。谁知道，他回来之后，忘记了在辽东经历的艰辛，开始仗着自己同皇帝的情分跋扈起来。皇帝不得已，把他支到了滁州管军屯种。谁料想，他到了任，凭借自己的官威和权势，把手下军人的妻小强行带回自己家中奸宿，最终被人告发。这一案例表明，锦衣卫不仅需要参与作战，也需要与其他卫所一样自己动手屯田。

再说一个有关锦衣卫参战的故事。

洪武二十九年（1396 年），朱元璋手下的锦衣卫指挥使宋忠因为替自己的属下陈情，连续遭到了御史们的集中弹劾。弹劾的具体内容不太清楚，但宋忠的属下应该是犯了什么不可宽恕的罪，才会连累上司在替自己陈情的时候被弹劾。一连串的弹劾下来，朱元璋也扛不住了，只能于次年将宋忠罢职，外放凤阳中卫。这一次不是让宋忠像王成一样管军屯，而是让他作为参将，与锦衣卫指挥使河清一起，辅佐总兵官杨文征讨西南的苗民，目的是让宋忠能立功赎罪，好有借口召他回京师复职。

这两则是锦衣卫中高级武官从征的案例，那么，普通的锦衣卫需不需要从征呢？

这些人也是要出征的，但不是全部出征，而是抽选其中一部分出征。明朝初年，按照居重驭轻的原则，京军的兵力占到了全国总兵力的一半以上。因此，一旦地方出现战事，往往会出现兵力不足的情况。所以，朝廷定下了地方一有战事，就要从京军中抽调部分人员出征的原则。锦衣卫属于京军的一部分，自然也在抽调出征之列。这一规定一直被执行到明弘治十二年（1499年）。这一年，兵部上奏"以锦衣卫及腾骧等四卫军旗勇士校尉六万八千余人选补团营之缺"，但御马监太监宁瑾等人却奏请"宿卫禁兵乞免清查"。这是违反祖制的，但却获得了明孝宗的批准，明孝宗下达谕令："今后各衙门查理戎务，不许以五卫混同开奏。"这么一来，除非皇帝开口征调，国家用兵就不能再从锦衣卫中抽选兵员了。此举也间接减少了锦衣卫参与作战的机会。

除了出征，锦衣卫还时常奉皇帝的命令，携带诏谕前往前线传达指令。按说，作为职业军人出身，由他们来传递军事命令，轻车熟路，应该很合适才对；然而，大臣们对此提出了异议，他们认为，有行人司这个专门负责颁行诏敕之类的机构在，不必锦衣卫出外宣谕或执行与军事无关的任务。明太祖对此的解释是："凡抄札胡党及提取害民官吏人等，都差军官军人前去。为甚么不差别人……便他得了些东西，也是出过气力的人，却不强似与那白身无功劳的人？"遗憾的是，这些传旨的锦衣卫并不满足于皇帝用心给予的恩惠，时常在执行任务的时候仗势欺人，越礼犯分，还会找理由长期滞留不归。这些不法行为不仅破坏了皇帝和臣属之间的关系，也不可避免地抹黑了整个锦衣卫的外在形象。

好在，这一切只是建立在明初军人地位较高的社会背景下。当社会趋于稳定之后，皇帝的执政之策会更偏重文治，军人的权力也就逐渐下降了。因此，随着锦衣卫将更多的精力转向缉捕，矛盾冲突的方向也随之发生了转变。

锦衣卫为后人诟病最多的，不是仗势欺人和狐假虎威，而是逸出国家司法行政之外的独立缉捕和审讯的权力。根据《明史·职官志》的解释，锦衣卫所掌控的"缉捕"，其实得分成"缉事"和"捕盗"两个方面。尤其是"缉事"这项工作，最终成为后人视其为特务机构的重要原因之一。

锦衣卫对除皇帝之外的所有人都有侦缉的权力，但是涉及的范围有多大，很多史学资料上出于各种原因都表述得含糊其辞。在明景泰年间，锦衣卫同知毕旺从皇帝处接受"采访事情"（侦缉）的任务时，明代宗朱祁钰给出的谕令为我们准确地圈定了锦衣卫的侦缉范围和权限：

"今后但系谋逆反叛，妖言惑众，窥伺朝廷事情，交通王府外夷，窝藏奸盗及各仓场库务虚买实收，开单官吏受财卖法有显迹重情，方许指实奏闻，点差御史复体实，方许执讯。其余事情止许受害之人告发，不许挟仇受嘱，诬害良善，及将事实受财卖放法司，亦不许听从胁制嘱托，致有冤枉违法重情，罪不宥。"

这段谕令文字简洁通俗，不用特意翻译，也很容易读懂皇帝的意思。尽管锦衣卫的侦缉权力大、范围广，但也有约束，不可恣意妄为。皇帝不允许锦衣卫主动插手外间的案件，但又不反对受害人报案求助。鉴于明朝对报案人的诉求对象没有刚性的要求，实际上锦衣卫可以以此为突破口，干涉所有的案件。那么，锦衣卫但凡锁定了一个案件，想要干涉，只要有一个"报案人"就可以了。至于"报案人"的身份和合法性，显得并不那么重要。至于具体如何来行使侦缉的权力，后文将为大家专门讲述。

说罢锦衣卫的侦缉职能，现在来说说捕盗。古代的"盗"与现在的"盗"意义有一定的差别，指的并不是强盗、盗贼，而是以刑事犯罪嫌疑人和揭竿而起的反叛者为主体的人群。

前文说到，锦衣卫对京畿治安有协理之权，所以最初他们的捕盗范围仅在京师周边区域，这个情况一直持续到明宣德年间才有所变化。从宣德年间开始，文官的地位有了稳步上升，锦衣卫外出捕盗时需要有御史随行。其目的在于使朝廷能够及时了解地方官员的工作状态，从而因地制宜地做出应对处理。往深了说，朝廷对锦衣卫的外派活动保有戒心，御史的随行有监视锦衣卫行动的用意在里面。比如宣德二年（1427年），行在工部（跟随天子巡行的临时官署）曾奏请明宣宗，请求按照惯例派遣"锦衣卫能干官一员驰驿往督军卫、有司，量拨军民修治"被雨水损坏的自通州至山海关的桥梁、道路、驿舍。对此，明宣宗的态度相当直接："此闻锦衣卫官差遣在外，多贪虐厉民。只遣工部廉能官，庶几不扰。"连皇帝都知道锦衣卫在外的形象多有不佳，干脆不让他们出去惹是生非。这也从侧面证明了派遣御史随行锦衣卫办差，归根结底是皇帝对锦衣卫心存戒备。

锦衣卫外出参与捕盗，其目的在于保障国都的良好治安以及皇帝的安全；但有时候，他们的工作并不能让皇帝觉得满意，皇帝甚至会下敕谕要求他们提高工作的责任心和效率。

明宣德七年（1432年），明宣宗就在敕谕中对锦衣卫外出捕盗不力的情况予以了警告。在这份敕谕中，明宣宗放了话，各人负责的区域内再发生盗案，锦衣卫若不能立即捕获作案者，那么就将这些锦衣卫官校和负责这片区域的兵马司官一起论罪。"兵马司"，即负责京师治安的"五城兵马司"。可见，锦衣卫和五城兵马司之间存在合作，甚至有可能是隶属关系。五城兵马司从某种意义上来说，可以被作为锦衣卫外勤的外围组织或基层组织。而锦衣卫能否顺利完成侦缉捕盗工作，与五城兵马司的配合密切度有密不可分的关系。

这当中还有一个小细节非常有趣。那就是锦衣卫和五城兵马司，时不时还要联手去充当搞市容的环卫角色。明成化四年（1468年），明宪宗突然下旨把中兵马司指挥并巡城御史，还有锦衣卫官校一起逮捕入狱，交司法部门议罪。逮捕的理由是：京师街渠污秽壅塞。可见，京师的街道是否整洁、河渠是否顺畅也属于锦衣卫的工作范畴。《明实录》中，大量锦衣卫官被选任为提督街道等职或奉命疏浚沟渠的记载，似乎也证实了这一点。

明弘治十二年四月的某一日，明孝宗突然授意内台官，提出要选拔锦衣卫余丁百来人，到禁中担任洒扫工作。内台官的奏本一出，户部尚书周经等人立刻站出来明确表态，反对这一提案。明孝宗想任性一次，回复说自己已经核准了这一提案。结果户部官员咬定不放，进言劝谏明孝宗。户部进谏的文本很长，言简意赅地说就是："老祖宗设立内台，用内官（宦官）来专门负责皇帝您的起居，目的就是提醒您内外有别，防止内外勾结，酿成灾祸。您要是非得用锦衣卫来充任内官的职责，恐怕将来宫禁之内的消息外泄，为不轨者利用，会引来祸事。"明孝宗想了想，觉得户部官员的进谏并非没有道理，于是打消了用锦衣卫余丁进宫当清洁工的念头。这一案例从侧面证明，锦衣卫也会被随机分配任务，被选去大内当清洁工，也不是没可能。

不过，这些个颇接地气的活计毕竟不是锦衣卫的本职工作，锦衣卫更多的时候，还是以令人谈之色变的形象出现的，比如行使廷杖、逮捕犯人、刑讯逼供等司法职能的时候。

关于锦衣卫行使司法职能的过程和细节，后文同样有详细记述。倒是历来让大家容易产生误会的两点，需要在本章节仔细梳理：其一，锦衣卫可以随便逮捕人；其二，锦衣卫可以任意插手地方案件。

锦衣卫是否如文学、影视作品中表现的那样，看谁不顺眼就可以逮捕谁，不需要通过任何法定程序呢？

答案是否定的。

锦衣卫尽管直接隶属于皇帝，但也需要经过一定的司法流程才能执行逮捕人的任务。这一点在《明实录》里有明确的记载。锦衣卫要逮捕人，必须由刑科给事中在驾帖[①]上签字确认，否则无法成行。譬如，万历四十七年，

---

① 皇帝授意，司礼监太监出帖加盖印信。

锦衣卫掌卫事都指挥使骆思恭，就因为刑科缺员严重影响锦衣卫外出办案所需的签批而上书皇帝，希望能尽快把刑科的空缺给补齐。此举充分说明，即使皇帝有意要逮捕人，没有刑科给事中的签名，锦衣卫也只能干瞪眼。

不仅如此，锦衣卫在提审犯人时，也需要刑科的人签批。明嘉靖元年（1522年）的时候，就发生过锦衣卫拿着驾帖去刑科，要求提审东厂访获的犯人，遭到刑科给事中拒绝的事情。事情一直闹到明世宗面前，最后因循旧例，锦衣卫还是没能提审到犯人。此事表明，至少在嘉靖朝之前，按照制度规定，锦衣卫提审人犯必须拿着皇帝的书面旨意到刑科，刑科签名同意后，才能带走人犯。嘉靖朝之后，该制度可能有所松动，至于晚明时期，锦衣卫只需要带着写有事略的驾帖，就可以得到刑科的签名照准。

由此延伸出了一个问题，那就是锦衣卫是不是什么案子都可以审？

虽然锦衣卫军士时常被外派出去逮捕罪犯，但逮捕押送回来的罪犯却不一定都归他们审讯。至少在明天顺四年（1460年）以前，遵照旧例，锦衣卫押送的囚犯由各地汇总到京师后，尽数发往刑部或都察院审理。千万不要以为锦衣卫官员会因此而沮丧，觉得自己失去了生杀予夺的机会，其实他们更多时候是对此能躲就躲，能不管就尽量不沾手。

他们为什么会有这样的心理？

因为锦衣卫只有审理权，没有判决权！无论是什么样的案件，锦衣卫审理完毕后，都需要将卷宗移交刑部或都察院依律论断。刑部和都察院对锦衣卫的审理结果，有提出质疑乃至完全推翻的权力。明孝宗甚至为此专门下诏："法司凡遇一应称冤调问及东厂、锦衣卫奏送人犯，如有冤枉及情罪有可矜疑者，即与辩理，具奏发落，毋拘成案。若明知冤枉不与辩理者，以故入人罪论。"故而，晚明时期的很多冤案大案，后世人都将戕害忠良的罪名全算在锦衣卫头上是不客观的，毕竟最终依律论罪的是刑部和都察院，哪怕刑部和都察院的官员与宦官集团有说不清的干系。

既然锦衣卫逮捕人犯要刑科签批，提审人犯要刑科签批，连审结的案子，刑部和都察院都可以彻底推翻，那锦衣卫还有插手案子的必要么？

锦衣卫有没有必要插手案子，决定权在皇帝和法司手上。同样的，锦衣卫是否需要出动外勤去往地方审理案件，也必须由法司向皇帝提出，自身毫无主动权可言。不过，一旦被要求出动外勤办案，锦衣卫就没有推脱的可能性，且一举一动都在随行御史和法司的监控下，并不像传闻中那样恣意。

那么，什么情况下，法司会要求锦衣卫出外勤呢？

"言锦衣卫官职在侍卫，祖宗朝非机密重情不遣。"这是明嘉靖七年（1528年）十月，南京礼部右侍郎顾清等人在条奏时政之时所写。也就是说，锦衣卫被派遣到地方审案的前提，要么事关机密，要么涉案人员属于强势群体，地方法司无法不受其干扰秉公办案。而锦衣卫介入地方案件，必须先报备刑部和都察院，获得准许后，才能展开工作。这点与很多人印象中，锦衣卫想介入什么地方案件就可以强行介入大相径庭。不过需要强调的是，在特定的历史阶段，如晚明宦官专政时期，锦衣卫确实因此占据了强势地位，即使办了冤假错案，刑部和都察院官员往往也会因为畏惧锦衣卫，不敢公正地改判。

如果说，以上有关锦衣卫的职能大家都相对熟悉的话，那么接下来要讲的这部分，恐怕会超出诸位以往的经验认知。严格地说，这部分职能可以统一归纳为"外事职能"。所谓"外事"，顾名思义，跟外交有关。简而言之，明代的锦衣卫常常充任外交官员出使列国。

明嘉靖十五年（1536年）的时候，安南国发生了内乱，无法再进行朝贡。作为宗主国的明朝政府对是否要出兵问罪在朝中进行了讨论，结果争议很大，致使明世宗无法决断。有鉴于此，礼部和兵部于当年十一月联合上奏，建议明世宗先派几个有胆略和外交才能的锦衣卫武官，在广西镇巡官及相关官员的陪同下，前往安南国，勘察彼方的情况后再行定夺。这个建议迅速得到了明世宗的响应，他挑选了锦衣卫千户陶凤仪、百户王桐去广西，锦衣卫千户郑玺、百户纳朝恩去云南，一同前往安南国勘查情况，顺带调查武严威等犯边事宜。虽然这四个锦衣卫不是奉诏出使，但毕竟涉及外事，事实上扮演了外交官的角色。

锦衣卫之所以能执行外事任务，跟其本身有大批少数民族、藩属国归附人员担任武官有关。这些达官，是锦衣卫非常重要的组成部分之一。皇帝利用这些特殊身份的达官，实现了对边疆地区和少数民族地区的监控和安抚，以保证帝国运转的稳定性，同时又能借助锦衣卫武官的身份来监控他们的族人，可谓一箭双雕。

鉴于皇帝是九五之尊，高高在上，很难有机会深入民间，了解民意。所以从明太祖朱元璋开始，锦衣卫还承担着替皇帝了解民情民意的工作。这一职能虽然没有被录入官方记载之中，却对皇帝准确处理国家大政，起到了相当重要的作用，比如对民间物价涨跌的监控，以及对看似不起眼、实则有着"蝴蝶效应"的事件的关注等。

明宣德四年（1429年），永清县奏报说该县发现了蝗蝻。明宣宗接到奏报，于一日在朝上询问众臣说："永清县上报有蝗虫，不知道其他县有没有啊？"皇帝突然问起这么细节的事情，一帮终日在城里居住的大臣们面面相觑，不晓得该如何回答皇帝的问题。这时，侍奉在皇帝身边的锦衣卫指挥使李顺淡定地回复道："今年四郊的禾粟都很繁茂，只听说永清县偶尔闹蝗虫，并不严重。"众臣愕然。

作为以农业为本的华夏大地，粮食生产问题一直是国家关注的重中之重。而官僚们往往将注意力放在"天理人欲""礼法"等所谓的"大道"之上，纠结于利益的分割以及士大夫高雅的情操，对百姓真正的身家性命却并不怎么在意，甚至看不起那些拘泥于钱粮耕种的吏员。然而，很多的大事开端多起于社会底层的细枝末节处，改革也多由不起眼的局部开始。锦衣卫替皇帝打理这些官员们都不在意的"小事"，恰恰弥补了这一巨大的疏忽，填补了很多细碎却关系国计民生的环节，例如，打击私盐，克服文官间因裙带关系等因素导致的体内监察机制不健全等。

遗憾的是，由于明代中后期锦衣卫主动或被动地与宦官集团合作，违背了官僚集团的传统价值观，加之其本身也有诸多的负面行为存在，以致最终无法在握有历史话语权的官僚笔下获得公正客观的记述。于是乎，锦衣卫这些有益于国家的职能被刻意削弱和隐匿，而负面形象则被不断强调和夸大。我们也就不难理解，为何锦衣卫在后人的眼中只剩下"特务"这一个职能了。

《大明会典》中有关锦衣卫宿卫制度的记载

《大明会典·卷二百二十八·锦衣卫》载：

"凡常朝，轮指挥一员、千户二员、百户十员、旗校五百名，于奉天门（今皇极门）下摆列侍卫，听候纠仪挈人。朝退，轮百户一员巡察皇城四围，其余分守东华、西华等门，听候宣唤。至夜，轮百户二员、校尉四十名，同该日指挥于内直房直宿，以备传报。其余出宿外直房。"

第五章

公公他偏头痛！

锦衣卫与东厂

但凡提到明代的特务政治，有一个高频词总会时不时地就蹦到你眼前，这个词写作"厂卫"。许多人据此人云亦云，将厂卫挂在嘴边，视之为特务的代名词，却少有人搞得清楚这两个字到底是什么意思。

关于什么是厂卫，你会从不同的人嘴里听到不同的答案。

"厂卫就是明朝皇帝手下的特务。"

"厂卫是明朝太监手下的特务。"

"厂卫就是明朝的太监机构之一。"

......

若你再追问一句，厂卫是一个组织，还是若干个组织的合称？估计除了对明史略有涉猎的人能够给你靠谱的答案外，大部分的人都会回敬你一脸的茫然。

那么，靠谱的答案是什么呢？

厂卫不是一个机构名，而是两个机构的合称。"厂"是东厂、西厂和内行厂的总称。"卫"简单明了，单纯指锦衣卫。既然是合称，它们之间有从属关系吗？谁主谁次？

相信不少人受武侠小说和影视剧的影响，不假思索地就会做出"太监领导锦衣卫"的判断。事实是否如此呢？

的确，在明中后期，以司礼监为代表的宦官集团势力日趋壮大，他们不但利用皇帝授予的权力为所欲为，而且一度凌驾于官僚集团之上，把持朝局，并决定官员的任免乃至生死。锦衣卫作为武职系统中最接近皇权的特殊机构，自然也受到宦官集团的染指，被迫成为其爪牙。但是，需要强调的是，司礼监控制锦衣卫并非其与生俱来的能力，而是由皇帝的态度决定的。它的一举一动，发号施令，其实不过是本着皇帝的旨意办事，或是利用皇帝的信任欺上瞒下。言简意赅地说，司礼监的权力再大，也是大明天子给的，能给也能收。

这一点，同样有宦官干政黑历史的汉朝与唐朝，是不太可能做到的。汉唐的宦官可以分分钟发动政变，废黜皇帝，另立新主；明朝司礼监的公公要是敢在皇帝身上动歪心思，下场通常很惨。就算是臭名昭著的"九千岁"魏忠贤，在皇帝面前还是得装怂包和好奴婢。

因此，尽管锦衣卫受制于宦官集团是事实，但在实质上以及名分上，二者分属不同的机构与部门，且各自接受大明天子的领导，分别对大明天子负责。也就是说，它们俩是"同僚"，而不是"上下级"关系。理清了这点，我们才能在接下来的篇幅中，为大家讲述锦衣卫和各位公公们的恩恩怨怨。

如何才能更好地理解锦衣卫和宦官集团之间关系呢？

用时下流行的宫斗剧来打比方，假设官僚集团是"正宫皇后"，锦衣卫和宦官集团都是皇帝信任的"宠妃"，后两者都希望通过自己的表现获得皇帝的专宠，从而凌驾于对方之上，以求能与"皇后"平分秋色。当"皇后"的实力增长之际，这两个"宠妃"又会联手站在皇帝一方，一起制约"皇后"坐大。

既然都是"宠妃"，虏获圣心，总有个先来后到。尽管宦官集团干政的历史古已有之，但在明朝，他们上位得宠的资历比起锦衣卫，还要靠后一点。要知道，在明朝初期，宦官在皇帝面前的地位相当的低，甚至是被强力打压的对象。明太祖朱元璋有鉴于历朝历代外戚和宦官干政的血泪教训，对这两个群体在权力中心的一举一动都采取了相应的预防措施。明太祖经过总结分析，认为历朝历代宦官之所以能干政，追根究底是因为宦官的文化水平高，能识文断字，故能顺理成章地接触到公文奏疏。因此，他做出了一个釜底抽薪的决定——禁止宦官学文化和接触政务。自他开始，直到建文帝朱允炆当政期间，宦官群体在宫中的地位都仅仅停留在粗使洒扫等仆役类的工作上。甚至于，一旦有宦官敢于挑衅这个高压线，就会被处以极刑并曝尸，以杀鸡儆猴，威慑整个群体。这一高压政策持续了两代，直到明成祖朱棣继位之后，才有所松动。

朱棣之所以没有完全承袭祖训，是因为他当年发起"靖难之役"时，利用了被建文帝朱允炆打压的宦官群体来获取宫中情报。这些情报对他判断朱允炆的战略规划，取得最终胜利起到了举足轻重的作用。从某种层面来说，宦官群体是他的合作伙伴，他肯定有给过对方相应的承诺，再者赤裸裸地卸磨杀驴不符合朱棣的作风，他更愿意敲骨吸髓，榨干他们最后一点剩余价值。不过，他并未在明面上给予宦官群体自由度，只是不再刻意强调宦官不许干政的祖训。这么一来，既没有违背祖训，又提升了宦官群体的自由度和地位，可谓两全其美。不过，这并不意味着他对"严禁宦官干政"松了绑，终他一世，对宦官集团的监控依旧存在。

不可否认，明成祖朱棣是一代强主，有他震慑，宦官集团不敢有非分之想。然而，他之后的君主们，因为内外形势和自身能力的缘故，想要凭借自身震慑宦官集团的野心，防止其染指政务，就变得有难度了。

从明仁宗开始，为了提高政务处理效率，永乐时期设立的内阁制度开始凸显其重要地位。内阁作为皇帝和六部之间的桥梁，不但参与到了政务的处理中，还逐渐拥有了相当分量的决策权，即所谓的"票拟"制度。当皇帝采纳票拟的方案与建议时，直接照准就可以分发下去贯彻了，除非票拟的内容皇帝认为有争议，需要与内阁成员进行面谈复议。这种做法有利于提高政务的处理效率，但也为宦官集团的摄政提供了机会。

按照传统，皇帝的政务文书通常由宫中司礼监的宦官负责打理。洪武、建文和永乐时期，司礼监的宦官是不允许与外廷的官署有任何接触的，目的在于严防死守，堵住一切宦官干政的漏洞。然而明仁宗时，司礼监的宦官由于内阁制度的崛起，接触外廷的机会日益增多。到了明宣宗朱瞻基继位后，情况为之大变。

朱瞻基继位后的头几年，在宫中设立了内书堂，命翰林学士教授宦官们识文断字，以便他们能够处理文件、与外廷的官署交接文件、与朝廷官员联络。这无疑释放了一个信号，即宦官可以有限地接触政务，并与外廷官署开始往来。

朱瞻基难道不知道宦官干政的后果有多可怕吗？

他当然知道！

那他又为何要以身犯"禁"？

道理很简单，当你作为 CEO，工作任务繁重，需要找一个人为你分担的时候，一个打小就以你马首是瞻的奴仆和一个跟你只有普通劳务关系的员工，你会选谁？毫无疑问，总是知根知底、听话顺从的好使唤啊！

皇帝也是这样想的。

论安全感和忠诚度，宦官集团比起外廷的官僚集团对皇帝来说要可靠得多。在家天下时代，政务处理得好与坏，直接关系到皇权的稳固。因此，皇帝必须要有信得过的奴仆去协助他处理私人的机密文件，尤其是在皇帝不方便与内阁及六部就一件事情发生正面冲突的时候，司礼监就充当了居中调停的角色，成了缓冲地带。如果司礼监的宦官不能识文断字，顶多也就是跑个腿、传个话、送个文件，危害还相对小一些。但是，当皇帝需要他们介入政务并给了他们学文化的机会；那么，背着皇帝在传递文件的时候上下其手，滥用皇帝给予的特权，这样的事必然会发生。

作为解禁人，以明宣宗朱瞻基的能力还是能约束手下宦官集团，保持政治平衡的。可是，一旦他的子孙能力不足或者玩忽职守，宦官集团滥用权力的机会就变得更多，情况也空前严重。比如明熹宗朱由校长期沉迷于当木工，致使宦官魏忠贤高踞于一个无强力领导、状态混乱的官僚体制的顶点上，于是乎，天下大乱，帝国向着亡国的方向疾奔而去。

严格地说，明熹宗朱由校不是第一个放任宦官干政的君主，但却是明代最出名的一个。这大抵是因为，魏忠贤与熹宗的乳母奉圣夫人客氏内外勾结太甚所致。这两人对外残害忠良，弄得民不聊生，对内恣意蹂躏妃嫔，连皇后都敢下绊子，比起之前的宦官刘瑾的罪恶指数，实在是有过之无不及。也正是明朝中期以后，朝廷局势越来越复杂，宦官势力愈来愈强大，才会给后人留下明朝太监专横至极、荼毒天下的暗黑印象。

凡事总不是一蹴而就的，冰冻三尺非一日之寒。若说朱瞻基设立内书堂，教会宦官们读书识字以提高政务处理效率这个出发点是好的，结果走向反面是他的子孙驾驭不了这群"洪水猛兽"所致；那么，他的爷爷朱棣于明永乐十八年（1420年）十二月在京师的东安门北设立东厂，并依赖这些宦官承担监察职责，出发点就不是简单的好与坏可以衡量的了。

前文可知，锦衣卫的职责中就有暗行缉访谋逆和监察不法之事，那为何还要再弄出一个东厂，令一群阉人来做耳目眼线？

因为阉人比锦衣卫更可靠，他们的根在宫中，他们的本也在皇帝手中攥着，他们不敢也没必要对外廷的官员网开一面。残缺不全的身体使得这些阉人只能在宫廷里讨生计，难有别的去处。锦衣卫毕竟还归属于武官系统，再不济也是个健全的人，比起宦官，他们的选择机会更多，皇帝并非他们唯一可以效忠的对象。如此一来，在大明天子的眼里，锦衣卫也应该作为监控对象，交给东厂的"家奴"盯防。故而，东厂的实际权力在无形中大于锦衣卫，在皇帝心目中的地位亦是高过锦衣卫的。

皇帝用锦衣卫监控官僚集团和民间舆情，再用东厂的宦官监控锦衣卫的工作是否尽忠职守。若要把这情形表现出来，"螳螂捕蝉，黄雀在后"的典故和画面感再合适不过了。官僚集团是"蝉"，锦衣卫是"螳螂"，东厂则毫无疑问地扮演着"黄雀"的角色。那么，"黄雀"之后呢？

"黄雀"之后自然站着最终的利益获得者——大明天子。说到底，这是一个强调巩固皇权的时代，一切人都有可能利用从皇帝手中获得的权力颠覆他的江山。为了防止意外，大明天子必须保证权力牢牢地握在自己手中，他戒备和怀疑所有人，最大限度地平衡各方政治势力的明争暗斗，有时甚至要制造矛盾冲突，迫使他们互相牵制。例如宦官集团的身后，其实有官僚集团的眼睛时刻在搜寻反击的机会。令这些政治势力始终处于制衡状态，就可以保证自己稳坐帝位，这是身为一个成熟老练的君主执政的基本技能。

虽说是基本技能，但不代表每一个君主都能掌握得很好，玩脱了的也大有人在。当手下的各方势力互相怼上时，个个都使出浑身解数去获取皇帝的青睐，一旦皇帝的辨别能力下降或是脑子一热，很可能就会状况百出，造成各种可怕后果。明中后期以后，皇帝深居宫中，召见群臣的频率明显降低，只有少数内阁重臣有机会面见皇帝。这样的现实客观上使宦官的权势日重，官僚集团遭遇残酷打击，侦伺之风大行其道，冤狱成为帝国生活的日常话题。

能够在大明帝国的疆土上呼风唤雨，令天下臣民惶惶，连人们谈之色变的锦衣卫都要看他们的眼色行事，这些看似"娘炮"的公公们到底牛气到何等程度？

我们先来简单梳理一下公公们所在的组织机构，让大家见识下，它到底有多庞大，覆盖面有多广。

明代的宦官组织有十二监、四司和八局，总称为"二十四衙门"，其首脑部门叫作"司礼监"。尽管与之并置的还有十一监，但司礼监老大的位置，无人敢撼动。司礼监设有掌印太监一名，地位比拟内阁首辅，负责与内阁对柄机要。其下有秉笔太监数名，其中资历最高的二人中，一人专门职掌"钦差总督东厂官校办事太监关防"，这就是俗称的"提督太监"，即许多武侠小说里的所谓"督主"或"厂公"。提督太监的地位仅次于掌印太监，在秉笔太监中排行居首，属于皇帝的心腹。到了明中期往后，为了应对形势，进一步加强皇权，司礼监的掌印太监也会兼任这个职务，集行政、监察两权于一身。

提督太监之下，设掌刑千户一人、理刑百户一人，由锦衣卫千户、百户担任，二人俗称为"贴刑"，辖掌班、领班和司房四十多人。这些人都属于内勤人员，也是东厂的核心人员。四十多个人显然不足以将触角伸展至帝国的全部角落，所以东厂还配置了固定的外勤人员——一百多位役长（又称"档头"），下辖以子、丑、寅、卯命名的十二班番役（又称"番子""干事"），共计一千多人。需要特别强调的是，这些工作人员，全部从锦衣卫中遴选。也就是说，锦衣卫和东厂的人员存在相互渗透与合作的关系。这点对于不明就里的大众来说，客观上形成了"东厂是由锦衣卫组成的"或是"锦衣卫里也有太监"的错误印象。循着如此的印象编排，武侠故事里武功高强、出神入化的大太监形象由此深入人心。

很多传统著作都认定锦衣卫中的中高级武官多半是掌权宦官的兄弟、侄子或亲信世袭，锦衣卫也由此成为东厂职权扩展和延伸的爪牙。然而实际情况，经过前文的介绍可知，锦衣卫入职条件复杂，人员出身也不仅仅是"中官推封"这么简单。真正大面积出现通过"中官推封"入职的锦衣卫武官的情况，多集中在明代晚期宦官擅权阶段。在这个阶段之外的大部分时间里，东厂与锦衣卫之间通常维系着比肩协作的关系。

我们从最小的协作项目往大了说。

东厂和锦衣卫通力协作的最小的项目，大约就是执行皇帝的命令，一起出场廷杖大臣。别看只是打屁股，"核心科技"尽在其中，考验着这两个部门的工作默契度与眼神交流，非内部人员不能洞悉其中奥秘。

执行廷杖之时，东厂的宦官监督行刑，锦衣卫武官负责掌刑，其下的校尉等抡棍子出苦力，分工相当明确。根据《明代酷刑三例考略》的记载，廷杖从下达命令到执行，有一套严格的完整流程，并非影视剧里演绎的那样直接把大臣拖到午门（紫禁城的南大门）外乱棍猛打。皇帝下达廷杖某大臣的命令后，司礼监太监出帖加盖印信，随后将驾帖交由刑部给事中审核。刑部签批之后，帖子被送往东厂（西厂）确认。东厂（西厂）方面再次核对，然后转发锦衣卫处，锦衣卫根据帖子的要求派遣相关人员前去缉拿获罪大臣。这一趟流程走下来颇有严丝合缝、斟酌再三的架势。不过，就晚明时期的混乱来说，不排除有不按常理出牌的廷杖案例。在这里，我们不妨代入被廷杖的角色，尝试还原一下令人胆战心惊的现场。

首先，锦衣卫会将要被廷杖的你带至午门。接着，你会见到司礼监负责监督行刑的太监，他正领着两列锦衣卫校尉列队"欢迎"你的到来。在宣布完廷杖的旨意后，监刑的太监会让锦衣卫用厚棉底衣（厚棉布）把你裹起来，使你面朝下地倒在地上，而后下达命令："搁棍！"

两旁排列整齐的校尉齐声喝道："搁棍！"

就在你以为他们只是在做刑前准备，检查棍子之际，一个锦衣卫应声而出，将手中的棍子搁在你的身上。这时你才明白，你就是"搁棍"里被"搁"的物件。顺着锦衣卫手中的棍子看过去，你会惊恐地发现，这棍子和小时候你爹打你屁股的木棍完全不同，它长得很吓人。据《太平御览》的说法，廷杖用的棍子是用栗木做的，打人的一端削成槌状，而且还包裹了铁皮。铁皮还不是重点，重点是铁皮上还有倒钩，一棍打下去，你身上的皮肉必得生生被撕下一块来。

你来不及想象肉疼的滋味，监刑的太监说了一句："打！"

锦衣卫校尉们跟着重复命令："打！"

然后，可怕的"神棍"就狠狠落在你的屁股上，你想不嚎都不行。

连续三下，你身上的厚棉底衣还有官袍已经被铁皮倒钩撕破了。别急着骂变态，你有它们护体已经算走运了，比起刘瑾当权时剥去外衣露出屁股直接打，你该庆幸。

打完三下，行刑的校尉停了下来。

你若以为只打三下，那就太天真了。这三下只是行刑的校尉在热身，接下来才会动真格的。

校尉们扯着嗓子再喊："着实打！"

听到这话，你赶紧咬紧你能咬的任何东西，忍着剧痛默默数棍子落在屁股上的次数，防止他们一时打得兴起，被多打了吃亏。但前提是，你得保证被打二十下之后，仍然头脑清醒，没有昏死过去。因为体质差的人，打到二十下就已经血肉模糊了，能扛过五十的，基本上不死也终生残疾了，再往上打到七八十下，除了超人，十有八九已经见阎王了。所以，当时规定的廷杖上限是一百下，这大概只是为了凑个整数，说起来好听，毕竟打到八十下基本就没生还的可能了。

万一皇帝只是想教训教训你，锦衣卫不留神把你打死了怎么办？

这点你尽管放心，司礼监和锦衣卫的人都不傻，打你之前就已经在皇帝那里探好了口风。皇帝如果要你死，打二十杖也能让你驾鹤西游；皇帝如果还想留着你一条命，打五六十杖，你最多残废致仕回家当地主。

不过，司礼监的太监和锦衣卫不会当着你的面告诉你皇帝的底牌，他们有自己的暗号。通俗的说法是，行刑的锦衣卫会去看司礼监太监的脚，若是两脚分开，即为放一条生路之意；若是脚尖向内，你就等死吧！

一旦确认是要把受刑对象往死里打，锦衣卫校尉的口令就变成了："用心打！"行刑的校尉们听到这个号令，便会用尽全力挥动棍子，每打五下，换一个人继续打，以此保证力道的强度不变。据说，这个杖打的暗号同样用在锦衣卫诏狱的审讯上，为了逼供，通常分成"打着问"（边打边问）、"好生打着问"（加大用刑力度）和"好生着实打着问"（再不招供直接打死）三个层次。

以上是锦衣卫行刑的力度，如何浑然天成地实现这个目标，则需要在行刑的技术上实打实地练习。练习分为两个方向，即"外轻内重"和"外重内轻"。所谓"外轻内重"，是指打完后受刑者外表看起来只受了轻伤，但是骨骼、内脏等已经严重受损，非死即残；"外重内轻"则与之相反，打完之后，受刑者外表看来血肉模糊、惨绝人寰，内在的重要脏器却安然无恙。如此深具技术含量的活儿，练习的难度系数自然也很大。据悉，选拔执行廷杖的锦衣卫时，先用皮革做成两个人体模型，一个里面放砖头，一个里面包上纸，而后给两个模型穿上衣服。打完后，放砖头的模型，要求外衣无损，里面的砖头要粉碎；包纸的模型则要求衣服和皮革破损不堪，里面的纸却不能破。到了刘瑾时期，连模型都省了，直接练习盖块布打豆腐，考核标准相比从前，难度系数增加了十倍都不止。

被"神棍"狠狠打了二十下之后，你已经晕头转向，勉强还有一口气在，一切好像就此结束。然而，不! 还有一道收尾工序没有完成。

四个锦衣卫校尉会上前来，把缠裹你的棉布四角拎起来。别以为他们是好心要抬你去太医院上药，他们只会把你高高地抬起，再重重地摔下来，然后拍拍手宣布收工。

廷杖只是厂卫合作的小项目，往大了说，在对朝野、民情的侦查访缉方面，二者一直是亲密的合作伙伴，资源共享，互为支持。而且，这种合作已经成了法定的日常活动，涉及范围上至官府，下至民间，连城门口都埋伏着厂卫的人，简直无处不在。

东厂和锦衣卫派出的暗访人员几乎每天都要完成一份工作报告，东厂称为"打事件"，锦衣卫称为"听记"。这份报告通常在当天晚上或次日清晨上报锦衣卫和厂署，内容包括兵部有没有塘报，城中有没有发生命案、失火、雷击，各个城门有没有异常人等出没。除了这些，每个月的晦日，还要汇总京城内的杂粮、米、面、油等生活物资的价钱，监控物价浮动。这一切都要整理润色，及时上呈到皇帝案头，供皇帝掌握宫外的情况，哪怕半夜里东华门关闭了，也可以从门缝塞进去。所以，宫外事无巨细，根本瞒不过皇帝的眼睛。以至于，宫中一度拿民间柴米油盐的琐碎事，当茶余饭后的谈资笑料。

东厂的番役统共就一千多人，仅京师一地，想要全面对接所有信息，不放过任何蛛丝马迹，委实很吃力。编制内的人员有限，招聘编外人员自然就变得相当重要。于是，东厂和锦衣卫长年悬赏，出钱向民间购买"事件"。寻常百姓忙于正经生计，问津者寥寥；但是，一些无固定工作的游民为了得到厂卫的"津贴"，表现得非常积极，借此讹诈百姓钱财或公报私仇，此类事件在晚明频频发生，搞得人人自危。

总的来说，厂卫虽然一直并称，职务属性也接近，但毕竟分属不同的系统。既然分属不同的系统，彼此之间就会有冲突，有利益之争。尤其是东厂（西厂）还对锦衣卫有监视之权，对锦衣卫来说，如芒刺在背。为了减少东厂（西厂）对自己的约束和威胁，锦衣卫上下不得不尽可能地在皇帝面前卖力表现，以期获得更多的信任。这么一来，厂卫之间的竞争必然加剧，二者在朝野的地位排名上也是你追我赶。

当皇帝信任东厂（西厂）时，宦官集团的权力就会超过锦衣卫；反之，当皇帝信任锦衣卫时，锦衣卫的地位就会高于东厂（西厂）。天下人只要观察东厂（西厂）和锦衣卫实力的消长，就能知道皇帝对二者信任程度的高低，以及皇帝对官僚集团的态度。

对此，《明史·刑法志三》中的一段文字做了深刻的总结："故厂势强，则卫附之，厂势稍弱，则卫反气凌其上。陆炳缉司礼监李彬、东厂马广阴事，皆至死，以炳得内阁（严）嵩意。及后中官愈重，阁势日轻，阁臣反比厂为之下，而卫使无不竞趋厂门，甘为役隶矣。"

这是一个锦衣卫和司礼监、东厂斗争的案例，即锦衣卫指挥使陆炳，弹劾司礼监掌刑太监李彬及东厂掌事马广的事件。

陆炳是明世宗在位期间权倾朝野的锦衣卫指挥使，深得明世宗的信任。他当值期间，锦衣卫的地位得到了大幅度提升，而以司礼监为首的宦官集团被其压制处于弱势。陆炳这个人不同于一般锦衣卫指挥使，他的政治敏锐度不亚于出色的政治家。为了巩固自己的地位，平衡多方政治势力的利益，他选择与内阁首辅严嵩合作，暗中收集司礼监掌刑太监李彬的诸多不法罪行，将这些证据汇总到了明世宗的案头，一举将其拿下。李彬的同党杜泰、李庚和王恺等也随李彬一并被送到锦衣卫北镇抚司问罪处死。

从李彬的职位可知，他是掌刑太监，与锦衣卫的合作相比其他部门更紧密。至于另一个东厂提督马广，巧得很，主要工作也是跟锦衣卫合作，监控朝野民生。陆炳对这两个与锦衣卫有密切关系的"合作伙伴"下手，显然不是泄私怨这么简单，不排除有拿这两人的性命与官僚集团做"交易"的成分，同时进一步遏制宦官集团的扩张。

这是明代史料明确记载下的唯一一个锦衣卫指挥使成功弹劾司礼监和东厂宦官的案例。类似锦衣卫和司礼监、东厂火并的事件其实并不少，但都言之不详或是含糊带过，少有像陆炳这样搞那么大动静且还顺利得手的。终明朝一代，厂卫相爱相杀，"甜蜜"时刻虽然多，可往对方身前背后"捅刀子"的时候也不算少。纵使司礼监的公公权势熏天，也得依靠锦衣卫才能把东厂玩转，可又不能太放纵和依赖锦衣卫，以免被其牵着鼻子走。公公们不仅要替皇帝监控锦衣卫，还要防着在皇帝面前随时被锦衣卫下冷刀子，压力山大自是不必多说。因此，他们最希望看到锦衣卫起内讧，比如明武宗时锦衣卫指挥使江彬等人联手扳倒了大太监刘瑾，然后却又内部自相残杀，消磨了锦衣卫的实力。明英宗时期的门达、曹吉祥等人也用过这个路数。只不过，公公们的愿望也是锦衣卫武官们的期望，他们同样盼着公公们彼此厮杀内耗，就像明神宗时的大珰冯保被其他太监拱下台一样。

值得玩味的是，不论是锦衣卫和东厂明争暗斗，还是二者关起门来自家端被窝，人们的视线往往都停留在"狗特务"火并上，鲜有关注到事情本质的。冯保落得那样一个下场，与其说是他行事招摇跋扈得罪的人太多，不如说是他早年跟明神宗的旧怨太深，明神宗故意放纵司礼监内部的人替自己出气。而曹吉祥等人的厮杀，则是"夺门之变"后仗着拥立之功过于嚣张，引发了明英宗的不满罢了。至于明世宗听任陆炳弹劾李彬、马广等人，准许将这些人下北镇抚司诏狱严刑拷打、论罪处死，也不过是看穿了锦衣卫与内阁联手的事实，为了让陆炳在严嵩父子跟前更好运作，做个顺水人情而已。

归根究底，大明天子才是真正的幕后大佬和裁判，锦衣卫和东厂再强悍，也不过是他手中玩弄权术的提线傀儡，随时可以根据需要牺牲任何一个，毫不留情。

关于这一点，有首佛谒说得透彻："生死去来，棚头傀儡。一线断时，落落磊磊。"

《酌中志》中有关高级太监紧急着装的记载

"宫壶中旧制,凡掌印、秉笔、管事牌子,在殿内直宿,其余者候圣驾已安寝,磕头安置过,寝殿门已阖,则始散归各直房,或酒或茶,自己用过,便各安歇,绝无敢私相会饮者。其各家经管衣帽官人,即将官帽一顶、贴里道袍、大袄或褂共上一条领者一付,总缄两条带子,将提系绦牌穗亦挂得停当,名曰'一把莲'。并硬抹口绒袜靴护膝一双,俱紧安于所歇床傍,伺候暗灯及烛于棹上,立铜箍头攒竹五尺一根于棹傍。司房官人伺候笔袋一分、空纸数幅、本色纸花一袋。纸花者,即白纸裁成方叶,如碗大,备写字、吐痰、擦手之用。凡猝然夜间御前有事,忽有传召,或值火灾意外之警,便立可衣冠,手持五尺,速赴圣驾防卫。"

译文:按照宫中传统制度,掌印、秉笔和管事太监,在寝殿中值班住宿,其他人等皇帝安寝后,全部向皇帝磕头道安,然后退到一旁,待寝殿大门关闭,才能回到各自的值班室,或饮酒或饮茶,吃夜宵就寝,绝对没有人敢私底下聚在一处饮宴聚会。他们把衣帽交给管衣帽的衣帽官人,由对方将官帽一顶、贴里道袍、大袄或褂与一条领子(假领、义领),用两条带子捆扎在一起,再将身上佩带的牌子和挂件挂在上面,这叫"一把莲"。将硬抹口的绒质袜靴和护膝,紧挨着自己所睡的床边,调暗桌上的灯烛,把一根五尺长的、有铜质箍头的攒竹立在桌旁。司房官人准备笔袋一份、空纸数幅、本色的纸花一袋。所谓"纸花",就是白纸裁成的方纸片,大小和碗一般,用来备着写字、吐痰或擦手。凡是夜间皇帝那里突然有事,紧急传召,或是遇上火灾之类的意外紧急之事,当值的人就可以迅速穿衣戴冠,手执铜箍头的攒竹,赶去皇帝身边护卫。

第六章

「特务」亦有正义使命！

锦衣卫的侦缉与监察任务

明永乐四年（1406 年）四月的一天，几个锦衣卫突然出现在京师的集市上，不由分说，将一个贩卖毽衫（一种毛织物）的小贩锁拿而去，留下一众不明真相的群众议论纷纷。

堂堂锦衣卫，为啥跟一个小贩过不去呢？这小贩到底犯了什么法？难道锦衣卫还要充当城管的角色？

看到这里，相信诸君也是一头雾水。

很快，锦衣卫关于此次抓捕活动的报告就上呈到了明成祖朱棣的案头。在报告中，锦衣卫相关人员详细地说明了逮捕该小贩的原因，并希望皇帝将其"执付法司，治如律"。原来，这名小贩近日跟前来大明朝觐的外国使者有过接触，锦衣卫怀疑他与这些异族有不可告人的勾当，有颠覆国家政权和危害国家安全的嫌疑。按照明朝的法律规定，本国国民禁止擅自与异族接触，违者以交通外国罪论处。

明成祖看完了锦衣卫的报告，让人把被捕的小贩叫来，当面向他询问情况。小贩很委屈地告诉明成祖，他只是在市集上遇到了前来购物的外族人，对方想买他的毽衫，两人讨价还价多攀扯了一会儿，除了买卖交易，二人并没有什么违法行为。

了解情况后，明成祖下令锦衣卫释放这名小贩，但是锦衣卫的堂上官却当着皇帝的面提出了异议。他认为，小贩与外族交易的货品虽然价值很小，也没有什么里通外国的实质性罪证，但毕竟违反了相关禁令，触犯了法律，因而不能枉顾法律规定，将其无罪释放。

这名小贩最后的结局，史料中没有给出下文，因此不得而知。不过，这件事情也说明锦衣卫在维护国家安全和京城治安方面，是有一定职责的。针对外族人可能进行的颠覆和间谍活动，大明帝国的执政者一直很警觉，而锦衣卫们则忠实地将这种警觉运用到了工作中去。在这个案例中，被逮捕的是小贩，而在类似情况的案例里，涉案的外族人，也逃脱不了法律的制裁。在西方留下过关于明朝风物记载的外国人中，有好几个曾来过中国，其间因为做生意而触犯明朝"禁止私下交通外国"法令的大有人在，甚至有人被以"走私"的罪名流放到山野荒芜之地，客死异乡。这么看来，锦衣卫的工作还真是无孔不入，触角遍及四方。

很显然，在抓捕小贩这件事上，锦衣卫闹了个乌龙。但此事并不意味着锦衣卫每次都是这样神经过敏，他们也有真的监控或抓到犯罪嫌疑人的时候。比如明洪武二十六年十一月的朝鲜间谍案，以及成化十二年（1476年）泰宁等卫遣使入贡事件。

先说朝鲜间谍案。严谨地说，以李敬先为首的六名朝鲜籍间谍其实是由辽东都司擒获的，具体擒拿他们的人员，身份并不清楚。鉴于当时朝鲜半岛正值政权交替阶段，明军在辽东方面布置了大量的侦查人员，六名朝鲜间谍的落网可能与他们有关。这些间谍落网后，立刻被押送帝国首都应天府，直接交由锦衣卫接管。这个小细节隐约透露出，押送人员的身份有可能就是锦衣卫，因为由锦衣卫押送重要人犯回京的情况在明初还是挺常见的。这些间谍到达应天府后，并没遭到严惩。明太祖亲自批示，让锦衣卫给他们安排居所，生活方面甚为优待，还派遣了翻译，但必须密切监视他们的起居，一刻也不许放松。毕竟在当时的朝鲜，亲元派和亲明派斗争激烈，哪一派占据政治主导地位，都将对刚刚建立的大明帝国的外部形势造成重大影响。控制住这六名精干的间谍，对于了解朝鲜半岛局势的第一手情报很有裨益。至于这六名间谍的后续命运，史料中没再提及，按照惯例，他们很可能被作为归附人员安置，此后负责对朝鲜方面的外交工作。

再说明成化十二年的事。这一年，泰宁等卫遣使进贡。进贡本是个司空见惯的事情，但这一次却不同。兵部掌握了一个重要情报，这个进贡方与蒙古挞靶部（涉事人的墓志铭书为"挞靶"，应为蒙古诸部之一）暗中有外交通好的情况。而此时的蒙古挞靶部与明朝的关系并不友好。因此，泰宁等卫的行为实际上有背叛明朝的意味，需要朝廷高度戒备。于是，兵部上疏皇帝："请令锦衣卫官校密防闲之。凡所卖马物，止许于夷馆中与我军民和买，不许以铜铁筋角私相贸易，因而漏泄机事。违者执问处治。"铜铁筋角之类通常是制造武器装备的必需品，而草原地区并不产出这些东西，因而借助贸易畜牧产品的方式获取这些重要的军需品，是最常见也最便利的手段。如此，只要把握住这个要害，严禁军用物资流出，即使这些势力私下勾结，也不用担心他们能掀起巨浪。可见，锦衣卫虽然名义上是皇帝的亲军，直接受命于天子，但涉及军政大事和国家安全的时候，仍然会酌情与六部堂上官合作，参与国事的处理。在这里，锦衣卫的校尉们协助兵部，监督进贡的使者，担负有缉查沟通外夷的职责，严密监控军需物资的流出，并非只是走过场。

在与外族打交道的过程中，锦衣卫作为情报人员的身影一直很活跃，类似于如今的 FBI 或国家安全局的工作人员。核实信息、监控特定的人群、完成对敌方军事情报的收集汇总等，都是他们工作内容的重要组成部分，只是针对的对象绝大多数时间是有一定品阶的官吏。也就是说，锦衣卫更多的时候，是在调查和监视有职务犯罪倾向的官吏。这点有别于很多人对锦衣卫"特务"身份的认知。

就传统印象而言，锦衣卫的"特务"职能似乎都是针对明帝国内部的官员和军民而设的，属于对内的强力监控，甚至是对舆论的钳制以及对人身自由的限制。因此，他们长久以来始终处于被广泛批判的地位，尤其是对帝国社会生活无孔不入的监察，更让时人和后世人痛恨厌恶，咒骂之声不绝于耳。

于是乎，"监察"这个本来相对客观且没有什么感情色彩的中性词，落到锦衣卫身上，就成了恶劣的专制象征。殊不知，除了特殊的历史阶段和社会背景，锦衣卫的监察职能，并非只有负面作用。比如前面说到的案例，以及我们接下来要说到的另一个案例。

永乐初年，一部分锦衣卫中高级武官，突然被以协助调查的理由传唤，他们或被投入诏狱隔离审查，或是离家之后再无音讯。投入诏狱的几人，后来相继被释放，官复原职；但离家之后失踪的人，则如同人间蒸发一般，从此彻底消失了。仔细对比这些人的名字和履历，会发现他们都是达官。那些一度身陷诏狱的武官，他们无一例外遭到了审讯，审讯的有关内容都是"串联谋反"。

众所周知，明成祖朱棣得位不正，尽管建文帝朱允炆已死（一说已出逃），但朝野对朱棣的入主，仍然抱有复杂的情绪，甚至有部分旧臣不乏反感。为了巩固自己的帝位，朱棣继位后表现得很努力，但对那些身居要职的官员，到底心怀戒备。而那些高级达官，因在其族群中拥有一定的人望，他们的动向，也影响着大明社稷的稳固。故而，越是紧要关头，朝廷对他们的监控力度就越大，比如在朱棣北征蒙古、太子朱高炽与汉王朱高煦"夺嫡之争"时期。在这种可能动摇国本的特殊阶段，哪怕只是疑似不轨的举动，朱棣都会采取强硬的措施，以防不测。从表面上看，此举似乎有些矫枉过正，但却从实际上稳定了永乐朝的政局和帝国的社会生活。其实，朱允炆在位时，为了削藩，也有过这样的举动，而且在"靖难之役"爆发后更是扩大了监控范围。功勋大臣之后、外附武官之族，凡是有与藩王私相授受的，就是一向以宽仁著称的朱允炆也没少下杀手。

估计有人会说，为了巩固自身的皇权，动用锦衣卫严密监控"不稳定因素"，虽说保证了社会稳定，但归根究底是出于私利。实际上，在当时的体制下，谈到治理，无论是君臣共治，还是君主独裁，出发点一定都是围绕着"家天下"展开的。所以，强要区分公私，与双重标准无异。就像锦衣卫预防和监督官员职务犯罪一样，虽然加强了皇帝在百姓心目中的威望，也从侧面维护了政府的公信力，但究其根源，只是为了使大明在朱氏子孙的统治下世世代代延续下去。

作为承载着帝国这艘巨轮的水，老百姓是最眼明心亮的，如何会看不出监察只是出于皇帝的私心？不过是打击无良的官员惩恶扬善，符合大家的利益罢了，他们与皇帝各取所需，自然表现得很是拥护。例如，大明草创之初，明太祖给予老百姓向锦衣卫检举揭发官员的权利，并可由锦衣卫引导，直接进宫告御状。他的目的在于整肃吏治，其对象亦包括锦衣卫武官，更无须避讳贵胄皇族。许多不法官员因此落马，甚至连安庆公主的驸马也在法办之列。

明太祖与马皇后感情甚笃，但两人只育有两个公主，安庆公主便是其中之一。本着爱屋及乌的道理，安庆公主即便算不上特别受宠，在朱元璋的心中还是有一定地位的。因此，在为公主挑选驸马的事情上，他并没有放弃主动权。通过科举取士进入官场的欧阳伦很快在众多青年才俊中脱颖而出，受到安庆公主的青睐。洪武十四年十二月，欧阳伦尚安庆公主为妻，成为人人艳羡的皇亲国戚。

然而，这本该传为佳话的美好姻缘，却在十六年后被朱元璋无情地斩断。倒不是公主与欧阳伦感情不和，而是因为欧阳伦多次派手下出境走私茶叶，牟取暴利。这些人仗着欧阳伦的庇护，横行霸道，在地方上随意辱骂、打杀官员，致使地方关口对他们形同虚设，税法也被肆意践踏，导致民怨沸腾。地方官员忍无可忍，千里迢迢进京，一纸诉状直抵朱元璋面前。朱元璋闻之大怒，下令监察机关前往当地彻查，查明罪行属实后，将欧阳伦斩杀正法。

按说，走私茶叶，又不是走私军火和白粉，最多拘起来罚款或是蹲大牢，再加上欧阳伦又是驸马之尊，斩杀正法是否有矫枉过正之嫌呢？

其实不然。

若论不法的程度，欧阳伦绝对不算最嚣张的一个；弄得民怨沸腾，被人告御状的，也不止他一个。欧阳伦的获罪被斩，固然有朱元璋强调"王子犯法与庶民同罪"的用意以外，更关键的是，他破坏了朱元璋的国家战略。

走私茶叶，怎么就破坏了国家战略？

因为，茶叶是西蕃人民的生活必需品，却又无法在西蕃地区种植，所以必须通过贸易获得。朝廷向西蕃地区输送茶叶，作为交换，这里丰富的畜牧产品被同时输入内地。其中，优良的马匹极大地满足了大明帝国扩充战马的需求。明太祖正是基于这一点考虑，才严格控制对西蕃的贸易，尤其是茶叶交换马匹的贸易。按照规定，茶叶被列为战略物资，由官方统一对外进行商业贸易，直接与西蕃民间进行马匹兑换。这就意味着茶叶与盐铁一样，都是政府专营的商品，属于严格管控的物资，其对外输出情况直接影响到国家的安全。既是专营，自然是利润丰厚，趋利者铤而走险私下与外界交易也就不难理解了。欧阳伦正是看中了此间巨大的利益，才仗着自己的特殊身份，参与到非法的茶叶走私贸易里，甚至意图控制这一贸易。殊不知，此举相当于在拆岳父朱元璋的台，非法输出战略物资可以说严重威胁到了国家的战略安全，无论从哪个层面来讲都属必死之罪。

欧阳伦被处死后，朱元璋特意派遣驸马谢达前往四川，宣谕蜀王朱椿说："我国家榷茶，本资易马，已备国用。今惟易红缨杂物，使番夷坐收其利，而马入中国者少，岂所以制夷狄哉！尔其谕布政司、都司，严为防禁，无致失利。"此举进一步强调了朝廷打击非法走私茶叶的决心，也点出了欧阳伦获罪的关键。

欧阳伦走私案在明初可谓轰动一时。毕竟尊贵如驸马一般的人物，也能被撼动，且按律正法，其他官吏又岂敢再轻易触犯国法。如此严格执法，明初官场一时风清气正，人人守令畏法，吏治焕然一新。

在这样的背景下，明初的社会风气相对质朴厚重，官僚群体的作风也比较务实内敛，对于迅速理顺元末乱象和在新朝推行休养生息政策，起到了非常关键的作用。

那么，这些由下而上的告发就没有诬告或者构陷吗？如何来核查这些犯罪嫌疑人的罪行是否属实呢？

对于这一点，明朝的官方还是非常严肃谨慎的，为此制订了一系列相当细化的职务犯罪监察条例。其细化与精准程度令人咋舌，绝非后世很多人想象得那么草率粗陋。这些条例根植于历朝历代的国家监察制度之上，相对系统地规定了职务犯罪监察的内容、监察的步骤与方法、取证的要求等等。不论是官方制度规定下的三法司——刑部、都察院和大理寺，还是逸出司法体系的厂卫，都必须按照这些规章条例执行监察任务，反馈监察结果。由于篇幅和主题的限制，就不在此详尽记述明代的国家监察制度和体系，但可以着重为诸位介绍一下锦衣卫执行职务犯罪侦查的措施和手段。

明朝继承了前朝留下的侦查经验，将主要侦查措施根据对象的不同，分为"一般侦查"和"强制侦查"两种。

一般侦查通常用于处理寻常的犯罪及职务犯罪，主要采用讯问手段，以被讯问者的口供为主要定罪依据。在讯问过程中，根据案情，不同类型的犯罪嫌疑人及证人，监察人员会采取情讯法或刑讯法等不同的技巧来获取有价值的口供与证据。而明朝重刑讯这点被广泛诟病，与史料中厂卫酷刑逼供的记载颇多脱不开干系。实际上，明朝的三法司乃至厂卫，办案并非都是滥用刑讯，即便要动用刑讯，也必须遵从相当规范的法律法规一步一步来。首先，刑讯对象必须是犯有重罪且赃证已经呈堂却仍负隅顽抗者；其次，还得由众位办案官员投票表决，只有投票通过才能采取刑讯。除了对刑讯程序有严格限制以外，对刑讯的对象也有详细的规定。《大明律》中明文规定，对年老者、年幼者、疾病者不得拷问，对孕妇及产后百日内的妇人不得拷讯，若违法刑讯，主办官员将受到严厉惩处,视同职务犯罪。

一般侦查法,看似平常,与传统话本小说里的公案并无二致,实则复杂严密得多。单是取证和勘验的环节,就非常考验办案人员的专业素养与能力。很多时候,办案人员需要下到民间,结合民风民情,针对涉案官吏贪贿、擅权和害民等一系列职务犯罪情况进行调查走访,以搜集官吏是否犯罪的证据。在这个过程中,常常会上演戏曲故事里微服私访的情节,即侦查人员化装成普通民众暗中进行调查。严格来说,这种侦查手法已不完全是一般侦查范畴内了,还涉及强制侦查中的秘密侦查。

再说勘验。一般人听到这个词,第一反应都会联想到验尸,继而认为在职务犯罪的侦查中不太可能涉及这项内容。其实不然,所谓"勘验",不仅仅局限于尸体,还囊括涉案的场所、文件资料等,甚至还有对犯罪现场和证据提取现场的勘验。比如,针对工程建设中偷工减料、贪污受贿导致的工程质量问题时,就需要对工程现场进行勘验;针对贪污犯罪中资金的流向、贿赂犯罪中收受财物的情况,同样需要收集账本进行勘验和真伪鉴定。

这就是一般侦查的措施与方法,再来看强制侦查。强制侦查,顾名思义,即对犯罪嫌疑人采取使其强制到案接受讯问的措施,而首要问题就是如何让犯罪嫌疑人到案。明代法律对此有一个专用名词,叫"拘传"(勾问、勾取)。拘传的方式又分为票拘和钦提两种。

票拘,即拘传人犯的办案人员出示信牌,提人到案。该信牌又被称为"牌票",类似现代提讯犯罪嫌疑人时需出示的提讯证。而钦提,则是锦衣卫专用,主要在涉及京师地区或国家大事的特殊案件时方才动用。锦衣卫执行钦提任务时,携带缉拿牌票前往犯罪嫌疑人所在处,对其进行拘传,同时还会出示驾帖、堪合和精微批文三样,以示郑重。

如果犯罪嫌疑人见到拘传自己的办案人员却不肯就范,意欲抗法或逃跑又该怎么办呢？

这个时候，本着"敬酒不吃吃罚酒"的原则，逮捕和羁押手段就会被拿出来招呼对方。首先，公开贴告示通缉潜逃的犯罪嫌疑人；然后，各级刑侦人员和锦衣卫校尉就会布下天罗地网，千里追缉。不过，这种情况在明朝的职务犯罪中并不多见，因为明朝有赎刑制度。相较于在判决上针对官吏职务犯罪施行重刑主义的特点，朝廷在官吏犯罪的刑罚执行力度上却相对宽宥，因此犯罪官吏出逃的情况比较少见。偶有潜逃的官吏被捕后是否转入羁押，也要参考《明会典》中"犯死罪杖以下及公罪以下"的规定进行处理，如果对象是年老者、年幼者或是正处在丧期内等特殊情况，则不能随意羁押。

上述的侦查措施和方法是最常用的，也是由前朝流传下来的常规做法。在明代，彻查官吏职务犯罪时，还会采取一些别的侦查措施，如搜查、扣押等。其中最有名的，也最令后人印象深刻的，当属秘密侦查法。这种方法在明朝使用率相当之高，尤其是在锦衣卫侦查办案的过程中，更是作为主要手段。

秘密侦查法最重要的两个有力措施就是耳目布控和跟踪盯梢，辅助手法花样更多，例如监视守候、化装侦查、秘密逮捕等。

我们先来看一看耳目布控。

"耳目"这个词，相信大家都明白它的意思，与它形影不离的往往还有"眼线"这个词。这里的"耳目"近似现代的特情人员，但又有所区别。特情人员均为非侦查机关的工作人员，而明代的耳目则以侦查机关的工作人员为主。尽管到了明后期，厂卫势力急速扩张，编外人员也跟着大量增加，耳目不再以侦查机关的工作人员为主，但广布耳目实行监察的传统并未改变。在实际工作中，为了防止锦衣卫侦查人员与被侦查对象勾结，徇私舞弊，每一次分派任务时，都会采取"掣签"的方式来随机决定。《明史》中对此有明确的文字记载："每月旦（初一），厂役数百人，掣签庭中，分瞰官府。其视中府诸处会审大狱、北镇抚司考讯重犯者曰听记;他官府及各城门访缉曰坐记;某官行某事,某城门得某奸,胥吏疏白坐记者上之厂曰打事件。"

通过这样的方式,明朝的官吏长期处于被监视的状态,甚至连官员的衣食住行,事无大小,皇帝尽知,何况是官员的犯罪行为。从预防职务犯罪的角度来说,锦衣卫的布控监视,确实是有一定的作用。

在监控过程中,被监视对象自然不可能一动不动;因此,当其处于活动状态时,另一个战术"觇"(chān)就用上了。"觇"是古代军队行军打仗中常用的侦查手段,通俗地说就是跟踪盯梢。例如,明世宗继位后,想将明仁宗的神主迁入祧(tiāo)庙,遭到了礼部尚书徐阶和给事中杨思忠的坚决反对,理由是不合礼法。为了达到自己的目的,明世宗命人盯梢徐阶和杨思忠,收集二人的把柄;而后,他一改商量的口吻,以手中的把柄要挟二人同意将明仁宗的神主迁入祧庙。明世宗手中到底握着徐阶和杨思忠怎样的把柄,史料中没有详细提及,但能被他拿出来当作要挟,应当都有真凭实据。

至于监视守候、化装侦查、秘密逮捕等强制侦查手段,很大程度是建立在明朝高度的中央集权和皇权至上的背景下的。办案人员因之享有很大的侦查权限,甚至不局限在法律的范畴内。这种权力分配的严重倾斜,尽管对监控官吏职务犯罪有积极功效,但由于行使者身份的特殊性,在法律上往往会出现约束不利,造成滥用强制侦查的情况。以至于在明代后期厂卫权力膨胀之后,出现对官吏滥用刑讯、屈打成招的情况,冤狱频出,人人自危。这严重破坏了官吏职务犯罪侦查的合法性,对明朝晚期的吏治造成了毁灭性打击。

遗憾的是,这样的后果,是制度的制定者朱元璋本人所没有想到的。

"明祖严于吏治,凡守令贪酷者,许民赴京陈诉。"这句话体现了朱元璋重典治吏的决心,他希望通过鼓励人民群众参与到职务犯罪的侦查工作中来,以及对锦衣卫的广泛布控,实现大明帝国理想的治贪廉政。朱元璋在位期间，确实完成了他"不一年之间，贪官污吏尽化为贤"的目标。《明史·循吏传》中近三分之二的模范官吏，都出自洪武一朝，这大约也是朱元璋对自己的吏治监察政策很有信心的根源。

然而，现实却很残酷地表明，朱元璋对职务犯罪侦查工作的难度估计不足，对官员权势和力量的认知有所欠缺，甚至称帝后对百姓实际生活状况的了解也变得不太全面。事实证明，短时间的高压政策在惩治职务犯罪方面虽有收获，但高压一旦消失，反弹势必更加严重。

在明朝前期，锦衣卫和东厂的权力并不大，而且一直受到皇帝和各方面的制约，只具备在皇帝示意下监察一些官吏言行的权力，并无实施逮捕、羁押、讯问等强制侦查权限，所以秘密侦查也相应受到制约，不会出现滥用的情况。客观地说，其发挥了应有的辅助监察官员职务犯罪的正面作用，对职务犯罪案件的侦查有一定的帮助，尤其是在收集侦查线索和确定侦查方向上，这种协助可谓是如虎添翼。

可是，明朝中期以后，厂卫的权力空前扩大，拥有了各种各样的强制侦查权限。当这法外的权力一朝被释放出来，无人可以节制之际，"天下刑狱先东厂而后法司"的局面就此形成。在这样的状况下，秘密侦查措施反而因为没有节制的滥用，失去了应有的功效，成了破坏案件侦查客观性的元凶。官吏们长期处于高压之下，无心认真理政，而把精力重点放在积蓄重金贿赂厂卫之人，避免因得罪权奸而遭遇不测上。于是乎，截至晚明，官吏贪腐之风无比兴盛，远超前代，以致国库空虚，财富都流入了富户和官僚的口袋。而类似晚明那样黑暗残酷的刑讯逼供，也成了政治倾轧的常态。乃至魏忠贤一党，为了迫害忠直的大臣，操控锦衣卫对他们使用全刑。所谓"全刑"，指的是对被刑讯之人用遍械（缚于手上的木质刑具）、镣（镣铐）、棍、拶（zǎn）（用来夹手指、脚趾的小木棍）、夹棍（用来夹大腿、脚踝的大木棍）五种刑具。诸位尽可以根据史料中"呼謈（bó）声沸然，血肉溃烂，宛转求死不得"的文字，脑补一下受刑的惨烈画面。这些还只是常规的刑罚，更有甚者，会使用挺棍、脑箍、烙铁、灌鼻、钉指、拦马棍等种种手段折磨被刑讯者。如是背景之下，冤假错案泛滥成灾也就不奇怪了。

我们回避不了厂卫侦查模式在明朝中晚期对前期肃贪成果造成破坏的事实，但从客观上说，厂卫侦查模式对职务犯罪侦查产生负面影响，并非由秘密侦查活动本身引起的，而是在运用这一侦查方法时没受到任何规制，以致在司法实践中大肆滥用，造成了这样的恶劣局面。这是一个致命的缺陷，对后人而言，也是一个启发和教训，不能说毫无意义。

除此以外，还有一个重要的意义，也是值得肯定的。鉴于"明主治吏不治民"的传统，明朝在预防和惩治犯罪上，致力于走群众路线——鼓励百姓检举告奸、允许上京告御状、允许锦衣卫接手民告官的案件，多少体现了难得的"民本"思想，也增强了人民对其政权的信任感，震慑了一些职务犯罪的潜在犯罪群体。

后人大多着力于抨击明朝皇帝实行专制统治，严密监控社会民生，粗暴地践踏官僚集团的尊严，限定民众的自由，以此论断明朝的法制形同虚设，明朝的政治文化生活浸泡于黑暗的泥沼中，尤其爱拿厂卫之事做"确凿证据"。得出这样结论的人恐怕不在少数，而真正精研过《大明律》及其执行情况和细节的专业人士却委实不多。至于其在吏治方面值得借鉴和肯定的部分，以及其在职务犯罪侦查和预防中重视群众力量的积极创举，也往往一同被选择性无视。

人们在疯狂地宣扬大清"康乾盛世"之际，通常记不得大明帝国的"仁宣盛世"和"弘治中兴"，也会自动忽略这个王朝整整在中国历史上存续了276年的事实，哪怕这一点足以从侧面证明了它并非人们想象中的那么不堪和暗无天日。

第七章

潜伏？冲锋？战场岂能少了我！

锡兰山之战中的锦衣卫

锦衣卫要上战场打仗吗？

当然要！他们虽然挂着皇帝禁卫军和仪仗队的名号，但首先是军人身份。军人保家卫国，行军打仗本就是他们的天职！

锦衣卫上战场，一定得是伴随皇帝亲征吗？

这个倒未必，他们也会有被委派出征的时候，并不拘泥于是不是要跟着皇帝本人。

结合前文，我们知道，锦衣卫的前身就是明太祖朱元璋的亲兵。这些人经历了元末群雄逐鹿的混战，是真正意义上从战火中淬炼出来的精兵强将，军人中的佼佼者。尽管大明帝国建立之后，国家转入了休养生息的文治阶段，但北方边患未解，东南海面不靖，同是军人的锦衣卫自是枕戈待旦，不敢懈怠。

他们是第一代锦衣卫，人数不比后来的锦衣卫，但却奠定了这一组织此后近三百年的基础，捍卫着辅助明太祖铁血开国的荣耀。他们的军事才能因为不再有战事而被雪藏，转行去为皇帝及宗室打理仪仗，护卫安全。若非此后的历史出现了巨大转折，他们中的一部分人及其子孙出色的军事才能终将被埋没。

这个转折，正是燕王朱棣发动的名为"奉天靖难"的战争，更确切地说，"奉天靖难"只是一块遮羞布，从帝国的法统上论，叛乱的性质是板上钉钉的。在这场持续拉锯了好几年的南北大战中，许多人才再一次被赋予了展示自我的机会，尤其是锦衣卫这一本身就距离皇权极近的群体。

按照帝国礼制，藩王成年后必须离开京师，前往封地就藩。为了保护藩王的人身安全，宣示藩王有别于他人的特殊身份，皇帝会从锦衣卫中挑选一些卫士跟随藩王就藩。挑多少锦衣卫是有定制的，但挑选什么水准的锦衣卫，则会根据皇帝对该藩王的重视程度以及该封地的具体情况，灵活调度。被选出的锦衣卫从此将远离大内，实际成了藩王府邸的家臣，他们的子弟也将遵照帝国的军制，承袭他们的职位和军籍，世代为藩王效忠。这就意味着，一旦成为藩王的侍从，锦衣卫极少有机会再接近皇权，他们的切身利益从此与藩王绑在了一起。不过，锦衣卫的身份并不会因此改变，他们依旧与锦衣卫核心部门有千丝万缕的联系，理论上说，仍属于锦衣卫指挥使下辖的人员。也就是说，在法理上他们必须接受锦衣卫指挥使的领导，监控藩王的行动是他们的职责之一，他们既是藩王的护卫亲随，负责守护藩王的安危，同时又是朝廷派来监视藩王的耳目。立场这个问题，就他们的特殊身份而言，有点纠结。特别是明初跟随燕王朱棣就藩的锦衣卫。当他们的主子想要谋反篡位的时候，他们选择站在哪一方，直接关系到他们的身家性命和子孙的前途，因此显得格外关键。

为了抵御北方的蒙元残余势力南下复国，明太祖朱元璋在分封藩王的时候，就考虑到了重点防御北疆，因此他将几个年长的、多谋善战的儿子封在北方。他想利用"父子兵，手足情"来建立固若金汤的军事防御体系，所以在为这几个儿子分配卫士时格外贴心，尽可能地从优从精。这本是从国家军事防御角度考虑的方案，却最终使他身死之后的大明帝国祸起萧墙。

翻看《锦衣卫选簿》，可以清楚地看到洪武至永乐年间有大量的锦衣卫升迁记录，其中绝大多数升迁的原因是因为立有战功。洪武年间升迁锦衣卫者，多半是当年追随明太祖定鼎天下，与元军或其他军阀作战有功；永乐年间升迁入锦衣卫者，则多是因为跟随明成祖"靖难"有功，或是曾跟随郑和下西洋在外交或军事上做过贡献。

明初，靠立战功成为锦衣卫的，大多是凭流血牺牲硬碰硬闯出来的。反倒是因为"靖难之役"而成为锦衣卫的，多少有些投机的嫌疑。尽管他们中的不少人也付出了鲜血的代价，也曾浴血奋战，但在他们最初选择站队的时候，多半存着侥幸和投机的心理。说到底，表面文章做得再漂亮，谋反的实质不会改变。至少在起兵谋反前夕，建文帝朱允炆削藩态度已经十分明确的情况下，是追随朱棣谋反，还是站在名正言顺的皇帝一边，相信很多人都犹豫不决。因为，结局不可预料，谋反更没有回头路可言。特别是派往北平负责监视燕王动向的锦衣卫武官及其下属，则更需要谨慎地为自家的未来选一条出路。

"靖难之役"的结局，以燕王朱棣谋反成功告终。选择跟随朱棣起兵造反的人，哪怕死在了南北大战的战场上，其后代也得到了优厚的抚恤——即使是垂髫幼儿，也直接获封锦衣卫佥事，正常领俸禄直到成年；更何况那些福大命大，活着走出战场的人呢？至于那些站在公义这一方的，他们的生死乃至子孙后代的命运，都被抛诸青史之外、故纸堆中。

"开国辅运"与"奉天靖难"是锦衣卫人才辈出的两个黄金时代，其余可以勉强与之比拟的时代屈指可数。毕竟，经过几代的治理，帝国疆域内的战事越来越少，除了偶尔在京师周围参与捕盗，或是被特别委派去某地参与军事镇压活动，锦衣卫在军事方面的作用几乎在全线收缩。

在国内少有用武之地的锦衣卫，自然而然地将目光转向了境外。

于是乎，一波锦衣卫开始跟随着皇帝亲征鞑靼。获胜时，他们追着蒙古溃兵满草原地飞驰；败北时，他们陪着皇帝一起给蒙古人当战俘，大家互相"照应"，颇见豪气。唯一的遗憾是，考虑到已经有当俘虏的前车之鉴，越往后，皇帝被内阁获准亲征的概率就越低。自然而然，锦衣卫出门拼膀子的机会就越少。所以，明代中期以后，真正凭借军功成为锦衣卫的人是越来越少，直到晚明内忧外患、战争频发之际，锦衣卫才被迫由对内监控官吏民众，转而再次投入战场。只可惜，时局动乱之时，改朝换代之期，资料佚失损毁严重，很难再留下完整的印迹。最终，他们跟着流亡的南明政权一路退到了国境线外，终为缅人算计，全部客死异乡。

晚明这批可歌可叹的锦衣卫暂且不表, 先来看另一波宣扬国威于境外的锦衣卫。

要说到他们, 就不得不提到大名鼎鼎的 "郑和下西洋"。

郑和下西洋的真实动机一直是学术界争论的焦点, 大多围绕着打探建文帝朱允炆的下落这一说法打转。真相是否如此, 并不在我们的讨论范围之内。不论郑和奉命下西洋是去海外扬国威也好, 去寻找朱允炆也罢, 大明帝国举国之力组织的这七次大航海确实是个非凡的壮举。在七次下西洋的航海过程中, 发生了很多事情, 也留下了许多和平外交的佳话。同样的, 帝国的海军也在遭遇挑衅之时, 展现出了碾压一切的实力。其中最出名的, 大约就是 "锡兰山之战"。

锡兰山, 又称为锡兰山国, 是今斯里兰卡的古称。自明永乐七年 (1409年) 起, 郑和率领的庞大船队曾经多次经过这里, 并在当地港口停泊补充物资。按说, 国际贸易往来, 跟着自然经济走, 原本不会生出什么事端; 然而, 当时执掌锡兰山国的国王亚烈苦奈儿偏偏是个不省事的主儿。

锡兰山国是南亚地区非常重要的国家, 它的首都从中世纪起, 便拥有世界上非常重要的商业港口。大航海时代开启之后, 世界各地的商船都会在此进行贸易, 此地的经济也因之异常繁荣。锡兰山国国王亚烈苦奈儿注意到自身所处的地理位置得天独厚, 觉得若能把控商业贸易, 强龙不压地头蛇, 一定有利可图。于是, 在他的授意下, 锡兰山国官方对往来的商贸代表团和列国使团多有压榨和威胁之举。锡兰山国这一破坏睦邻友好的举动, 很快遭到了广泛的反感和抗议。

郑和的船队对此也有耳闻, 只是碍于锡兰山国并非大明国土, 贸然有所动作, 恐惹人非议, 因此只是观望, 未敢轻动。

永乐七年, 第三次下西洋途经锡兰山国时, 郑和奉明成祖之命, 赍捧诏敕、金银供器等到锡兰山寺布施，并建"布施锡兰山佛寺碑"以示纪念。为了避免大明与锡兰山国起外交冲突，郑和船队在锡兰山国的港口稍加休整后，便开拔继续前行。然而，早已锁定他们的亚烈苦奈儿等到大明船队返航，再次停靠锡兰山国的港口之际，决定启动之前谋划的方案。

历史上关于亚烈苦奈儿为何突袭郑和船队，明朝文献和后世斯里兰卡的解释有所出入。唯一相同的是，双方都在为己方军事行动的正义性辩护，都声称自己是被迫的。明朝的说辞，我们留待下文具体来讲述；至于后世斯里兰卡一方的说辞，则主要围绕锡兰山寺院供奉的佛牙，声称是因为郑和船队意图掳劫佛牙带回中国，所以锡兰山国才被迫采取了保护佛牙的军事行动。

双方关于佛牙的交涉确有史载。明永乐三年（1405 年），因锡兰山国世传释迦牟尼圆寂后留下的佛牙在宗教界享有盛誉，故郑和奉明成祖之命到锡兰山寺供奉香料敬佛。船队出发前，明成祖听闻国王亚烈苦奈儿信奉外道，对百姓和邻国残暴凶悖，便指示郑和对其加以劝谏。不料，亚烈苦奈儿不但不肯听谏，反而盛怒之下，意图加害郑和。郑和发现其图谋后，设法离开锡兰山，逃过了一劫。

真相究竟如何，斯里兰卡方面的说辞相较明朝流传下来的史料，证据颇显不足，未来是否会有新的发现，不得而知。而郑和这边，究竟会不会为了佛牙这种宗教象征之物，一改和平外交政策，强行掠夺之举，坏了明成祖的体面，仍然存疑。

不论内情如何，锡兰山之战终究是爆发了。

郑和船队的庞大程度在当时可谓首屈一指，就锡兰山国的综合实力而言，根本不是一个重量级的对手。这一点，亚烈苦奈儿心知肚明，所以他想出了一个以少胜多、以弱胜强的法子。他遣人诱骗郑和，邀请他进行正常的外交访问，期间组织人手伐木设险，阻塞了郑和船队的归路，而后发兵五万人围攻郑和的船队。

此时，郑和正率领随行的两千（有说三千）官兵在岸上进行外交访问，突然发现自己的船队被五万锡兰山军围攻，虽近在咫尺，却无法返回施救。情况如此紧急，郑和尽管内心焦急，到底也是随明成祖刀枪剑雨里滚过来的，方寸总还拿捏得住。他冷静而仔细地观察了一下双方此时的状况，立刻做出了一个大胆的决定——直接率两千官兵抄小路围攻锡兰山国王宫。

好一招"围魏救赵"，但此计成功与否，却取决于郑和本人对锡兰山国的了解程度有多深。只有守卫锡兰山国王宫的军队已经倾巢而出，郑和他们一行才能如此冒险地避实击虚。

果真如郑和所料，亚烈苦奈儿自以为只要断了郑和船队的后路，五万人扫灭区区一支船队，并不会太吃力。于是，锡兰山国一时精锐尽出，全部去了海上围攻郑和船队，只留了些许老弱防守。因此，当郑和率领两千明军出其不意地降临到王宫时，原本成竹在胸、稳坐宫中的亚烈苦奈儿傻眼了。

郑和率军攻击锡兰山国王宫，选择的是一个再寻常不过的夜晚。两千明军口中衔枚，静至王城之下，相约闻炮声而发起总攻。到了夜半时分，城头响起炮声，很显然队友已经得手，遂展开了突袭。王城的老弱残兵哪里是郑和麾下精锐的对手，很快被击溃，王城落入了明军的手中。

亚烈苦奈儿成了瓮中之鳖，而在外面与郑和船队留守人员鏖战的锡兰山国五万军士得知王城易主，赶紧丢下对峙的明军，迅速赶回王城实施救援。为了尽早夺回王城，救出国王，锡兰山军的军事指挥官向周围的藩国发信，凑集了更多的军队围攻王城里的明军。明军凭借着王城坚固的防御系统，在人数悬殊巨大的情况下，与锡兰山军队激战六日夜。

第六日晚，郑和决定以亚烈苦奈儿及其家眷为人质，率领明军官兵一面抵挡锡兰山军的攻击，一面突出王城，朝船队停泊的地点突围。

锡兰山军眼看国王被挟制走，哪能善罢甘休，自然是紧追其后。

明军在绝对的劣势下，硬是押着亚烈苦奈儿及其家眷边打边撤、且战且走二十余里，才回到"久违"的船队里。

开船返航之际，东方的天空已然泛起了鱼肚白。这晨光映在战俘亚烈苦奈儿和王后等家眷的脸上，布满了深深的绝望。

对亚烈苦奈儿而言，他用自以为聪明的导演，换回了牢狱之灾，真可谓偷鸡不成蚀把米！

之后，亚烈苦奈儿和家眷跟随郑和船队来到中国。朝廷为此筹备了盛大的献俘大典，上上下下一片欢腾。

原本按照规定要被处死的亚烈苦奈儿和其家人最后被明成祖赦免，但仍然被扣留在中国，继续滞留。

明成祖下旨群臣，要求给群龙无首的锡兰山国重新选立一个新国王，且要求必须是老百姓推选出来的贤能之人。很快，锡兰山国人民选出了一位名叫耶巴那乃贤的人，向明朝申请立为国王。

说到这里，锡兰山之战的始末算是交代清楚了。不过，这中间究竟有多少涉及锦衣卫的呢？

郑和外出航海，最大的支持者莫过于明成祖。因此，明成祖为郑和挑选助手和下属时格外用心，尽可能地把精兵良将调拨给郑和指挥。而在这些精兵良将中，拥有作战经验的锦衣卫占据了一定的比重。

《锦衣卫选簿》和《卫所武职选簿》中，记载了跟随郑和下西洋，因外交或军功受到晋升的锦衣卫人员。经过查《明实录·太宗实录》进行对比，不少细节得到了相应补充。由这些记载可知，对锡兰山之战，明成祖是相当重视的，这在对参战锦衣卫的赏赐上体现得非常明显。我们也可以通过史料相关记载，看到这些锦衣卫背后的家族历史与命运。

我们先来看一个叫田永的人。

田永是新城人,曾祖父田资于洪武二十四年(1391 年)申请加入仪卫司,成为一名校尉。后来,因为燕王朱棣就藩,田资被选中成为燕王府的卫士,跟随燕王去了北平。"靖难之役"爆发后,他又义无反顾地跟随燕王争夺帝位。朱棣成功夺位后,他因战功升为小旗,旋即又被选入锦衣卫弓矢司当值。永乐七年,田资第一次跟随郑和下西洋,恰好遭遇了锡兰山之战,立有战功。永乐九年(1411 年)返朝后,他又因杀退番贼立下战功,晋升为锦衣卫试百户。永乐十年,他再次跟随在郑和身边,获得下西洋公干的机会,回来后因功升为锦衣卫百户,获得了子孙世袭武官之职的待遇。由是,他儿子田顺乃至曾孙田永都得到了他的荫蔽。

先祖浴血沙场、获得功勋、福泽子孙的事迹,在锦衣卫家族中实在是太多了。接下来要讲的这位也是新城人,叫刘京。

刘京的曾祖父名为刘海,建文三年(1401 年)投军成为小旗,次年参与"靖难之役",南渡后便升职为锦衣卫总旗。刘海比他的同乡田资要年轻很多,但是升职速度却像坐了火箭一样蹿得飞快。这大约可以从侧面体现出明成祖对他的赏识,抑或是他本人拥有强于他人太多的军事才能。永乐四年时,他已经升任锦衣卫试百户了,而田资这个时候还只是一个小旗。锡兰山之战后,他的军功也许太大,竟然直接跳过了百户的阶段,做了锦衣卫正千户。三年后的永乐十二年(1414 年),他又因跟随郑和下西洋再次立下大功,升格为锦衣卫指挥佥事,最终获得了比田资更高级的官职世袭权力。

另有一位叫刘福才的锦衣卫千户所带俸流官百户,因为参与锡兰山之战立有战功,本要一并封赏,孰料刘福才福薄,还没等到封赏就去世了。虽说人走茶凉,人死债灭,但朝廷考虑到将来用人,也不能寒了功臣之心,所以把本要封赏他的官职给了他的儿子。于是,刘福才的儿子刘全不过十七岁,便做了锦衣卫副千户，每月按时去锦衣卫领取俸禄。

除了父荫子继外，还有叔侄借职世袭锦衣卫武官的情况，例如这位叫郑亨的锦衣卫试百户。

郑亨的叔叔郑忠于洪武二十四年参加锦衣卫工作，任锦衣卫校尉。"靖难之役"中，他在具有决定性意义的灵璧大战中表现突出，战争胜利后循战功升任锦衣卫小旗。随郑和下西洋期间，他亲历了锡兰山之战，除积极攻城外，他还亲手擒获了锡兰山国国王亚烈苦奈儿，再次受到嘉奖的他晋升为锦衣卫中所试百户。与刘福才一样，郑忠在之后某次下西洋途中死去。由于郑忠没有后代，按照惯例，朝廷允许由他的血亲兄弟来世袭这个武职，最后选中了他十六岁的侄子郑亨。但是，郑亨只是借职于自己的堂弟郑广，待郑广成年后，需要将此职务归还给他。因为按照规定，郑忠死后，他的官职和恩赏待遇由他的兄长郑继弘继承，但郑继弘年老，其子郑广年幼，所以只能暂时交给郑亨代理。

再来看一个唤作李让的人。他以锦衣卫身份参与下西洋，后因锡兰山之战晋升为锦衣卫某所（史料中佚失记载）百户。李让与田资、刘海一样，都是新城人，建文三年充任仪卫司校尉，成为燕王麾下的侍卫。次年，"靖难之役"爆发，他跟随燕王朱棣与南军交战于东阿灵璧县，即前文郑忠参加的灵璧之战。而后，在渡江进攻京师应天府时，他与战友一同攻克了金川门，打开了燕军进入南京的通道。燕王朱棣本人即从金川门入城，宣告"靖难之役"结束。故而，金川门对朱棣有着极其特殊的意义，是一个重要的象征。李让攻克金川门，立下的功劳自然是要重奖勉励的。于是，朱棣继位后论功行赏，升任李让为锦衣卫某所小旗。郑和第三次下西洋时，李让也在随从之列。锡兰山之战期间，他作战英勇，力克王城，协同郑和突出重围，立下战功，事后升任锦衣卫某所试百户。锡兰山之战并非他军事生涯的终点，几年之后，他又一次于远航途中，在苏门答腊白沙岸与敌交战，杀敌有功。待到这一次航行结束，他被论功升任锦衣卫某所百户。值得一提的是，他的后代李辅在他的祖荫庇护下，官至南京羽林左卫水军所百户，成了一个真正意义上的"海军"。只是很遗憾，李辅任职的岁月里，大明帝国已经结束了航海时代，他再也没法恢复先祖征战海外的荣光了。

如果诸位留心细审，会发现，以上提到的因在锡兰山之战中立功而受封的锦衣卫武官都有一个共同特点，那就是他们都参加了"靖难之役"，并且五个人中有三个的祖籍都在燕王的封地，属于地道的燕王府嫡系。换言之，他们都是明成祖朱棣十分信任的人，是朱棣配发给郑和的左膀右臂，同时也是朱棣派往海外搜集各类信息的情报人员。更进一步说，他们有可能也是替朱棣监视郑和与相关官员的眼线。

为何这么说? 朱棣不是很信任郑和吗?

信任是相对的。当你手握生杀大权和枪杆子，对老板形成实质上的威胁时，老板口中的"信任"还剩几分? 来看朱棣与胡濙（yíng）的例子。

胡濙，就是那个被朱棣派出去整天到处巡视暗访的官员，甚至一度被传是替朱棣寻访建文帝下落的人。他与朱棣的关系相当密切，朱棣对他的信任度不亚于郑和。然而，胡濙出使西洋各国的过程中，锦衣卫对他的监视一刻也没停止过。胡濙出使一些南亚国家时，鉴于他是明成祖面前的红人，被访问国家的政要纷纷巴结他，给他送去当地的特产水果，胡濙一一婉言谢绝了。回国后的某日，他去向朱棣汇报工作。汇报结束后，朱棣在与他亲切叙话时故意说："你出使列国，也挺辛苦的，他们送你点水果，你收下尝尝也好。"胡濙闻言默然。

当然，胡濙是外臣，郑和是内官，二者到底有些差别。锦衣卫监视的程度以及监视的内容肯定也有所区别。

这些锦衣卫们又要作战，又要执行额外的监视任务，还要搜集西洋诸国的情报，工作压力和强度不可谓不大。如此高风险的工作，回报高于其他官员也是说得通的。

那么，郑和船队中的锦衣卫或者其他军士都是经历过"靖难之役"考验的人吗？有没有例外？

当然有。比如，郑和船队中还有元末割据势力张士诚的残部后裔，一个叫何义宗的人。

何义宗的祖籍在江都县，他的父亲何仲贤是张士诚的部下。张士诚在元末角逐中败于朱元璋后，他的部下有一部分改换门庭，效忠了明朝；另一部分人，如何氏父子这般的，则离开了明朝控制区域，前往境外讨生计。何仲贤带着妻儿去了占城，即今天的越南境内。明洪武十九年，何义宗因为通晓占城与中国的事务，被占城国王子选为通事（翻译），作为使者随其前往京师应天府管领船只，算是回归故土，但事毕复归占城，未在中国落脚。次年，占城再次向大明朝贡，他又随使团前来，这一次，他不再只负责通事翻译一职，还兼任了朝贡大象的操练工作。他的工作得到了明太祖的认可，于是对他进行了赏赐，准许他回广东老家探看，并将他作为外交使节的勘合取回，安排他回国安家。又过了一年，他主管的驯养大象工作相当出色，皇帝亲自下旨，将他拨充锦衣卫中右所担任总旗一职，全权负责驯象事务。与此同时，他与占城国之间的关系并没切断，一度还负责引领占城国使团朝觐大明天子，在外交上做出了卓越的贡献。皇帝见他熟知南番事务，于是将他派往爪哇国出使，很是重用。自永乐元年（1403年）开始，何义宗被钦命为锦衣卫驯象所百户，往来于西洋诸国，没两年就升职做了锦衣卫驯象所副千户。你若以为他的主业就是驯养大象，做饲养员管理工作，你就太小看他了。他虽然挂着驯象所副千户的武职，驯着大象，兼职做做使者，主业却是拿起武器就能砍人的军人。

从永乐四年起，他就跟随郑和船队在旧港、阿鲁等地杀敌无算，踩着敌人的首级，很快升任了锦衣卫驯象所正千户。永乐七年，第二次跟随郑和下西洋的何义宗凭着立下的军功，升官做了锦衣卫指挥佥事。永乐九年，赶上锡兰山之战的何义宗，再显剽悍的武力值，他征破城池，生擒锡兰山国国王亚烈苦奈儿，并协助郑和杀出重围，押送亚烈苦奈儿回到京师应天府。如此强悍的战斗力和高涨的军事热情，朱棣想不奖励他都不行。最终，他凭借驯养大象、出使西洋列国以及无可匹敌的军功，获得了锦衣卫指挥同知的武职，世袭罔替，一家人都捧上了金饭碗。

与他一并发家的，还有胡谦。胡谦是浙江奉化人，洪武二十四年参军，所任职务不明。从洪武二十四年至永乐三年，他的履历及生活状态在史料中都是一片空白。永乐四年开始，他与何义宗一同参加了旧港的战役，因功获升锦衣卫小旗。而后，二人又一同经历了锡兰山之战，胡谦因作战勇猛，沿途杀贼有功，被擢升为锦衣卫总旗，从此走上了被重用的康庄大道。永乐十年，他被朝廷派往郑和船队，随即前往西洋公干，这次有没有跟何义宗结伴，尚不明确。永乐十二年回国后，胡谦论功升职为锦衣卫试百户。也许，胡谦在综合能力上不及何义宗，因此他的仕途也就到此为止了。而他的子孙也不怎么给力，几乎是维持原职世袭，没有任何升迁记录。

这些留存在历史文献中的锦衣卫档案，比起参与郑和七下西洋的所有锦衣卫人员，只是冰山一角。绝大多数锦衣卫或战死疆场，或抵不过远洋航海的颠簸之苦而殒命于海天之间，或默默无闻地被淹没于海量的历史记录之中。但这寥寥数笔，却证明了有这样一群人的存在，也从侧面印证了锦衣卫出色的军事才能无愧于他们的军人身份。

当郑和的船队第七次靠岸，属于大明帝国官方的大航海时代宣告结束。

走下战舰甲板的锦衣卫们，再一次面临了新的抉择。

他们中的一群人开始在捕盗维护治安中，继续展现自己的军事才能，例如宣德年间因捕盗成绩突出而荣升锦衣卫试百户的宋斌；另一群人在平定地方叛乱中，体现自己的剩余价值，譬如正统年间的锦衣卫校尉陈以节；还有一部分锦衣卫则开始往技术方面转型，继续贡献军事才华，例如天启年间的锦衣卫千户陈正论，他被皇帝钦命负责会同谭谦益一起研究战车，革新武器装备。

面对战争，他们将自己收集情报的能力出色地发挥于战前，尽可能地减少战友们不必要的损伤；两军交战之际，他们英勇奋战，无愧于天子亲卫军的荣誉，无愧于军人的天职；和平时期，他们协助地方平定叛乱，捕盗安民；家国飘摇的年代，他们护卫流亡的南明政权一路而行，直到惨死异国他乡。

在翻看文献的时候，你会清楚地感知到，他们大多只是一名普通的军人，并不是传闻里迫害忠良、残杀无辜的恶魔。那种刻意的神化或是黑化并不利于认识他们的真面目，反而会因为错觉，得出违背客观事实的结论。

"所有历史都是当代史。"历史学家克罗齐的这句名言被广泛地引用，成为许多人以今人之三观解释古人之社会现象的理论依据。每个人对这句话都有自己的一番解读，这取决于个人身处的环境、经历的人生以及对自己身处的社会现实的看法。但往往最容易走入的误区，便是脱离了那个时代的客观现实解释现象，这也导致从根本上脱离客观的历史真相。

于是乎，历史成了任人装扮的小姑娘，真实模样被人有意或无意地模糊了。锦衣卫成了人们口中的专职"特务"，成了明朝最大的污点，其军人的本质却已被人遗忘得太久太久。如今乍然提起，反倒变得不真实起来。

驯兽？打铁？百工技舣我最强！

锦衣卫的技术「天团」

影视剧中的锦衣卫形象，要么是身手矫健的武林高手，要么是无孔不入的密探007，都是极具技术含量的工种，寻常人望尘莫及。撇开这两个高难度的工种不谈，单是给大明天子充当仪仗队员扛旗帜，也得祈祷爹妈给一副好颜值才行，毕竟这代表的是皇家的脸面。倘若参选者以上三条都沾不上边，倒也无须绝望气馁，因为事情还没到山穷水尽的地步。

尽管在正常情况下，锦衣卫的选拔标准相当严格，并不是你想当就能当的，但事不绝对。假使你不满足参选条件，你依然可以通过别的方式成为锦衣卫，比如你有特长。

所谓特长，直白地说，就是有过人之处。怎样的过人之处才会被锦衣卫组织看中呢？

各位千万不要往复杂的方向去想，因为伟大往往源于平凡。

作为一个庞大又追求精细的严密组织，锦衣卫不仅需要能冲在一线以一当十的勇士和深入敌后收集情报的卧底，还需要配合这些高精尖人才行动的方方面面的能人。譬如，卧底的锦衣卫需要有各种配角去帮助他隐藏身份，所需装备得由负责制造先进武器的工匠为他提供，受伤了需要医术精湛的医生为他治疗……

这么说可不是故意拿各位消遣，而是锦衣卫实际上就是由各个行业的顶尖高手组成的团队，说它是技术"天团"一点也不夸张。至于被冠以"特务"之名的锦衣卫，只不过是曝光率比较高，从事情报收集和官员监察任务的相关人员而已，他们的身份地位也未必有大家想象得那么高。与锦衣卫大家庭里担任其他工作的人员相比，他们并没有什么特别；之所以被广泛关注，是因为他们的身影总是与大案要案相伴，更容易引人注目。换言之，他们是锦衣卫的面子，而他们的同事——从事幕后技术工作之人，则是锦衣卫的里子。两者的通力合作，构成了整个锦衣卫体系，是保证锦衣卫有效运转不可或缺的两部分。

然而，这也不是绝对的。因为，在之前的篇幅里提过，锦衣卫中有些职位的授予是带有恩赏性质的，例如奖赏功臣子弟、外戚等等。这些人通常情况下是没有什么特殊技能的，纯粹是靠祖上功勋或皇室姻亲这层关系在锦衣卫里按月领生活费，做些简单的工作，或是什么也不做。撇开这一类人，还有一类人在锦衣卫中任职，他们挂的也是锦衣卫武职，做的却是文事——画画。

有历史常识的人可能会发疑：书画之事，难道不应该由翰林图画院之类的机构去管理么？

的确，按照北宋流传下来的传统，书画之事应该归属翰林图画院这种艺术机构专门集中管理，这才有利于书画技艺与审美水平的提高。明朝为什么不遵循传统，非要这么特立独行呢？

因为，目前学术界的普遍观点认为，明朝宫廷没有为画家特设机构。也就是说，明朝没有翰林图画院，却有一帮从事专业绘画的画家需要集中办公。当时还没有合同制，宫廷又是一个讲法度的地方，让画家们为皇亲贵戚的审美娱乐服务，总不能打白条，薪水要怎么领才算名正言顺呢？

要算薪水，就要有发薪水的标准，而标准是跟职位挂钩的，那么首先得让这些画家们有个职位。职位名很好拟，难就难在这个职位该挂在哪个部门名下进行考核。大明帝国各个部门的官职人数都是核定好了的，能塞人的地方都塞满了，又不好打破祖制为画家们创建一个部门，唯恐造成国家机构混乱。事实上，可能也并非只有宫廷画家一个群体无法归类，因为《明史·职官志》中有一条关于锦衣卫专门解决类似疑难与尴尬的记载："恒以勋戚都督领之，恩荫寄禄无常员。"

这句话直接点出了锦衣卫官署设置的一个重要特点：锦衣卫这个部门通常由功勋之臣或外戚子弟负责打理，而锦衣卫的官职则常被皇帝用于恩赏和安置特殊人员；另外，锦衣卫还要负责给部分无法按照常例领薪俸的官员发薪水，而且这些官员无定额，可以根据皇帝的需要增减人数。

如此看来，锦衣卫就像明朝皇帝的一个私人百宝箱，不仅可以收纳皇帝中意的任何人才，还可以拿出官职来赏赐功勋大臣、抚恤烈士子女，这些人的薪俸及用度开支由国家财政支出，不需要从皇帝的内帑里往外掏一文钱。

有这般好事，还是金饭碗，岂不人人削尖脑袋往里钻？

往里钻的意愿是好的，可是愿不愿意收你，得皇帝说了算。

明朝的皇帝虽有不成器的，但招人也不像孟尝君收门客那般随意。寻常人等学个鸡鸣狗吠，想要入锦衣卫里混饭吃，基本上是不可能的。

单以画家为例。

明代的书画大家不少，宫廷绘画的历史也相当长，可是有幸被召入宫侍奉皇帝的画家却很有限，因此获得锦衣卫官职，前往仁智殿当值且领固定薪俸的画家并不算多。以林良和吕纪为例，二人皆是著名的花鸟画画家，在当时有"林良吕纪，天下无比"的美誉，因画艺精湛选入宫中侍奉，受到皇帝的格外器重。林良先被授予工部营缮所丞，而后任职锦衣卫镇抚（五品）和锦衣卫指挥使（三品）。吕纪作为他的学生，也因画艺获得了锦衣卫指挥使的官职。同样获得类似官职的，还有画家商喜，两度入宫供职的浙派画家吴伟，曾阻挠浙派开创者戴进在宫廷就职的画家谢环等。除了以画匠身份登顶锦衣卫指挥使的大家之外，更有职位不高，但却能以此传承的世家，譬如高氏家族。

这个高氏家族侍奉大明皇室的时间较长，根据出土的《明故武略将军锦衣卫副千户高公墓志铭》的记载，从墓主高旺开始，前后持续了至少三代人。高氏家族籍贯江西昌南城县，洪武年间，高旺的父亲高福善入了军籍，跟随部队卫戍湖广，在长沙驻守，后将世袭的军中职务传给了高旺的兄长。明成祖"靖难"之后，高旺因故前往京师，却无心插柳成了宫廷画师，供职御用司。

凭借出色的画艺，他步步高升，最终于天顺年间获得了在仁智殿当值的资格。待到成化年间，他的次子高仲明青出于蓝，画艺超群，倍受皇帝器重，被选入工部文思院，旋即升职为工部文思院的副使，与父亲同获当值仁智殿的殊荣。隔了没多久，高仲明再次被升职为锦衣卫中所镇抚，后升为百户，进而为千户。高旺父以子贵，于是在人生的终点得到了锦衣卫副千户的封赠。

有人恐怕要发问了：同一阶段的锦衣卫指挥使不是只能有一个吗？锦衣卫镇抚的人数也是有定额的，怎么一下子出来那么多个？让画画的管缉捕、监督什么的合适么？

其实，由宫廷画家担任的锦衣卫指挥使、锦衣卫镇抚等职务，仅仅是个荣誉头衔，享受同等级的薪俸待遇，却并不执掌实权，自然也不涉及锦衣卫的工作内容。说白了，这是为了解决名分而想出来的转圜之策，同时还有调和朝中文武大臣关系、平衡重文抑武倾向的用意。

在明代的朝堂上做官，科举出身一直是论资排辈的硬件条件，加上以文臣节制武将的传统，士大夫们对武职官员总带有一种天然的傲慢，这不可避免地对武职官员造成了伤害。为了缓和文武两班大臣的复杂情绪，授予宫廷画家武职，以示文武不分家，皇帝也是煞费苦心。遗憾的是，这个做法并没有得到两班大臣的认可，文臣们觉得亵渎了书画之雅，武将们觉得自己拿性命换来的军功还不如一张画，倍感委屈。

于是，有人给皇帝上疏，公开抗议皇帝这种"和稀泥"的行为。

上疏的人是明孝宗时期的兵部尚书马文升，导火索是明孝宗将自己宠爱的画师张玘升格为锦衣卫指挥使。马文升作为兵部尚书，不得不替愤懑的武将们说话。他在奏疏一开头就向皇帝强调："祖宗设武阶以待军功，非有临战斩获者不得轻授。"在他看来，军功都是冒着生命危险取得的，明太祖正是感念军人为国捐躯的不易，才准许他们的子弟承袭爵位，而皇帝现在轻而易举地将象征着铁血卫国荣誉的锦衣卫武职赏赐给画工，极大地伤害了将士们的感情。他认为，宫廷画家再怎么技艺超群、深得恩宠，也不过是个画工，给点薪俸，赏点金帛和冠带，便已足够。在奏疏的最后，他还郑重其事地以反诘的口吻提醒皇帝："如今，陛下您竟然让画工当锦衣卫指挥使，还准许他的后代世袭；那么，为您冲锋陷阵、镇守边疆、保障国家安宁与稳定的帝国军人，您又打算拿什么来奖赏他们呢？"

马文升的奏疏言辞不可谓不犀利，就差指着明孝宗的鼻子骂他"拎不清"了。好在明孝宗性情比较宽厚，加之马文升虽不能理解授文士以武职的初衷，但毕竟切中要害，索性便没有同他计较。倘若真同马文升计较，明孝宗此举严格来说也是有据可查、有法可依的。

为什么这么说呢？

明代前期，画家多出自画匠世家，即我们在之前的篇章里说到的"匠籍"，它是明代户籍制度中的一个重要组成部分。而在这些画匠之中，有不少人的户籍细分之下，又归属于军匠。也就是说，这些画家既是军人身份，又是匠人身份，类似现代军队中搞后勤、文化宣传、技术维护的人员。巧的是，锦衣卫的职能中，恰好就有"管理军匠"一项。那么，皇帝授予军匠身份的画家为锦衣卫官员，将其纳入锦衣卫的管理系统，本就名正言顺，不存在违背祖制。

在这个问题上，画匠被授予锦衣卫武职并不是特例，还有其他的工匠也参照这一原则被授予了锦衣卫官职，比如接下来要说到的随军医匠，即我们如今通俗意义上的"军医"。

明代的医疗系统相对比较完备，有专门负责替皇帝后妃及宗室贵戚诊疗的太医院，也有给平民及鳏寡孤独看病的惠民药局、养济院和安乐堂。至于民间的坐堂名医与走街串巷的游医，基本上可以覆盖帝国的大部分版图。在这些人中间，最特殊的恐怕就是随军医匠。

作为医匠，他们的地位与画匠、铁匠等工匠并无二致，尽管他们的技术含量要高出许多，从事的工作关乎人命，甚至攸关战场上的胜负。传统的医术多为家族内部传承，父子相承居多，随军医匠也是如此。

随军医匠的来源大致分为两类：一类是因精湛的医术被选入某地区卫所的医匠，另一类则是从卫所制度建立之始就世代居中服役的医匠。现今已披露的锦衣卫官员墓志铭，就为我们记述了这样一个由随军医匠成长起来的锦衣卫。

这份墓志铭的主人叫汪宪，生前是一个锦衣卫百户。别看他只是一个小小的百户，通过他的墓志铭，我们可以看到汪氏家族五代人的命运起伏。特别是汪宪本人的人生历程，单独整理出来，完全可以创作一部励志小说。

汪宪的故事要从他的曾祖父说起。汪宪的曾祖父叫汪德庵，浙江钱塘人（今浙江杭州），从军振武卫，洪武六年(1373 年)跟随潘平章调任河南，遂入军籍。汪宪的祖父汪杰，以精湛的医术传家，成为军中的医匠。到了汪宪的父亲汪颢这儿，家传的医术更加精进，他后来被征召为授崇府良医正。良医正是王府良医所的首脑，通常由太医院推荐，吏部任命，属于文官系统，主要从事藩王府邸的医疗保健工作，不为寻常人诊病。著名的明代医药家王履和李时珍就曾担任过这项职务。汪颢能够凭借医术做到良医正，对于一个普通的随军医匠家庭而言，社会地位已经有了很大的提升。

有了汪颢打下的基础，汪宪子承父业相对要轻松得多。当然，汪宪本身也足够努力，在接手父亲的岗位之后，很快便得到靖虏将军抚宁伯朱永的青睐，将他选入讨伐刘千斤叛乱的大军之中，作为医匠随军出征。叛乱很快得以平定，论功行赏，汪宪被授予太医院吏目一职。

孰料时隔不久，汪宪的母亲病故，按照明代的丁忧制度，他必须辞职回乡守孝二十七个月。守孝期限未满，父亲汪颢紧跟着去世，汪宪的丁忧时间被迫再度延长，直到明成化十五（1479年）年才复出。复出后，他追随抚宁伯朱永从征辽东，得胜还朝后因功擢升上林苑录事。此后，几乎每一场由抚宁伯朱永领军的战事，汪宪都参加了。他的仕途也随之变得格外顺畅，终于在从征云南凯旋之后，因功连升六级，擢升锦衣卫试百户。

然而，仅过了两年，汪宪便因故卷入了大案，且遭遇他人构陷，被贬谪至岭南长达十年之久。之后几经周折，借老搭档王越起复剿灭贺兰山的北元之患，汪宪才最终获得朝廷的赦免，被准许返京。奈何他年事已高，无法承受千里颠簸之苦，最后死于保定，以锦衣卫百户的身份归葬河南洛阳的邙山。

汪宪死后，他的长子汪越继承了他锦衣卫百户的公职，次子汪天佑做了锦衣卫冠带舍人，幼子汪天泽则因父荫被召入太医院担任医士，成了汪氏家族医术的第四代传人。

汪宪被卷入纷争，继而被人构陷下狱的经历，折射出了明洪武年间至明弘治年间，随军医匠在大历史背景下的遭遇与变化，以及其官职在武职和文职之间根据形势不断变更的现象。

其实，无论是娱情的宫廷画家，还是救死扶伤的随军医匠，在众多的锦衣卫籍军匠中，定然有许多通过出色的技艺获得锦衣卫官职的存在，只是目前散落的史料少而零碎，难以像汪宪墓志铭里记载的那样鲜活生动，可以再现一个随军医匠家族的兴衰。

根据传世的《锦衣卫选簿》记载，锦衣卫中有众多军匠，他们的工种五花八门，有的负责制作银器、梳篦、火药，有的负责打铁、制弓，还有的负责翻译等专业业务。尽管其相关工种记录零零碎碎，有的只留下个名称而已，且工种的内容细节也不详尽，不过看起来规模依旧相当可观。我们不妨来挑其中几个有趣的瞧一瞧。

有一个叫徐安的锦衣卫正千户，原是凤阳人，主业是个银匠。明正统十四年（1449 年），他跟着明英宗朱祁镇北征，结果不幸遭遇"土木堡之变"，被蒙古人抓去做了三十五年的俘虏。直到明成化二十二年（1486 年），他才跟着也先台等蒙古首脑回京师办事，被晋升为泰宁卫副千户。办完了京师的公务，他又跟随蒙古代表团回了蒙古，第二年才带着一家老小南归，随即在得到锦衣卫正千户的武职之后，又于同年升任锦衣卫指挥佥事。作为一个被俘虏的银匠，归国后获得这么好的待遇，只因当年在蒙古，他与袁彬（明英宗天顺时期的锦衣卫指挥使及宠臣）等人交情匪浅，互相照拂。他去世之后，孙子徐琰继承了他的武职，并成为首屈一指的鈒花银匠。

还有一个叫王得的人，他原姓宋，叫宋得，后因过继给王家为养子而改姓王，本是一个在杂造局供职的弓匠。建文元年（1399 年）的时候，他跟随当时还是燕王的朱棣围攻集结有五十万南军的真定城，杀掉了杂造局大使（应是站在南军一方），因此获得了战功。两年之后，他又在南军围攻燕王老巢北平府的时候，参与了丽正门外的守城战。跟随自己两番立下战功的人，朱棣自然"知恩图报"，刚刚坐稳江山，就钦命王得赶赴京师，晋升他为羽林前卫指挥佥事。十八年后，王得年老多病，经过申请，明成祖钦准其子王容接替他做羽林前卫指挥佥事。明成祖驾崩后，王容被调任锦衣卫，照准世袭罔替。

这些专业人才的励志故事还有很多，篇幅有限，这里就不一一尽数了，但这些例子多少反映出，锦衣卫囊括的技术人才应该很全面，且人数也相当可观。这些人通常只是执行后勤保障任务，只有拥有军功且被授予世袭军职的，才能有幸被录入《锦衣卫选簿》。因此，大多数没有军功傍身的锦衣卫军匠难免为历史长河所淹没，被迫选择默默无闻。如果不是徐安曾在被俘期间侍奉过明英宗，王得曾在"靖难之役"和"北平守卫战"中获得过战功，相信他们的故事也不会为我们所知。

若说这些银匠、弓匠、铁匠之类的存在是为了保障锦衣卫的后勤，那么接下来要为大家介绍的一个工种，其用途则显得相当特殊有趣。

怎么个特殊有趣呢？

答案是：驯兽。

驯兽？这是要组建大明帝国明星马戏团吗？

诸君脑海里恐怕立刻会浮现起明武宗朱厚照在位时期的大名鼎鼎的豹房。豹房之所以名声在外，完全是因为明武宗各种出格的"传奇"轶事，其本身原不过是大明帝国宫廷豢养动物的机构罢了。

宫廷豢养动物的传统由来已久，元代宫廷为此修建了专门的场所，用来驯化豢养各类野兽与猛禽。这一传统被大明帝国继承了下来，于是京城里的象房、鹰房、虎城、鹿场等一应俱全。到了明武宗时期，大概是这些野兽猛禽无法满足朱厚照寻求刺激的需要，所以又才兴建了豹房。诚然，这些机构都与驯化豢养动物有关，其目的主要是为了满足宫廷狩猎或贵族娱乐，但也有例外，这个例外就是象房。

象房，顾名思义，就是驯养繁殖大象的地方。这一机构的名称，至今仍然存在于北京和南京的传统地名里，通常被称为"象房村"的地方就是它的遗址。

大象不算中国盛产的物种，又是热带动物，在中原驯养繁殖，难度系数不会太低。依大象的个头而言，豢养的空间得要足够空旷，消耗品也需要准备很多，不然很难让这些庞然大物安生。驯养大象不比熬鹰之类简单，若非专业人士，就连保障自己的人身安全恐怕都成问题。如此不惜成本地豢养驯化大象，到底是为哪般？因为大明帝国富庶，所以有钱任性？

其实，宫廷驯养大象的历史比我们想象得要长很多，最早可以追溯到殷商时期。既然，历朝历代的宫廷都有驯养大象的情况，那么这很显然不是为了炫富和娱乐那么简单。

起初，驯养大象的目的在于借助它们孔武有力的身躯来劳动，就像现在的东南亚地区在丛林中驱使大象做工一样。渐渐地，大象的药用价值被开发出来，象牙也因为珍稀而成为贵重的工艺品，连带着大象也变得金贵起来，成了睦邻友好合作中互相致敬的礼物。只是象牙制品已经无法表达彼此的诚意，于是人们开始驯养大象学习一些礼仪表演动作，以此作为别致的心意，比方说让大象跪拜等，用来满足帝王主宰天地的自尊心。

一开始，大象只要按照驯养人的指示跪一跪便可。可是时间一久，次数一多，各国都这么玩，多少有点审美疲劳，缺乏创意。驯养人为了博得领导的欢心，不得不绞尽脑汁，提高大象表演的难度系数，增加表演项目。这么一来，经过一代一代的经验累积，大象表演的难度系数越来越高，最后到了让大象跟着音乐跳舞的程度。一般的驯养人，顶多教大象帮你摘个香蕉、椰子，而教大象踩着节拍跳舞? 可以说相当困难。骑虎难下的结果，使宫廷不得不拿出一定的财力人力成立专门的机构，用来驯养用在国家大型典礼和重要活动上的"舞象"，以及用于皇族乘坐的"象舆"。

明朝全面继承了这一传统，建国之初即设立了驯象卫，常驻广西南宁一带进行捕象作业。驯象卫中的匠人大多为百夷族人（即白彝族人）和占城人，这些人都是职业猎户和驯兽高手，对于大象的习性了如指掌。关于捕捉活象的方法，据相关史料披露：一般是用陷阱捕获雌象，然后用雌象诱捕雄象，从而一网打尽，全数带回象房驯化乃至繁殖。负责这些工作的人通常被唤作"象奴"，千里迢迢押运大象前往京师应天府的事情，也多交由他们全权打理。

此后，明成祖迁都顺天府（北京），帝国的政治中心转移了，大象们也跟着一起北上。为了给大象们在寒冷的北方安个家，明成祖特地让人在顺天府兴建了演象所和驯象所，隶属锦衣卫的象奴们也就跟着成了锦衣卫的一员，正式承担起了在大朝会上引导大象进行"象仪"的重任。

所谓"象仪"，主要就是训练大象表演，或是驾辇、驮宝，或是干脆当起摆设。礼典规定：凡重大祭祀，用象三十一只；在拜谒太庙的典礼上，用象十只，并在承天门内列队；在圣节（皇帝的生日）、正旦和冬至三大朝会的仪式上，则需用象三十只。

到了明孝宗在位的弘治年间，不但在演象所和驯象所的基础上升级修建了象房，还建立了"常朝大象"的值班制度。

什么叫常朝大象？按照礼仪规定，每天例行的早朝，午门外都要让象奴领着六只大象于御阶两侧站立，等候左、右掖门开启，然后大象收队下朝，遇见的文武官员都必须对此行肃拜之礼。这些每天负责上朝的大象，有固定的值班表，轮换上工，个个有专门的俸禄饲养，俗称为"常朝大象"。遇上重大节日庆典以及皇帝围猎等活动，几只常朝大象就不够使唤了，象房里的大象几乎都要盛装出动，驾车驮宝，场面蔚为壮观。

皇帝需要脸面，国家庆典更需要排场，这就苦了锦衣卫的象奴和几班倒的大象。象奴不敢抗议加班，大象才管不了，它们也是有脾气的。《古今图书集成》里就记载了这样一件趣事。

嘉靖年间的一个秋天，一只当值的常朝大象生病了，无法工作。象奴哪敢怠慢朝会，连忙调另一只轮休的大象来代班。轮休的大象非常不满，抗议加班，象奴不予理睬，逼它上工。代班的大象一路走，一路喷着鼻子发脾气。到达西长安门后，时辰早了点，天色还没放亮，门概（门闩）尚未被取下。代班的大象积累的愤怒情绪突然就爆发了，它用鼻子用力地推撞门概，门概应声断成了两半。这还不算完，在懵了圈的象奴的注视下，该大象径直闯进了西长安门，并且独自屹立于承天门下，霸占了道路，不肯进出。眼看要朝会了，里面的人出不来，外面的人进不去，场面一度无比尴尬和混乱。其余五只大象相继到达后，对于同伴的这一抗议行为并没有表示支持，而是在象奴的指挥下，推推搡搡，以 5 : 1 的战斗力，果断地把堵在大门口的示威者给挤进了门。被迫退让的示威者直到被挤进承天门，仍然发泄着它的不满，负责驯养它的象奴也没办法制服它，只能对它表示："随你高兴咯！"

象房里的每头大象都有它的脾气，好在强制加班、破坏轮休的时候并不多，平时的生活待遇也不错，偶尔闹一回，也就罢了。比起很多勤勤恳恳、兢兢业业的文武大臣，它们的福利要好太多了，譬如每年的三伏天，象房都会给它们放个假，带它们集体去京师的河中洗澡冲凉。

在车水马龙的北京城里，群象沐浴的场景，如今的我们只能通过东非野生动物大迁徙的纪录片来脑补。可在当时，却是三伏天北京城里一年一度万人空巷的盛典，热闹程度堪比奥运会。

那时没有摄像机，无法为我们留下如此壮观的场景，但所幸在《帝京景物略》这本书中有一段文字为我们详细地记录了这一过程。

这一天，锦衣卫官打着旌旗，敲锣打鼓地将大象们从象房迎出来，然后由象奴引导着，出顺承门（今北京宣武门）浴响闸，一只跟着一只有秩序地下河洗澡。大象们姿态各异，或摇摆大耳朵，或用鼻子汲水冲凉，或兴奋地高叫，或喷水玩耍，可谓怡然自得。而驯养它们的象奴则挽着绳辔，坐在它们的脊背上，随着它们的起伏嬉戏在象群中若隐若现。两岸看热闹的老百姓有数万人之众，有的茶楼饭馆干脆将楼上出租给观景的人，甚至提供茶水饭食，由于好的席位有限，基本上要提前预订或竞价才能得到。不过，如此免费的群象沐浴表演并不会给你看很久，等大象们在水里泡一泡，过个瘾，象奴们就要驱赶它们回象房了。此举并不是象奴们刻意偷懒，而是大象们混在一处，雌雄夹杂，很容易春心萌动。倒也不是怕场面太污，只因发情的象会变得很暴躁，场面不太好控制，安全隐患太大。这个担忧绝对不是杞人忧天，在清人的《燕京岁时记》里，就有过"象疯伤人"这样的记载。

尽管三伏天洗象会有诸多安全隐患，但给广大人民群众带来的欢乐明显多过对隐患的担忧。无数文人墨客都就京师这一特色活动，表示出了极大的兴趣，也为此留下了大量的诗作和笔记散文。晚明大才子王世贞就在他的《渔洋集》中写了一首《洗象行》，又作《竹枝词》："玉水轻阴夹绿槐，香车筍轿锦成堆。千钱更赁楼窗坐，都为河边洗象来。"能把三伏天洗象演化成一场盛大的全民观摩活动，有明一代的百姓确实很有生活情趣和娱乐精神。而能驱赶群象洗澡，还能兼顾京师万人空巷的安保工作不出岔子，锦衣卫这能耐也着实是让人敬佩得五体投地。

也许，收集情报当卧底和飞檐走壁显得更拉风，但毕竟过的是刀头舔血的日子，对心理素质的稳定性要求忒高，不适合所有人。相较而言，打个铁，画个图，看个星象，刷刷马，给大象洗个澡，似乎对专业技术准入门槛和职业心理素质的要求略低一些，基本上也不会有啥性命之忧，除非你妨碍了谈恋爱的大象，或是强迫豹房的豹子加班，以及触怒了你的老板——大明天子。

言而总之，只要你不作死，老老实实地钻研业务，认认真真地恪尽职守，说不定哪天苦尽甘来，收获一个"先进代表"，在《锦衣卫选簿》里就会留下这么一句话："某某，为养马大汉，进百户，世袭……"

你这锦衣卫的金饭碗就可以子子孙孙世代相传了！

还是那句话，伟大源于平凡。

第九章

一入地狱几人回？

走出诏狱与死于诏狱的人们

阴暗潮湿的诏狱走廊里，一个敝衣草履的洒扫者背着筐，拎着扫帚，一边心不在焉地扫地，一边小心而急切地张望。随着步子不断向前，他距离自己的目标越来越近。终于，他看到了那个让他牵挂许久的人，然而几日不见，那个人竟已面目全非。

他只看见一个倚着墙、席地而坐的人，一个几乎已经没有人形的人。那个人的面目已经被炮烙得焦烂不可辨识，左腿的膝盖以下，筋骨尽脱。

他整个人控制不住地战栗，不知道是因为害怕还是因为内心无法抑制的痛苦。狱门被打开的一瞬间，他几乎是爬到了那人的面前，颤抖着手抱住了那溃烂的膝盖，眼泪潸然而下，流了满脸。他想放声大哭，但仅剩的一丝理智告诉他，这里危机四伏，不是一个疏泄情绪的好地方。于是，他呜咽着，竭力把情绪和声音控制在很小的范围内。

即便如此，那个倚靠在墙角的人还是听出了他的声音："宪之？"

听到这熟悉而又疲惫的嘶哑声唤着自己的字，他呜咽的声音更大了。

突然，他感到对方身体一颤，本能地抬头看去，不由得惊呼："老师！"

对方的眼睛被血肉糊住很难睁开，但仍奋臂扒开眼皮，露出如炬的目光看着他，居然充满了愤怒。

他刚要说话，却被大声呵斥："混账东西！这是什么地方？你居然跑来！国家大事糜烂到了这种地步，老夫这样也就罢了，你竟以身犯险，不去担起国家大义！天下大事和黎民百姓要靠谁帮扶？还不快滚！别给奸佞陷害你的机会！你再不滚，我先杀了你！"话没说完，伤痕累累的手已在地上摸索刑械，眼看就要往他身上招呼。

他素来知道老师的脾气，也知道不该再违逆他的良苦用心，于是拼命忍住想哭的欲望，狠狠心扭头而去。

在这个故事的结尾，他的老师惨死狱中，而他则在接下来的亡国之乱中，为了死守扬州,阻挡清军铁骑南下,付出了生命的代价。

说到这里,有心人便会知道故事里的学生和老师分别是谁了。

乔装探监的人是抗清名将史可法,而在狱中被折磨得惨绝人寰的,正是史可法的老师——东林六君子之一的左光斗。

故事出自方苞的《左忠毅公逸事》,至于故事的发生地,毫无疑问,乃是被称为人间地狱的锦衣卫诏狱。

自锦衣卫有法外审讯、羁押犯罪嫌疑人的权限之后,便不必再刻意将这些人移交三法司处置,于是诏狱也就没空闲过。晚明时期,宦官集团掌权,国事糜烂,诏狱更是从一开始只关押有品阶的大臣,变成了什么人都可以关押的地方。左光斗既不是其中被整得最惨的,也绝非最后一个。

远的不说,单说与左光斗同时下狱的杨涟,也是因为弹劾司礼监太监魏忠贤而被其党羽罗织罪名、栽赃陷害的。同属东林党的杨涟,与左光斗既是同僚,亦是同道。当时掌管北镇抚司的锦衣卫指挥使许显纯乃是魏忠贤的亲信,魏忠贤欲置杨涟、左光斗于死地,他自然要帮着插刀。他们先借"汪文言之狱"为引子,意图通过严刑逼供,胁迫汪文言诬陷杨涟等人受贿。汪文言表现得相当有骨气,宁死不屈。许显纯无奈,只好自己捏造供状,诬陷杨涟和左光斗曾经收受辽东经略熊廷弼贿赂的两万两白银。有了所谓的"罪状",魏忠贤立即假司礼监掌印之权,冠冕堂皇地指示锦衣卫前去逮捕杨涟和左光斗,将二人关进了诏狱。

左光斗在诏狱中遭遇到了怎样的迫害与折磨,前文通过方苞的描述(其实是史可法的回忆),我们一目了然。而作为魏忠贤的眼中钉、肉中刺,杨涟的遭遇只会比左光斗更惨。

杨涟于天启五年(1625年)六月被捕入狱,六月二十八日遭受了近乎凌虐的审讯。许显纯将锦衣卫诏狱中大多数的酷刑都在杨涟身上用了一遍,以致杨涟被折磨得体无完肤、奄奄一息。再次提审时，杨涟已无法正常地坐和站立了。即便如此，许显纯依然毫无人性地让人给杨涟戴上桎梏，把他拖到大堂上，命其躺在地上受审。

面对这样明显带有报复性质的虐待，杨涟依旧不屈不挠，在狱中写下《绝笔》，继续陈述"移宫案"的真相，痛斥魏忠贤为首的阉党祸乱朝纲。消息传到魏忠贤耳中，魏忠贤怒不可遏，传令许显纯立即杀掉杨涟，永绝后患。

接到魏忠贤的指令，许显纯忙活开了。他于七月庚申（十四日）的深夜，要求锦衣卫人员在狱中设法秘密处死杨涟。

怎么个秘密法呢？

锦衣卫人员先用填满泥土的麻包压在杨涟身上，意图借此压死杨涟，未获成功。一计不成，又生一计。他们加班加点，把铁钉钉入杨涟的耳膜，迫其速死，结果又没成功。也不知是杨涟生命力太强悍，还是他的意志坚韧地支撑着他的身体，锦衣卫们又换了好几种残酷的虐杀法，都没能置其于死地。

再这样下去，许显纯觉得魏忠贤就快恼羞成怒要自己的命了，于是亲自出马，在七月二十四日那天，将一枚大铁钉钉入了杨涟的头部。这一次，也许是老天爷都不忍再看杨涟饱受折磨，终于让他解脱了。那一年，他五十四岁。他死去的第二天，左光斗也被折磨而亡，享年五十一岁。

与他们二人一并论罪下狱的，还有魏大中、顾大章、袁化中、周朝瑞，史称"东林六君子"。六人无一例外，全部死于诏狱，唯一的区别是：杨涟、左光斗等五人死于酷刑折磨，而顾大章在经历了酷刑之后，选择了自缢身亡。

到底这些酷刑可怕到了怎样的地步呢？

正常情况下，诏狱最基础的刑罚也就是杖刑、夹棍什么的，跟刑部这样的法定官署差别并不大。但这只是正常情况下，对于诏狱这样地方来说，更多的时候是非正常化的。

诏狱，古已有之，非明朝独创。不过，明朝的诏狱长期凌驾于法律之上，逸出刑法系统，充斥着不成文的潜规则，这却是与其他朝代有别的。明人提到诏狱无不色变，就算是刑部大牢，比起诏狱的暗无天日也温暖得像是天堂。

那么，诏狱非正常的状态下，都用什么刑罚来审讯犯人呢？

首先来说一说"站重枷"。枷是古代非常普及的刑具之一，相信看过京剧《玉堂春》的人，对于"苏三起解"中关押苏三的道具应该不会陌生。苏三脖子上套着的连接着手腕的东西，就是"枷"。只不过，戏曲舞台上，为了人物造型好看，故意把枷做得比较美观。现实生活中，枷是实木制成的，外形很粗犷，分量也不轻，全部压在犯人的颈椎上，时间久了，再强壮的人也吃不消，更何况是加重的枷；而且受刑时，还要求犯人必须长时间站立，不许坐下和躺下。所谓"重枷"，通常指重量超过正常人体重的枷，因此百十来斤肯定是有的。然而，这在诏狱的恶魔们看来是不过瘾的，他们最重曾把枷做到了三百斤。试想一下，一百多斤的正常人，脖子上戴着三百斤的重枷，不许靠、不许坐、不许躺，在露天日晒雨淋，时长两个月。结局只有两个：你受不了了招供（招供完也不一定让你活），或是你受不了死了。

明英宗时期的大臣李时勉就遭受了这样的凌虐。明英宗极度信任大太监王振，故而王振的权势在当时达到了群臣都要为他庆生祝寿的程度。大家都去给王振过生日，时任国子监祭酒的李时勉偏偏不去。王振一看，心中大为不快，于是借口李时勉让人砍文庙前的古木为大不敬，将他和司业赵琬、掌馔金鉴一起逮捕治罪，判他们戴枷示众三日。为了公报私仇，恶整李时勉，王振特地让人给李时勉配一个一百多斤的重枷。当时，李时勉年纪大了，金鉴正值壮年，于是挺身而出说："我年轻，这个重枷我来。"李时勉却阻止了金鉴，自己戴起了一百多斤的重枷说："老夫筋骨甚健！"

两个国子监的老师，加上校长，戴着枷站在户外，时值酷暑，一站就是三天。当时不放暑假，千余号学生都看着。在那个崇敬天地君亲师的时代，老师的地位跟亲爹差不多，那么多的学生岂能坐视不理，纷纷上书抗议，甚至有人提出自己替老师来戴枷罚站。王振不予理睬。千余人直接跑到宫门口抗议，抗议之声一直传到宫内，为太后所知。对于王振的行为，太后非常恼火，命令他立刻释放李时勉等三人。王振眼见犯了众怒，太后也发了话，于是赶紧把李时勉他们给释放了，此事方告平息。

站重枷这种惩罚，最差歹还能混个全尸，我们再来看看"刷洗"。

听名字你是否以为要给你洗澡搓背？

还真有点像！只是工具不是毛巾，而是钉满铁钉的铁刷子！放心，不会干刷你的，因为那样比较费力气，通常都是先用开水把人扒光衣服烫一遍。烫完摁在铁床上，趁着你被烫得红彤彤的时候，拿铁刷子狠狠地刷。尽情地惨叫吧，用不了多久你就能看到自己白惨惨的骨架被刷出来，变成完美的骨骼标本。当然，那个时候，希望你最好已经死了。

想不想给自己挑个体面点的死法？那你觉得吃毒药怎么样？

北镇抚司的诏狱里可不流行主动吃毒药，都是有专人灌你。

咬咬牙，任人灌吧，不挣扎了，这样会死得快点。

事实上，这只是你一厢情愿的想法。因为你很快会发现，他们给你灌完了毒药之后，歇会儿会给你灌解药，灌完解药，再灌你新的毒药，来来回回，直到你被毒死为止。毒药灵不灵另说，关键是让你一直处于"弄死你，救活你，再继续弄死你……"的循环中，单是不断扩大心理阴影面积就够你受的了。毕竟，那种传奇小说里可以秒杀一切毒药的火寒毒，不是谁都能中的。

吃个毒药都让人不得安生，诏狱的锦衣卫们，你们的良心不会痛吗？

想要以安生的方式告别人世，也不是不可以，明世宗晚年的户部司务何以尚就成功做到了。

明世宗执政晚期，名臣海瑞深感国家政治腐败、皇帝贪婪无度、群臣结党营私、国法废弛，于是舍命上疏，直言进谏，惹得明世宗龙颜大怒，把他直接下了锦衣卫诏狱。之后，锦衣卫方面一直在等皇帝的进一步指示，皇帝却把海瑞的奏疏给扣在了手里，始终不表态。

皇帝的这一举动，弄得人摸不着头脑，朝野上下纷纷猜测明世宗对海瑞的真实态度。何以尚与海瑞同在户部，觉得这人尽公不顾私，所以赶着皇帝还在犹豫之际，站出来上疏，请求皇帝释放海瑞。

如此亲如手足的同僚情，明世宗一定很"感动"——他赏了何以尚一顿廷杖，并将其丢进诏狱陪海瑞吃牢饭。他的言下之意是："不要妄图对朕指手画脚！也不要去揣摩朕的真实想法！"

明世宗没表态，谁也不敢轻易去动海瑞；但何以尚就不一样了，他遭到了锦衣卫的"热烈欢迎"——"昼夜用刑"。他们把刚被廷杖打烂屁股的何以尚关进一只小木笼里，锁上笼子，就这么看着。

这是什么刑罚？顶多就算关小黑屋而已啊！

它看起来的确没有戴重枷可怕，但何以尚却被活活折磨死了。

关个小黑屋就死了，何以尚也忒弱了吧？

不是何以尚弱，是个人都受不了！

关小木笼没什么，问题是，木笼内四面攒有铁钉，狭窄局促，人在里面稍微动一下，铁钉就会刺入肌肤。为了不被扎成蜂窝煤，里面的人只能选择"危坐如偶人"，而且是日日夜夜都保持这样的状态，直到你鲜活的生命彻底变成化石。

类似的酷刑还有很多，形式各种各样，千变万化。其中最有名也最让人毛骨悚然的，莫过于"锦衣卫十八大酷刑"，包括剥皮、铲头会、钩肠等，每个都让人不寒而栗。

这是锦衣卫打理的诏狱中审讯犯罪嫌疑最常用的酷刑，再结合内外环境和沟通时的方法技巧，足以让你体会到，什么叫地狱。

羁押犯人的牢房，属于半地下式，光线很差，每一间的墙壁都砌得很厚实，以至于隔音效果好到在这里撕心裂肺地嚎叫，隔壁一点也听不见，简直堪比现代艺术生练习的琴房。为了防止诏狱的秘密被公之于众，诏狱的内部人员一旦有泄露此间情形而被发现的，会被立即处斩，毫无挽回余地。内部人员不准带消息出诏狱，而诏狱外面的家属朋友，严格意义上来讲，没有得到同意也是不得出入诏狱的，一旦被发现视同擅闯，可立即刖其双足。在这种进出都受到严格限制和检查的情况下，又有谁敢夹带片纸只字当"快递小哥"呢！

蹲大牢的时候，犯人家属严禁探视，只有在拷问之时，才允许家属在一丈之外的地方旁观。若要说话，势必要高声，且不许用方言。这样做的目的，是为了防止犯人与家属互通信息，造成串供的情况……如此苛刻到变态的条件，对于无辜陷身此间者，简直是一场噩梦，更遑论再遭遇严刑逼供。在无医疗介入的情况下，事情只能更加恶化。

如此看来，只要进了诏狱基本上就得横着出去了。

可是，世上总有例外，九死一生离开诏狱的人也不是没有。就诏狱的生存难度系数而言，能活着出去的，应该都是大神级人物，比如大名鼎鼎的王守仁。

王守仁因参与上疏救人，触怒了明武宗宠信的大太监刘瑾，被投入锦衣卫诏狱。他先是被廷杖四十下，接着被贬谪去贵州龙场（贵阳市西北七十里）当龙场驿栈的驿丞。进了诏狱，却只是被打完廷杖贬谪出来，这大概是放生的意思吧。问题是，王守仁出诏狱没多久就发现，自己被刘瑾派来追杀的人盯上了。他想了个法子，伪造了投水而死的现场，才终于摆脱了杀手。

无辜的人身陷地狱般的诏狱，观者内心难免太息和愤懑。然而，换一个视角来看,如果是真正的坏人落到诏狱里呢?

大快人心,有没有!

历来大部分研究者都会把诏狱视为邪恶的象征,因而他们更加关注冤狱,更强调诏狱系统对明代法治的负面影响。凡事不可能只有一个面,明太祖成立锦衣卫的初衷,是缘于对官僚集团公平治法的不信任,基于此,锦衣卫的诏狱最早也是用来关押和处置真正意义上的罪犯的。

1995年,江苏省南京市的南郊,一个砖瓦厂在取土的时候,意外地发现了一个大型明代贵族墓地。经过考古人员的抢救性发掘,通过对出土墓志铭的解读,该墓地被证实为明代宝庆公主驸马赵辉之墓。

赵辉是一个烈士的遗孤,七岁时,父亲赵和战死在交趾(今越南北部)。他的母亲孙氏一个人含辛茹苦地将他抚养长大。成年之后,他因为烈士遗属的身份,荫袭了千户之职,负责守卫南京的金川门。后因相貌出众,他被明成祖朱棣选为妹妹宝庆公主的驸马。赵辉历经六朝天子,死于明成化十四年正月。他曾在"土木堡之变"发生后,上疏代理执政的明代宗,请求由他领兵北上救回明英宗,但被否决。待到明英宗复位后,他又重贿明英宗身边的宦官,以此事邀功,请明英宗给他封侯。申请封侯时,他引用了怀庆公主驸马王宁的先例。王宁因在"靖难之役"中,将建文帝一方的情报泄露给燕军,被建文帝投入了诏狱。后来,朱棣得了江山,及时将王宁赦免,还封他为永春侯。

明英宗因此,两度垂问吏部尚书李贤,都被李贤巧妙地回绝了。赵辉正考虑打持久战,继续求封,孰料没过几日,他就被卷入了一场受贿大案,成为被告。案子由武定侯郭英的两个孙子争夺爵位引发,次孙以贿赂赵辉等人的方式,设计构陷自己的兄长,阴谋取得了爵位。他的兄长不服,使人告发至都察院,于是东窗事发。明英宗得知后,立即让锦衣卫将涉事人员缉拿下诏狱审讯,最终真相大白,拨乱反正。只是碍于赵辉等人皇室贵戚的身份,明英宗不得已从轻发落，于是赵辉至死也没能获得他心心念念的侯爵之位。

此时的诏狱，并不像之后那样乌烟瘴气，尚且发挥着一定的作用。而且，即便是到了明代中晚期，世风日下，人心不古，锦衣卫的诏狱里也不全是关着无辜的良民与忠臣，仍有许多触犯条规的官员。

弘治十二年，监察御史张天衢上朝时跪起失仪，监察御史曹玉失仪，鸿胪寺序班边宥赞引出了差错，都被明孝宗下了锦衣卫大狱，赎杖还职。还有一名监察御史，对于官员的失仪，他不仅没有及时纠察举报，还想要包庇队友，也被下了锦衣卫北镇抚司。正德二年（1507 年），户部主事张文锦往顺天府招商纳草，商人们争相入门，以致引发了踩踏事故，还出了人命。锦衣卫校尉得知之后，上报至明武宗处，武宗当即下令北镇抚司将张文锦下诏狱拷问。最终，张文锦因不能提前预知事故有所防范，被削职为民。无独有偶，正德六年（1511 年），因为都察院和监察御史弹劾有京营官员玩寇殃民，边将骄纵逗留不进，许多涉事官员及将领都被明武宗下令发往锦衣卫诏狱调查审讯，秉公治罪。天启六年（1626 年），东厂侦缉户部主事李柱明盗卖北新大军仓粮，皇帝下旨投其于锦衣卫诏狱彻查。最终，李柱明被判大辟之罪，仓攒梁逢恩等被各自按律惩处。

此外，一个叫刘光复的御史得罪皇帝获罪下狱的经历也值得书写一番，好在庆幸的是，他后来被锦衣卫移交给刑部处置，否则下场不堪设想。

万历四十三年（1615 年）五月的一天，明神宗给了三法司一道谕令，主要内容是有关"梃击案"的处理意见和善后事宜，顺带点名处理这名叫刘光复的御史。

刘光复到底做了什么，以至于被交给锦衣卫处置？

事情是这样的。

此前，东宫发生了"疯癫奸徒"张差持梃（大木棍）刺杀皇太子朱常洛的事件，造成了相当不好的影响。经过彻查，犯罪嫌疑人张差供出背后的主使之人是宫中的内官庞保和刘成，而庞保和刘成与明神宗的宠妃郑贵妃有牵连，朝臣据此怀疑郑贵妃要谋害太子。

明神宗为了妥善处理此事，想要大事化小，内部处理两名涉事太监，所以带着皇太子、皇长孙等人，前往供奉李太后牌位的慈宁宫，当着太后的神主，召见群臣训示。

明神宗正在就"梃击案"的事情讲话，跪在后面的御史刘光复突然站了出来，大声地讲出自己的看法。明神宗很久不曾上朝了，不认识刘光复，于是质问他是谁。左右侍者回复明神宗说，这是御史刘光复。明神宗很不高兴，叱责刘光复，让他闭嘴，但刘光复继续自顾自地说话，无视明神宗的命令。本就焦头烂额的明神宗被人当众打脸下不来台，于是大怒，让锦衣卫逮捕刘光复下狱，要求从重处置。

锦衣卫虽然逮捕了刘光复，但还是按照规定，在朝会后将其转交刑部讯问。明神宗随后数次下令，要刑部从重拟罪。

刑部经过讯问，按律以"奏对失序"和"非奉呼唤辄入仪仗内"的罪名，判处刘光复杖一百，依律降一等，杖九十。

明神宗对刑部的定罪相当不满意，他认为刘光复在李太后的神位前利口狂吠、肆无忌惮，惊动了太后的神位，毫无人臣之礼，理应重处；刑部堂上官违背君命，偏袒庇护刘光复，罚俸一年，重新拟罪。

不料，刑部一席话将皇帝的旨意又推了回去。刑部称，按照《大明律》逐条详查，刘光复确实只有之前上报的两条罪名；若要在罪名之外降其职或革其职，皇帝您请便。

明神宗很是光火，直接要求刑部以"大不敬之罪"论处刘光复，斩首示众。

皇帝明显是要跟这帮大臣借着刘光复死磕到底，大臣们也不甘示弱，大小衙门的官员空前团结，他们联合上疏，不断要求皇帝无罪释放刘光复。双方拉锯了五年，直到万历四十八年（1620 年）正月初一，刘光复才被释放，代价是削职为民，永不叙用。

刘光复获罪的内幕很复杂，关系到皇权和相权的斗争，但更主要的是他在该闭嘴的时候不懂眼色，抑或者他是故意为了某种目的假装不懂眼色。

这里列举的案例跟很多大案要案相比较要渺小得多，也非常容易被人们所忽视。就像我在这里为大家引用的实例，引人入胜的往往都是表现诏狱阴暗面的故事，属于诏狱正面形象的故事，反而是寥寥数笔、平平淡淡。这并非为了文章效果刻意而为，恰恰是因为资料的原始出处就带有这样的情感倾向。人们往往受到当时舆论乃至后世史学家观点的影响，更侧重于诏狱阴暗的过往，对诏狱的功能持全面否定态度。也正因为这样的先入为主，历史的小细节被淹没在了排山倒海的咒骂之中，无力去抗衡有失公允的命运。更多的事实，自然也就因之与我们失之交臂。

对整个大明帝国而言，诏狱的出现确实是一种对国家正常法治运转的冲击和破坏。它因此成为人们眼中皇帝独裁的标志，权臣手中排除异己的杀人工具，埋葬冤魂和道德良知的坟墓。但不可忽视的是，它也曾是走投无路的百姓倾诉冤情、寻求公正的捷径，也曾是贪官污吏望而生畏的雷区。

《大明会典》中有关锦衣卫镇抚司的记载

洪武十五年，设镇抚司。二十年革，烧毁本卫刑具，狱囚尽送刑部审理。二十六年，又申鞫刑之禁。永乐间复设，掌问理本卫刑名，兼理军匠，是为南镇抚司。其北镇抚司，本添设，专理诏狱。成化十四年，始增铸印信，设镇抚二员，分理刑、管军匠，各为一司。

凡问刑。悉照旧例，径自奏请，不经本卫。或本卫有事送问，问毕仍自具奏，俱不呈堂。

凡鞫问奸恶重情，得实，具奏请旨发落。内外官员有犯送问，亦如之。旧制俱不用参语。成化元年，始令覆奏用参语。

凡狱情。宣德六年令：看监千百户等，有透漏狱情者，斩口。成化二十年令：一应大小狱情，俱要严密关防，不许透漏及受人嘱托；本卫堂上官，亦不许干预；有故违者，指实奏闻，治以重罪。

凡东厂及本卫各处送到囚犯。弘治十三年令：本司从公审察究问，务得真情；若有冤枉，即与辩理，不许拘定成案，滥及无辜。

凡本司纸札。正统五年奏准，令囚人买用。

凡本司狱具。弘治十三年奏准，悉照各衙门卫制行。

凡本司直厅，百户一员、当该吏典十名、办事吏二十名、总旗一名、校尉三十名。看监，百户五员、总旗五名、校尉一百名、皂隶三十名。直堂，把门皂隶十一名。

第十章

打屁股不是你爹的专利！

锦衣卫与官僚集团的爱恨情仇

关于"打屁股",想必大部分人都有切身经验可供交流。这个经验通常来源于自己的父母师长,拿出来讨论的重点,往往都是一个字——痛!

大概也是因为有切身体会,孔夫子才会有"小棰则待过,大杖则逃走"的教诲。当然,孔夫子的原意并不是为了强调灵活把握挨打的疼痛程度,而是为了强调对父母的孝道,不能由得父母盛怒之下把自己打死,从而陷父母于不义。

古人常用父子关系来比喻君臣。在这个比喻中,君主与父亲是站在一个高度上的,作为臣与子,只能顺从,不可忤逆。那么,父亲责打儿子是理所当然的,君主责打臣下呢?

责打?难道不是责罚么?

臣下犯了错误,按照律例,或贬或黜,或流或死,方法多了去了,为什么是"打"?

按照中国的政治传统,士可杀不可辱,臣下有错,按律处罚即可。但是,这个传统到了元朝,却发生了重大的改变。

什么改变呢?

那就是杖责官员,打官员的屁股。

许多人都以为,大明天子廷杖大臣是自创的刑罚。其实不然,明朝有很多的制度都带有前朝的痕迹。元朝时,上级责备下级,会使用杖责,但仅仅是略施薄惩。施刑的人胡乱打一打,受刑的被打几下无伤大碍,双方都不会对此事有多较真。因此,被活活打死的概率并不高,也没被列入正式的法律条款里。明朝皇帝沿用了这一惯例,当廷杖责大臣,美其名曰:廷杖。廷杖区别于前人胡乱打屁股的地方在于,它是真打,而且有时是奔着打死人的目的去的。

你可以脑补一个壮观的场面:一百多号衣冠楚楚的大臣,被锦衣卫们按在地上，扒了衣服打屁股，惨叫声、谏言声、呼喊声与棍子的呼啸声此起彼伏，不一会儿，一个个皮开肉绽、血肉模糊、几近昏死的人被拖了下去，留下一地狼藉和浓重的血腥味……

有人要说，这有点夸张了吧？

事实上，这个场面真不是凭空脑补出来的，而是发生在明世宗继位初期的真实事件。唯一不真实的地方是：删节了当场打死人的少儿不宜镜头。

到底发生了什么事，以至于要用这样近乎凌虐的方式教训大臣？

话说，明武宗朱厚照英年早逝，身后无子。大明帝国的官位可以出缺，皇位却不能空悬。考虑到社稷安危，内阁首辅杨廷和与大臣们商议后，选中了朱厚照的堂弟兴献王的世子朱厚熜继任皇位，即后来的明世宗，也就是嘉靖皇帝。

当时的朱厚熜不过是个十四周岁的少年郎，生长于湖北安陆的王府。按照明朝的制度，藩王非奉诏，不得离开封地，更不得进京。因此，杨廷和认为，这个年少的王府世子应该没见过什么大世面，政治经验欠缺，比起我行我素的朱厚照，更易于操控。

然而，他失算了，这个少年比他想象得要少年老成且难对付得多。

实践证明，政治手腕需要机会去历练，但是政治头脑很多时候是与生俱来的天赋。

接到朝廷拟的诏书后，朱厚熜收拾一番，随即启程从封地前往京师。正德十六年（1521年）四月二十二日，一行人来到京师郊外。

在这里，朱厚熜见到了前来迎立自己的官员，不过这位少年的第一反应不是兴奋地听从安排，按照程序入继大统，而是问了一句话："我以什么身份继位？"

这还用问么？当然是皇太子的身份啊！

迎立的官员二话不说，亮出了册封皇太子的诏书，摆开早已准备好的皇太子仪仗。

朱厚熜一摆手说："这不对！先帝是我堂兄，我要是皇太子，辈分不对！"

迎立的官员解释说，您是按照孝宗儿子的身份继位，跟先帝辈分不变。

朱厚熜说："还是不对！孝宗皇帝是我伯父，我继位，等于过继给他当儿子了！那我亲爹呢？"

迎立的官员头都大了："您爹还是兴献王不变呐！"

朱厚熜勃然变色："老子不干了！当个皇帝把亲爹都搞没了！我是皇帝，他是藩王，我得管我伯父叫爹？这是什么鬼！"

迎立的官员好说歹说，朱厚熜坚决不肯再往京师走一步。

得知这一消息的杨廷和开始有点懵，但老狐狸很快反应过来。诏书都公布于天下了，你突然说你不干了，你让内阁怎么办，天下老百姓怎么看待朝廷的威信？继承皇位这是社稷大事，是公事，得按宗法制度来，岂能由得你一个毛头小子任性胡来？朝廷内阁不是摆设，一切违反程序的行为，都要坚决怼回去！

杨廷和寸步不让，朱厚熜也抠着字眼继续跟他怼："先帝遗诏里说，以我嗣皇帝位，不是让我以孝宗皇子身份继承大统！"

杨廷和避开遗诏不谈，只回复朱厚熜必须按照礼部的方案来，从东华门入，居文华殿，择日登基。这是皇太子继位的程序。杨廷和压根就没打算跟朱厚熜商量。

朱厚熜表示，老杨你不松口，那我就不进京，看谁耗得过谁。

天下不可一日无君啊！

眼看着准皇帝跟内阁首辅针锋相对，事情陷入胶着，明武宗的母亲张太后不得不出来调停。她下令群臣上笺劝进，务必先把朱厚熜劝进紫禁城，再另谋良策。朱厚熜在京郊赚足了面子，收获了一大堆劝进笺后，才于当天中午，从大明门入宫，即位于奉天殿。他在诏书中称"奉皇兄遗命入奉宗祧"，宣布初战告捷。

胜利的喜悦还没持续几天，杨廷和就用行动告诉朱厚熜，什么叫姜还是老的辣——他迅速在与皇帝的第二回合较量中抢占了上风！

四月二十七日，朱厚熜下令群臣议定明武宗的谥号以及他的生父兴献王的主祀和封号。

以内阁首辅杨廷和为首的大臣们，引经据典，认为朱厚熜本为小宗入继大宗，按照礼法应当尊奉正统，以明孝宗为皇考，以生父兴献王为"皇叔考兴献大王"，生母蒋氏为"皇叔母兴国大妃"，并对亲生父母自称"侄皇帝"。至于兴献王的王位，由益王次子崇仁王朱厚炫来继承。五月初七，礼部尚书毛澄和文武群臣六十余人将此事议定，并上奏朱厚熜，声称朝中"有异议者即奸邪，当斩"。

什么叫"有异议者即奸邪"？这是告诉众朝臣，谁敢提反对意见，就不是好人，是奸臣！

很明显，这是以杨廷和为首的内阁为了封住其他大臣的嘴，统一战线有意而为。此时，谁敢反对，无疑就会成为众矢之的。

见到这个方案，朱厚熜当然不愿意，当个皇帝，还得管亲生父母叫"叔叔、叔母"，这也太憋屈了。他急需一个人站出来替自己说话，但是谁都不愿意自找麻烦，去犯众怒。

既然你们都不肯站出来说公道话，那我自己来说，不就是谈条件、谈价码嘛！总有一款适合你杨廷和！

朱厚熜决定改变策略，采取以柔克刚的方式，对杨廷和加以优抚，并向礼部尚书毛澄赠以黄金，希望他们改变主意，顺从自己的意愿。然而，他太低估这两位了。他的优抚与黄金没能打动杨廷和与毛澄，几次下诏尊加生父的徽号也被他们以"封驳"之权给打了回来。唯一的变化，是毛澄对方案稍作调整，确定将来朱厚熜的第二子可以取代朱厚炫成为兴王，以延续他父亲的王统。

事已至此，孤立无援的朱厚熜只能采取各种拖延战术，寄望于事情能有转机。

转机很快出现了，两个月后的七月初三，新科进士张璁上疏支持朱厚熜，他认为朱厚熜的即位是继承皇统而非皇嗣，所以不存在一定要父子相继才符合法统。因此，朱厚熜完全可以以生父兴献王为皇考，在北京别立兴献王庙。

张璁的奏疏送至朱厚熜的案头，朱厚熜为之眼前一亮，大喜过望。尽管张璁的观点在法理上很难被驳倒，但他毕竟属于微末之身，形单影只，无力撼动以杨廷和为首的群臣。然而，张璁的方案至少给了朱厚熜希望，明示朱厚熜并非一个人孤身作战。

为了稳定大局，朱厚熜权衡利弊，决定先向杨廷和等人妥协，但在奉迎生母蒋氏入京的礼仪上，他寸步不让，要求必须以皇太后之礼相迎。这等于是在变相地胁迫以杨廷和为首的群臣，承认蒋氏是皇太后，而不是什么"皇叔母兴国大妃"。

如此明显的胁迫和示威，杨廷和不会看不出来。但不论是从维护法统出发，还是从内阁的利益出发，杨廷和都不能退让，于是继续持反对意见。

遭遇杨廷和的再次阻击，朱厚熜又一次变换了手法，他痛哭流涕，表示愿意辞去已得的皇位，回安陆奉养母亲，继续做他的藩王。而蒋氏也配合着儿子，不但停下了进京的脚步，还扬言要返回安陆。这招以退为进用得实在是巧妙，已经即位的皇帝被你们内阁怼得辞职了，看你们内阁怎么跟天下人交代！

当初选择朱厚熜做皇位继承人的是杨廷和，迎他进京的也是杨廷和，现在跟他互怼的人还是杨廷和，如果把朱厚熜怼回安陆，这皇位悬空的锅还得杨廷和来背。一个内阁首辅，行废立天子之实，光是御史台那帮人就能把杨廷和给骂死。于情于理，杨廷和都没办法放任朱厚熜辞职回安陆。如此这般，无路可选的杨廷和只能选择让步。

这一年的十月，朱厚熜以皇太后之礼奉迎母亲入宫，他与以杨廷和为首的内阁之间的第二回合交锋算是打了一个平手。

大约是看到局势起了新的变化，原先持观望态度的湖广总督和吏部员外郎率先上疏，附和张璁的意见，称朱厚熜之父应定号"皇考兴献帝"。然而，这两份上疏根本没有机会送呈朱厚熜御览，直接就被内阁给留存了。内阁奈何不了朱厚熜，但要想整治几个官员还是不在话下的。

事情似乎就此平静了下来，且一口气平静了三年。就在所有人都以为，此事已然尘埃落定的时候，明嘉靖三年（1524 年）七月十二日，一声惊雷平地而起：朱厚熜诏谕礼部，两日后，要为亲生父母上册文，祭告天地、宗庙和社稷。

群臣哗然：原来皇上您还没死心啊？

这一日早朝结束，群臣没有如往常一般散去，而是聚集在一起，就皇帝的此番诏谕商议对策。

就在此时，吏部左侍郎何孟春挺身而出，倡导众人道："宪宗时，百官在文华门前哭请，争慈懿皇太后下葬礼节，宪宗听从了，这是本朝的旧例啊！"紧接着，内阁首辅杨廷和之子杨慎也站了出来，大声号召道："国家养士一百五十年，为节操大义而献身，当在今日！"二人一前一后，有针对性地号召发言，很明显是要搞事情。尤其是杨慎的态度，很容易让朝臣们解读为杨廷和的态度。

又到了站队表决心的时刻了，为了避免有人首鼠两端，编修王元正和给事中张翀等索性跑到金水桥南，拦阻下朝的群臣，何孟春、金献民等人继续号召留下来的大臣联合起来同朱厚熜抗争。此时的抉择关系到每个人未来的仕途，身处激流之中的各位朝臣很难做到置身事外、作壁上观。于是乎，一幕被载入史册的壮观场景出现了：两百多位朝廷大臣集体跪在左顺门外，请求朱厚熜改变旨意。

朱厚熜第一时间得知了此事，以为他们只是闹一阵就收工回去，便没加以干涉。谁料想，两百多号人见皇帝意志坚定，于是不再仅仅只是跪着"示威"了，开始各种"才艺表演"。

一时间，哭的、闹的、高声请愿的……两百多个大臣，两百多个演绎方式，终极目标都是想让朱厚熜改变旨意。

左顺门外的喧闹声直逼文华殿，朱厚熜被吵得无法，他强压怒火，命令太监传谕群臣，要求他们立刻退朝回家。

皇帝您不答应收回成命，我们就不回家！

两百多人无视传谕的太监，继续在左顺门外伏地请旨，从早上闹到中午，杨慎等人更是带头撼门大哭，群情激奋，事情越搞越大。

如此明目张胆的"逼宫"，令朱厚熜的怒火越烧越旺，终于遏制不住地爆发了。这一次，他没有亲自出阵怒怼群臣，而是传召锦衣卫，让锦衣卫逮捕为首的八人，将他们统统下了诏狱。

"把带头闹事的给抓了，看你们群龙无首怎么闹！"

朱厚熜满以为此举足以吓退群臣，让他们适时收手，却没想到，失去了头领节制的群臣情绪更加失控，全部冲至左顺门前擂门大哭。

一不做二不休，大家鱼死网破算了！

骑虎难下的朱厚熜直接命令锦衣卫，将五品以下的官员一百三十四人下狱拷讯，四品以上官员八十六人停职待罪。

在动用了锦衣卫之后，左顺门外的这一出请愿大戏才算落幕。

为了表明自己的强硬立场，七月十六日，朱厚熜在众人的反对声中为母亲上尊号"章圣慈仁皇太后"。此时，已经无人再提出异议，一则，反对派中的骨干们还在大狱里蹲着；二则，在这个皇帝明显占上风的形势下，异议者也不敢再出头。

四日之后，锦衣卫整理完被捕大臣的涉事卷宗，上报朱厚熜，同时请示该如何处置。

已经取得决定性胜利的朱厚熜，自然不会放过这个报仇雪恨的好机会。他向锦衣卫颁布旨意：停发四品以上官员的俸禄，将五品以下官员拖到左顺门外廷杖。

就此，有了本文开头描述的场面：以丰熙为首的一百三十四号人被锦衣卫褪去官服，摁在左顺门外的地上杖责，王思等十六位官员当场毙命，场面甚为凄惨。

千万不要以为朱厚熜这一次"打屁股"的规模史无前例，虽然他很努力，但他的堂兄明武宗朱厚照于正德十四年（1519年）创下的，一次廷杖一百四十六位大臣、杖毙十一人的纪录，他依旧没有能超越。

正德十四年与嘉靖三年的两次大规模集体廷杖，往浅了说，是皇帝与群臣为某件事较劲；往深了说，是皇权与相权斗争达到白热化的表现。

为何这么说呢？

我们不妨就嘉靖三年左顺门廷杖事件本身来分析看看。

左顺门廷杖事件，归根究底，是群臣与皇帝就"皇帝认爹"的问题引发的冲突。从医学和伦理学的角度来说，兴献王是朱厚熜亲爹的事实是否定不了的。张璁的立论之所以很难被驳倒，就是因为他抓住了事情的关键点：兄终弟及的皇位继承方式是合法的。朱厚熜接的是堂兄朱厚照的皇位，与正常情况下父子相继的方式完全不同，根本不存在过继给明孝宗作皇子的概念。既然不存在过继的问题，那就可以尊奉自己的亲生父亲兴献王为皇考，另立庙门。说白了，朱厚熜愿意认谁做爹，那是他自己的事情，以杨廷和为首的群臣其实是在干涉人家的家事。

那么，以杨廷和为首的群臣为何要强行干涉人家的家事呢？

因为权力。

明太祖朱元璋在位期间，借助"胡惟庸逆案"，顺利地完成了对传统相权的分解与褫夺，将更多的权力收回到了自己手中。原先强大到足以与皇权抗衡的相权，在洪武一朝，始终处于被压制的状态。然而，随着国情和权力斗争形势的变化，朱元璋的子孙们精力有限，不得不把手中忙不过来的事务交给信任的臣下去处理。全部交给一个人去做，唯恐他将来会尾大不掉，鸠占鹊巢；把这些事情分别交给几个人去办，让他们互相制衡，显然要相对安全得多。于是，就有了内阁。

内阁的雏形奠定于洪武年间，但真正确立这个制度，却是在建文四年（1402年）明成祖朱棣夺取皇位之后。最初，内阁只是皇帝咨询政务的机构，由一至七位辅臣（内阁大学士）组成，皇帝拥有最终的决策权。然而，随着内阁的权力日益膨胀，到了明代中后期，内阁的权力已能够与皇权匹敌，成为大明帝国实际上的行政中枢。主理内阁的首辅地位形同真正的宰相，一人可以压制六部官员。唯一区别于以往宰相的地方，是他对政务只有"票拟"之权，必须仰赖皇帝用红字批示同意，才能施行。但是，每天有成千的政务奏疏，皇帝一个人是批不过来的，于是宫内司礼监的掌印太监遵照皇帝的旨意，替皇帝"批红"。皇帝这么做的目的，是想利用太监去分内阁首辅的权，用来制衡官僚集团，这是理想的状态。不理想的状态，便是内阁首辅与掌印太监结盟，一起挟制君主，比如张居正和冯保联手挟制明神宗。

左顺门廷杖事件，表面上是在纠缠"尊奉皇考"这一问题，实际上，是以杨廷和为首的内阁与新任皇帝朱厚熜在争夺政务的实际决策权，属于一场激烈的政治斗争。朱厚熜的堂兄明武宗在位期间，与内阁的斗争一直持续到他暴亡，以杨廷和为首的内阁算是最终取得了胜利。杨廷和选择朱厚熜由外藩入继皇位，是看中他年少且政治经验不丰富，更易于被内阁掌控，可以较为轻松地保住前一次"战役"的硕果。只是他没有想到，朱厚熜初来乍到，就展开了新一轮权力争夺战。最终，他输掉了这场战役，而张璁等人则以新兴生力军的身份，迅速成长为没有东宫旧僚的朱厚熜倚重的骨干。

但这并非权力斗争的终点，朱厚熜在后来的岁月里发现，张璁与杨廷和这些人本质上没有什么分别，特别是当他们成为内阁的当家人之后，都会变成与自己争权的敌人。

在这个问题上，朱厚熜的祖先们早就看透了，尤其是创立廷杖制度和锦衣卫的明太祖。

廷杖之令出自大明天子，杖责对象为朝廷大臣，执行廷杖的是锦衣卫，目的在于震慑朝臣，使之身心皆苦，借以警告那些敢于与皇权一争高下的"忤逆者"。

奈何，"忤逆者"并没有因此而减少，反而是前仆后继。

既然警告无效，皇帝们便只能放大招了。这个大招就是锦衣卫及其逸出司法体系的监察、侦缉和审讯功能。

最初，锦衣卫的监察、侦缉功能主要针对确实有罪的职官，只负责将监察结果汇报给皇帝，然后奉命侦缉，再送往司法部门按律定罪。后来，情势发生了变化，权力斗争益发激烈，为了斗争的需要，锦衣卫的职能被不断扩大，监察、侦缉的对象也随之扩展到处于斗争对立面的官僚集团，成为皇帝打击政敌的利器。在明英宗与"夺门之变"功臣集团之间的较量中，锦衣卫的侦缉活动就发挥了不可替代的作用，以致在史料中留下了"卫（锦衣卫）卒伺百官阴事，以片纸入奏即获罪，公卿大夫莫不慴恐"的文字记载。在这样的背景下，是与非，黑与白，界限变得模糊，一切都只围绕着"争取权力斗争的胜负"这一个宗旨。

作为皇权的延伸，锦衣卫只不过是大明天子用来与官僚集团博弈的左膀右臂，依托于皇权行事。当皇权在权力斗争中处于下风之时，政治氛围紧张，锦衣卫就会被皇帝重用，成为皇帝钳制相权的重要手段。当皇权与相权势均力敌的时候，锦衣卫的能量就会被皇帝适度限制。而当皇权占据上风之时，政治氛围宽松，为了给官僚集团展示"共治天下"的姿态，锦衣卫就会被皇帝雪藏，甚至被拿出来作为向官僚集团"示好"的礼物。明孝宗就曾说过"吾独与共天下者，三公九卿也"这样的话，绝口不提锦衣卫对三公九卿的监察与侦缉。他的这种姿态，使得他在位期间任用的三位锦衣卫指挥使都谨小慎微，不敢逾越雷池半步。明孝宗执政的弘治年间，也被史家歌颂为清平之世，各种褒奖。

如此一总结，我们会发现，锦衣卫所扮演的角色实际上挺尴尬的。它随时要替皇帝化身成恶犬去咬人，也随时有可能被皇帝出卖，成为皇权与相权化干戈为玉帛的"见面礼"和官僚集团"泄愤"的对象。它再如何消长，都无法从真正意义上危害到皇权。说到底，它只是一个工具罢了，一个用来转移仇恨的工具，一个用完便弃若敝屣的工具。

广受其害的官僚集团对锦衣卫没有好脸色，对其恨得咬牙切齿，这是情理之中的事，也是锦衣卫臭名远扬的重要原因。掌握国家文史资料汇编权力的官僚集团不会对不起自己手中的笔，毕竟再有涵养的人，也没办法对迫害自己的敌人报以真挚的微笑。所谓"以德报怨，何以报德"，更何况官僚集团与锦衣卫的关系本就不是"结怨"这么简单。

这便是官僚集团与锦衣卫组织之间的"仇恨"由来。

然而，世事总有不易被人关注的另一面，比如官僚集团与锦衣卫之间也是有"爱"的。这份"爱"通常在官僚集团内斗的时候，会集中体现出来。

我们不妨来看两个生动的案例。

第一个案例发生在明世宗朱厚熜执政后期。此时，权臣严嵩势力庞大，几乎到了一手遮天的程度。尽管有许多官员出于正义先后上疏弹劾严党，成功的却寥寥无几，兵部员外郎杨继盛便是这失败大军中的一员。

杨继盛开列严嵩"五奸十大罪"上疏明世宗，要求按律处置严党，由此结怨于严嵩。严嵩处心积虑地欲置杨继盛于死地，于是借其奏疏中"召问二王（裕王朱载垕、景王朱载圳）"之言犯了明世宗的忌讳，暗中向明世宗进谗言，指控杨继盛与二王结党，图谋不轨。明世宗闻言大怒，直接将杨继盛下了诏狱，诘问他攀扯二王意欲何为。杨继盛辩称，是因天下唯有二王不惧严党。这样的辩解，给他招来了一百廷杖，杨继盛几乎丧命，而后又被关押在锦衣卫执掌的诏狱长达三年之久，饱受折磨。

很明显，在这件事上，严嵩利用了明世宗的信任与忌讳，借锦衣卫的手打击迫害敌对的杨继盛，震慑了一众异己。在他掌权期间，类似事情时有发生，而杨继盛只不过是其中比较触目惊心的一例罢了。

严嵩摆布明世宗，拿锦衣卫做工具打击、排除异己，锦衣卫被动地成了他的盟友。而在张居正"夺情"事件中，锦衣卫则疑似被明神宗拿来做"人情"，送给张居正解决官僚集团的内部斗争了。

万历五年（1577年）九月，内阁首辅张居正的父亲张文明在老家江陵去世。按照明代的礼制，张居正应当辞官返乡，守制三年，即"丁忧"。一路在官场奋斗到内阁首辅的位置，这一丁忧，正在攻坚阶段的改革成果势必不能巩固，张居正的心里很是复杂。年少的明神宗内心也很复杂，他对老师张居正的依赖心相当重，不希望他离开朝堂，所以特地两次下诏“夺情”，不允许张居正返乡丁忧。

连续的上疏乞守都被皇帝“夺情”，张居正返乡守制的决心开始动摇，他不再反对“夺情”，认为“忠孝难以并重”，内心也愿意留下来继续主持工作，只是担心朝臣的闲言碎语。

果然，明神宗“夺情”的诏书一公布，朝中上下一片哗然。很快，官员们分化成了两派，一派赞成，一派反对。赞成“夺情”的人多是受过张居正提携的朝臣，在仕途上很依赖张居正，不管从自己的利益出发还是为了别的，无不积极站出来为张居正的“夺情”造势。而反对“夺情”的人则认为，在“以孝治国”的大明帝国，内阁首辅十九年不回家探望父母，已经够不孝了，如今连奔丧守制都懒得做，实在有悖伦理，以后还如何做天下人的表率？客观地说，考虑到张居正个人在朝野的声望，反对者的声音也不是全无道理。

被困在舆论漩涡中的张居正对此态度暧昧。这份暧昧在明神宗看来是一种暗示，一种对“夺情”的默许；可是，在反对“夺情”的官员们看来，却有撺掇皇帝，带头违反祖制，替自己谋利的嫌疑。一时间，弹劾的奏疏纷纷飞向明神宗的御案，认为张居正“独断横行”“自用太甚”“置纲常于不顾”。对此，明神宗采取了强硬的措施，凡是上疏弹劾张居正“夺情”一事的官员，尽数交由锦衣卫处以廷杖，并逐出京师。在连续廷杖了五人之后，朝野的反对声终于消失了。

张居正顺利地守住了改革的硕果和个人的权位，却丧失了以往努力树立起来的威信。经历了这一番折腾，特别是被自己的门生弹劾，他的用人观念也从选贤任能变成了任人唯亲，向着专权而去。为了专权，他开始频繁利用明神宗对自己的信任，指使锦衣卫铲除异己，扩大党争的战果。最终，他的目的达到了，但他身死之后举家被抄，这是皇帝耗干了所有的耐心，迫不及待地开始了清算。

确切地说，严嵩与张居正能够借锦衣卫之势为自己办事，归结到底，利用的还是皇帝的信任。只有在这个前提下，锦衣卫才能够介入官僚集团的内部斗争，并作为一个工具，提供给特定的对象使用。这也从侧面证明，锦衣卫的依附性过强，令其很难成长为一股独立的政治势力，并参与大明帝国的权力角逐。

故此，一概而论地将锦衣卫视为流氓政治的集中体现，将官僚集团视作一身正气的社稷匡扶者，黑白分明，真的只是垂髫小童的认知水准。史书中的政治斗争，阴谋也好，阳谋也好，远比我们能看到的寥寥几笔文字复杂得多，晦暗得多。若只看春秋笔法下的文字本身，是非论断，仅凭各人判断；然而，春秋笔法的背后，事件之间千丝万缕的联系，往往最容易被忽视，却又深藏着文字表象之下的真相。这真相无关乎道德，无关乎对错，只关乎利益的分割。在这一点上，任何政治集团和个人奉行的都是一样的准绳：唯利是图。

锦衣卫与官僚集团的恩恩怨怨，讲到底，只是大明天子制衡之术的结果。官僚集团对锦衣卫的恨，也只不过是得罪不起天子，转移目标，给自己找一个发泄渠道罢了。自己还要仰赖皇帝混饭吃，名誉、地位和薪俸都要皇帝给，实在气不过，就骂一骂皇帝的看家狗解恨。况且，皇帝心情好的时候，还会把看家狗借给自己带出去打架拼膀子，也不是全无好处可言。清名到手了，狗也骂了，对皇帝的不满也点到即止地发泄了，名利双收，真可谓是一桩稳赚不赔的好买卖。

第十一章

我们来自五湖四海！

锦衣卫中的达官

众所周知，中国是一个多民族的国家，从上古开始，便处于多民族杂居的状态。这么多民族生活在一起，冲突与融合自然成了一个永恒的课题。因此，历代王朝如何处理各民族之间的关系，采取怎样的民族政策，成了维持国家政体稳固所不能忽视的问题。

在这个问题上，作为一个统一的国家，大明帝国也面临着同样抉择。大明帝国的北疆与北元接壤，早期不得不直面蒙古部落南下的冲击。这个外部压力可以说伴随大明帝国始终，尽管后来蒙古诸部分裂了，但仍然时不时会出现游牧民族纵马南下、帝国京畿告警的情况。至于帝国的西北、西南和东北边疆，也不是很太平，按下葫芦浮起瓢，这使帝国在解决民族问题上颇费思量，耗费了不少的精力和物力。当然，如是处境也不是大明帝国独一份，只是时代在发展，民族问题也在不断变化，这个传统命题到了大明帝国统治时期，又增加了新的内容和难度罢了。

这是一个大航海的时代，国与国的关系不再如以往那样，仅限于陆地上的邻里相处。虽然说，大明帝国最终与大航海时代带来的机遇擦肩而过，却依旧被动地卷入其中，唯有打起精神来面对世界变革带来的各种国际问题，才能维系整个华夏的与时俱进。

许多去过西北的旅人，目睹当年大明帝国对嘉峪关外近乎敷衍甚至放弃式的治理，大多心生感慨，认为明朝的君臣太过消极。也因为这个原因，后人对清朝奠定现今中国的疆域是持肯定态度的，认为清朝在这个问题上至少是积极的，尤其在多民族的共治上有卓越表现。其实，在了解了明代的达官制度后，相信诸君会发现，明朝君臣在民族政策和疆土拓展上过分消极，这个评价是有失公允的。

那么，什么是达官制度？这个制度本身对大明帝国的开疆拓土和国体的稳固到底有着怎样的意义？达官制度与锦衣卫又有何干系呢？

达官，又称"鞑官"，一般指供职于大明诸卫所的归附而来的蒙古、女真、色目等少数民族将领。这中间有一个约定俗成的区别，即"达官"多指明永乐年以后的归附者，"鞑官"则多指永乐年之前的归附者。

少数民族对大明帝国的归附，至少从洪武年间就已经开始了。

洪武五年（1372 年）的春天，明太祖朱元璋派遣三路大军，发动了"岭北战役"，旨在彻底消灭退居和林的北元势力。意外的是，此役中除了西路军冯胜部获得胜利之外，其余两路大军都铩羽而归。发动此战的目的最终没有实现，而原本形成军事对抗的明元双方格局也发生了细微的变化。之前一直处于防守状态的北元士气大振，明朝一方却因为没能取得全面胜利而陷入士气低谷。明初的社会生产尚未完全恢复，国力屡弱，难以频繁北征，面对这样的现实，朱元璋不得不改变对北元的政治军事策略，放弃武力征讨，改用分化和招徕北元旧臣为主，以此削弱北元的实力。

为了消除长年与明将作战的元朝旧臣畏惧投降后遭到报复的顾虑，朱元璋亲自撰写书信，表明明廷招徕和优待降人的政策。在这封题为《与元臣乃儿不花书》的书信中，朱元璋郑重承诺，对于元朝旧臣与明对峙期间各为其主的行为既往不咎，只要是南下归附的，一概厚待，赐以宅邸、衣食、俸禄，还其旧职。

这一举动无疑增加了北元官民对大明的好感，于是洪武五年至十五年的十年间，不断有故元国公、王子、郡王、知枢密院、金院、平章、右丞等人归附明廷。到了洪武二十年之后，归附的人更多了，几乎每个月都会有故元蒙古贵族和王公大臣率部归降，其中也有大量的蒙古平民自愿来降。这么一来，北元国力锐减，给了大明帝国一举发动两次北征的机会，最终迫使北元从内部分裂，缓解了大明北境的军事压力。

根据相关学者给出的研究数据可知，洪武一朝，蒙古、色目和女真等族归附的官兵至少达到六十至七十万人之众。这对大明帝国迅速扩充自身实力，起到了关键性的作用。

这么多的少数民族贵族和军民，一下子全部接纳到内地，如何妥当安置是一件需要慎重考虑的事情。不过，明太祖既然敢写招降的书信，自然是有后招的。这个后招，就是以达官制度为核心建立起来的一系列少数民族政策。

遵照自己在招降书信里给出的承诺，明太祖将南下的归附者们根据之前的社会地位进行了新的分配。以前是贵族、官员者，依旧授予官职，但不予实权，名为"达官"；以前是老百姓的，还是老百姓，即"达民"；而以前是职业军人的，则打散了编入卫所，随汉军一起作战，被称为"达军"，待遇与汉军大体相当，唯一的优待是不用承担赋役。明成祖继位后，人亡政不息，继续深化这一制度，实行"降者抚之，顺者怀之"的招降政策，四方归附的少数民族就更多了，继而掀起了又一个归附高潮。

实际上，大明帝国存续期间，大规模的少数民族归附活动主要都集中在洪武年间和永乐年间。前者是为了对北元作战而进行的招抚，后者是缘于军事行动频繁——如"靖难之役""明成祖五次北伐"等，再加上郑和下西洋与会各国，都需要少数民族共同出力。不过，这并不是说，永乐年之后的少数民族就不再归附了，只是规模上不及前两次宏大罢了。

从《明实录》等文献中能够看到，自明太祖建立达官制度以后，这些归附的贵族和官员在政治上很快形成了一个特殊的群体。既然是一个群体，又是前朝的旧臣，在管理和安抚方面就不能掉以轻心。于是乎，把这群人交给什么部门来管理，安置在什么区域，成了大明君臣手中最棘手的问题。

总体而言，明廷针对这些归附者的实际情况，采取了不同的处置策略。除了就地安置和移居京城之外，还有一部分在随军征讨的过程中就被迁徙到了全国各地，譬如西北陕西都司及行都司、山西都司及行都司、大宁都司、万全都司和辽东都司等，这些地区基本上都属于达官的聚居区。

就洪武和永乐两朝的情况来看，明太祖将这些归附者安置在南京及其周边地区（包括应天、凤阳、淮安、扬州、庐州、徐州等府），一则便于及时解决他们的各种生活问题，二则便于监控他们的行动。这些达官多被安插在首都诸卫所中，编为军户，各自安排任务，随时听候调遣。明成祖统治时期，也沿用了这一方法，并且不再拘泥于将他们安置在南京周围，北京及其周围地区（包括顺天、保定、真定、河间等府）和湖广、山东等地也逐渐成为可供安置的选择。

明成祖迁都之后，至明正统元年（1436 年）年底，北京的达官数量不下万人，占据了畿民三分之一的比例。在这种情况下，两京的达官形成了一个"京师达官"的群体。为了防止他们脱离掌控，大明君臣经过反复斟酌，将他们交由两个带俸卫所来管理。

哪两个带俸卫所呢？

答案是锦衣卫镇抚司和保定诸卫所。

分配在这两个带俸卫所之下的达官有什么不同吗？

哪些人由锦衣卫镇抚司管理，哪些人由保定诸卫所管理，并不是随机分配的，而是根据归降达官的背景差异进行安排。更进一步说，达官的去向取决于其自身所处的位置——部落核心圈之内，还是之外。

由锦衣卫镇抚司代为管理的达官，主要是故元王公大臣、军官将士，即需要提供优厚待遇，却进行严密防范的人群，这些人需要被牢牢地锁定在明朝政府的控制范围内。而安置在保定诸卫所的达官，则以西北塔滩蒙古为主的内迁归附鞑靼部众以及部落核心圈之外的人群为主。这些人对明帝国政权的稳固性威胁有限，所以可以交由下级机构管理，适当地放宽监控。

在这里，我们将重点讨论锦衣卫镇抚司管理下的达官，也就是有锦衣卫官职的达官。

在《锦衣卫选簿》中，记载了二百余位有名姓的达官，他们全部受辖于锦衣卫镇抚司，档案上都标注有"锦衣卫镇抚司带俸"或"锦衣卫镇抚司带俸安插"等文字说明。根据档案中的文字可知，这些达官直接由镇抚司管辖，并没有像其他卫所里的军人那样，细分于各千户、百户中，更与锦衣卫本身下辖的指挥、千户、百户毫无瓜葛。不过他们这个群体在待遇上，优厚于其他武官，"其月支俸米较之在朝官员亦三分之一，而实支之数或全或半又倍徙矣"的记录佐证了这一点。

因为属于军籍，所以帝国的卫所制度在这群锦衣卫达官身上也是通用的。他们的后代与其他武官及军户一样，职业和职务都是世袭的，唯一的区别大概只是其他武官和军户有具体的工作任务，达官们更多时候是处于"养老"状态，除非特殊情况发生，比如外交出使、地方叛乱、民族冲突、边境议和等等。

我们不妨由一道圣旨来引入一个达官家族的故事。

明弘治四年（1491 年）五月，一道来自宫中的圣旨，被太监送到了锦衣卫带俸都指挥佥事昌佐的面前。圣旨的内容很直截了当："命浙江都司署都指挥佥事张洪管理本司事，锦衣卫带俸都指挥同知何忠、都指挥佥事昌佐、府军右卫带俸署都指挥佥事杨泰俱铨注各都司，佥事管事。忠，河南；佐，四川；泰，江西。"

确切地说，这是一道来自明孝宗的军事调遣令，目的是应对当时四川地区的动荡形势。诸位在前文的圣旨内容里，都看到了"带俸"两个字，根据已有的常识，说明他们都是通过荫封获得的武职或者本身就是特殊身份的达官。尽管没有确凿的证据显示何忠、杨泰是达官，但可以确认的是，昌佐是锦衣卫达官身份。

昌佐的祖父叫昌英，回鹘人，永乐二年承袭其父松忽儿的羽林前卫副千户的官职，并被朝廷升为羽林前卫正千户。从袭职时间和升职时间推测，昌英的父亲松忽儿很可能死于"靖难之役"，因立有战功，昌英得以荫封。从这一点可知，昌佐的家族，至少在洪武年间，就已经归附了明朝。尽管没有在第一时间成为锦衣卫达官，但其达官世家的身份，应该没有什么异议。

昌佐的祖父昌英袭职之后，被送往翰林院学习翻译，具体的方向可能是蒙古文和西域文。九年之后，昌英获得了皇帝御赐的"昌"姓，从此不再使用自己的回鹘名，他的原名就此佚失了。也是从永乐朝开始，昌英以其卓越的外交和军事才能活跃在历史的舞台上，出使过和宁王阿鲁台以及也先土干所掌控的少数民族部落。基于他出色地完成了任务，又有丰富的外交经验，明洪熙元年（1425 年），明仁宗晋升昌英为羽林前卫指挥佥事，继续委之以外交重任。明宣德三年至四年（1428—1429 年），昌英多次赴西域等地出使，因公再次升任羽林前卫都指挥佥事。其晋升的速度，足以说明昌英的才能非常出色。

宣德六年，已经归附明朝的东蒙古人向朝廷通报了一个消息：和宁王阿鲁台受到蒙古瓦剌部的压力，又恐惧明朝对其发动进攻，心绪不宁，恐有动作。明宣宗立刻派遣阿鲁台的老朋友昌英前去，对阿鲁台加以抚慰，力图打消阿鲁台的疑虑，继续保持其部落与明帝国的友好关系。然而三年之后，阿鲁台及其部众突然遭到瓦剌部袭击，兵败后不得已避居母纳山（今内蒙古乌拉特前旗乌拉山）。熟料，安顿下来没几日，他们又遭到瓦剌首领脱欢的攻击，再一次战败，阿鲁台也被脱欢所杀。阿鲁台的儿子阿卜只俺收集残部，派遣头目伯木儿等人南下大明叩关，请求归附。明宣宗得讯后，命太监王贵和羽林前卫都指挥佥事昌英等人为使，前往接收阿鲁台残部，并厚赐礼物加以抚慰。鉴于阿卜只俺顺利归附，作为办事人员的昌英被提升为羽林前卫都指挥同知。

阿鲁台残部的归附，意味着明帝国与北方游牧民族，尤其是日益强大的瓦剌部的对峙之势更加严峻。昌英成为羽林前卫都指挥同知后，随即因形势的变化，从外交职务转向了军事守御工作，随同太监王贵镇守甘肃，抵御蒙古入侵。然而，昌英第一次接触战事，就因为甘肃守将内斗导致反击入侵不利，他唯恐被处罚，便伙同一众人冒取蒙古遗留的老弱为三岔河战功，升为都指挥使。很快，冒功之事被揭发，兵部尚书和兵部侍郎等人联名弹劾昌英，皇帝震怒。无奈木已成舟，此时降职处罚影响太大，于是皇帝命令他杀贼立功。昌英领命后，于鱼海子等处擒获蒙古人立功，一雪前耻。

几年后，因为战功赫赫，昌英被皇帝召还京师，并从羽林前卫调任锦衣卫带俸，担任负责对外事物的通事一职，兼在四夷馆教译书。从此，他的军旅生涯告一段落，重新回归到了主管民族事务的岗位上。朝廷之所以有这样的调度，是因为正统六年（1441 年）后，大明与瓦剌及其他北方游牧民族的大规模往来变得频繁，朝贡到京的使节们往往因为风俗习惯和民族文化差异，无法严格遵守明朝的礼节与制度，引发了许多纠纷。譬如正统八年（1443 年），瓦剌使臣和女真使臣在朝廷宴会结束后，由于醉酒引发了冲突，混乱之间，双方夺取卫兵的武器，以致伤人。明英宗大怒，宣谕双方首领管教手下，并责备昌英等人不能导之以礼，罚他们戴平巾供事，算是略施薄惩。

五年后，女真使臣在朝觐之前又一次先将随行货物入市强行交易，与会同馆管理人员争执殴斗，再次引得明英宗震怒。他传旨都指挥使昌英等人前往会同馆责问女真使臣，并下令严厉处罚贡使，杖三十，以儆效尤。尽管如此，少数民族直接与朝廷发生冲突的情况依旧时有发生，昌英的工作成了沟通双方不可或缺的桥梁。

然而，"土木堡之变"的发生，改变了昌英的人生轨迹。明英宗亲征瓦剌做了俘虏，他的弟弟明代宗从监国变成了国君。瓦剌的锋芒毕露在明代宗的心里留下了巨大的阴影，在这样的背景下，大明与蒙古的关系转入了冷战状态，昌英在外交方面的工作陷入了停滞，继而被皇帝调离原来的岗位，升任后军都督府都督佥事，转去三千营练兵。尽管之后仍时时因为与瓦剌的交涉等问题，昌英被迫在军务和外交事务间来回折腾，但终究没有能将明初以来形成的招抚政策继续贯彻下去。昌英死后，明廷一直以来在民族政策上的积极主动，转变成了消极的被动防御。

从翻译到外交官、军事长官，昌英作为其家族归附明帝国以来的第二代达官，人生轨迹相当清晰，为明帝国在民族统战问题上做出的贡献有目共睹。

昌英的孙子昌佐接手父祖的武职，成为第四代锦衣卫达官时，他所面对的局面已是全新的了。

昌佐于明成化十二年接过父亲昌永彭城卫指挥同知的职务，与父祖一样很快调任锦衣卫带俸。随后，因四川形势动荡，他又升任为锦衣卫都指挥佥事，被明孝宗派遣去四川带兵镇守。

明弘治十四年（1501 年），在四川镇守了十年的昌佐被兵部调回京师，担任神机营左哨管操。神机营的名号在当时是响当当的，创建于永乐年间，属于京城禁卫军三大营之一（其余两营为五军营和三千营），主要装备有火枪、火铳等火器，后期还配备了火绳枪，算得上是独立枪炮团建制，领先西班牙火枪兵一个世纪左右。继祖父昌英担任三千营管操，昌佐也进入神机营担任重要职务，足见皇帝对昌氏家族的重视和信任。

明武宗即位后，四川松潘地区的少数民族再度发动叛乱，迫使帝国不得不加强对川西北的军事防御。针对这一特殊形势，考虑到昌佐镇守四川的工作经历，明正德二年，兵部任命昌佐为左参将，会同四川当地官员，协理防守松潘东路地区。第二年，松潘副总兵回京述职后，昌佐接替其职，继续负责监视松潘地区少数民族的叛乱动向。五年之后，他再度升任署都督佥事，转为总兵官，独自镇守四川，最终以武力镇压了川西地区的松潘动乱，稳定了川西北的整体形势。

相比祖父昌英集统兵、外交、翻译于一身，昌佐这辈子的工作内容要单一得多。他生命中的绝大多数时间都在军旅中度过，曾两度镇守四川，且都是使用铁血政策，甚少像他的祖父一样采取拉打结合的方式完成朝廷交代的任务。关于这一点，他还遭到了朝廷中枢大臣们的质疑和弹劾。好在他最终稳定住了川西北的形势，一俊遮百丑，众多的弹劾也没能动摇他在皇帝心目中的地位，依旧将镇守贵州的重任交给了他。

在他之后，疑似他后裔的昌寿[1]亦被皇帝委以重任，于明嘉靖三十五年（1556 年）担任辽东都司掌印署都指挥佥事，充任神枢营（三千营）参将，八年后再任五军营坐营署都督佥事等一系列官职。

作为达官世家，昌氏家族自昌英开始，就对明帝国的外交和民族政策不断地做出贡献，轨迹覆盖西北、北方和东北三个区域，对象涉及蒙古（瓦剌部、鞑靼部）、女真，以及松潘地区和西域地区的各个少数民族，可以说执行了明廷在民族问题和外交方面不同阶段的不同政策。尤其是昌英，在其任职期间，还负责了翰林院的翻译人员教学和少数民族文献翻译等工作，对明帝国外交人员的培养做出了特殊的贡献。

类似昌氏这样的达官家族相信不在少数，只是流传下来的历史文献有限，后人无法获知更详细的内容。但从《锦衣卫选簿》《明实录》和《武职选簿》中的寥寥几语里，我们还是能一瞥这些归附达官的身影，以及他们为推动历史进程做出的努力。

---

[1]《明实录》中并未明确指出昌佐与昌寿的关系，但以事理推之，昌寿为昌佐后裔的可能性很高。

以洪武年间归附的亦剌思家族为例。

亦剌思归附后，被明太祖任命为南京锦衣卫千户，并在洪武和永乐年间多次奉命担任出使瓦剌的使者，后因功获得锦衣卫指挥使的武职。亦剌思去世后，他的儿子马哈麻因父亲的功绩而袭职为锦衣卫指挥使，继承了父亲的外交事业，在明朝与瓦剌的外交活动中担任正使。"土木堡之变"后，马哈麻因为是随军使者，与明英宗一起被瓦剌大军虏劫去了蒙古。在蒙古做战俘的日子里，他随侍在明英宗身边，陪伴左右，直到明英宗重返京师并夺回帝位。明天顺元年（1457 年），马哈麻由锦衣卫带俸都指挥使升任后军都督佥事，深得明英宗喜爱，并被赐名"马政"，时常出使瓦剌。大约是一起共患难过，明英宗对马哈麻的感情很深，为了投桃报李，对他的家族也宠遇倍至。马哈麻死后，他的儿子马鉴及其后的子子孙孙都被任命为南京锦衣卫指挥使，继续子承父业出使瓦剌及大明周边各方政权，直到明朝灭亡。这个外交官家族因为世居南京，最终也成为南京当地的一大望族，被载入史册。

值得特别一提的是，当年"土木堡之变"随马哈麻出使瓦剌的副使哈铭（杨铭）也是锦衣卫达官出身，后来做到了锦衣卫指挥使。他的父亲哈只（杨只）是归附的蒙古人，主要工作是担任明帝国瓦剌使团的通事。哈铭自幼跟随其父学习通事技能，也常侍奉在明英宗身边，与明英宗感情很好。明英宗深陷瓦剌之际，哈铭默默陪伴在侧，帮着明英宗跟也先等蒙古人传话，在异地他乡抚慰着明英宗那颗孤独的心。

由亦剌思家族与哈铭家族的案例可知，锦衣卫达官最主要的工作职责，还是以担任外交使节为主，略逊一些的则因其先天的语言优势充任通事之责。

撇开军事作战、外交和谈、翻译交流这三个主要职能，也有一些达官是由于别的特殊才能被吸入纳锦衣卫体系的。

明正德二年九月庚午，一个名叫差纳麻的人及其兄长伍喇马力被任命为锦衣卫百户。他们成为锦衣卫达官的原因，只是因为进贡了狮子。狮子在当时一度被视为神兽麒麟一般的稀罕物，能驯养狮子的人，在时人看来都不是凡人。为了饲养并训练好"神兽"，皇帝以优厚的待遇挽留这对兄弟，希望他们能留下来当"神兽"的驯养员。这对兄弟也不客气，直接跟皇帝要官做。根据成例，皇帝任命他们为锦衣卫百户，专门负责照顾"神兽"的起居。按照现在流行的说法，这算是以优厚的待遇，引进先进技术了。

连驯养员都能凭借一技之长讨到锦衣卫的金饭碗，这群达官在大明帝国似乎很容易混出名堂。其实，未必如你所想的那么轻巧。

出于各种目的归附明帝国的少数民族很多，仅永乐、洪武两朝就有六七十万人，更别说一直延续到明末了。这就意味着归附的达官总数很多，但能在史书上留下痕迹的毕竟只是少数，能成为有名望的世袭大家族的，更是凤毛麟角。事实上，大多数达官群体在岁月的流逝中，融入了更为广大的汉人之中。

我们通过两个颇具代表性的达官家族的婚姻关系网，来看一看他们的融入情况。

第一个达官家族姓吴，为恭顺伯吴允诚的后代。吴允诚是蒙古人，旧名把都帖木儿，故元朝平章事。明永乐三年，他带着妻子及部众自甘肃归附，被明成祖授予右军都督佥事，命其率领部众往凉州耕牧，后晋封恭顺伯。吴允诚的三个儿子中，长子达兰（吴克忠）、三子吴克勤在"土木堡之变"中战死沙场，次子吴管则以功封广义伯。吴允诚三个儿子的妻子都娶自达官之家或武官之家，而他的三个女儿中，长女和次女均嫁给了达官，幼女则入宫成为明成祖的妃嫔。继姑母之后，吴允诚的孙女也进宫做了明宣宗的妃嫔。也就是说，吴氏家族两代女子都有入宫与皇族通婚的记录。

第二个达官家族姓李，为会宁伯李南哥的后代。李南哥，西宁人，沙陀族后裔，西宁土司出身，洪武年间即率众归附，授职西宁卫指挥佥事。他的两个儿子，长子李英获封会宁伯，次子李雄，授职锦衣卫千户。李英的儿子李昶"用儒术崛起"，孙子李巩更是以科举涉足文职，为其子李宁迎娶了明英宗之女重庆大长公主的后人。李宁一度做到了锦衣卫指挥使的高位，但是因为无子，不得不过继侄子李崇文为后。李崇文的后代婚姻几乎遍及锦衣卫和其他诸卫所中高级武官，无论是否为达官家族。

受限于篇幅，吴姓与李姓家族婚姻的细节，无法在此一一详细开列；但在这两个家族的婚姻记录中，我们可以归纳出一些有趣的特点和变化。

其一，达官家族的通婚对象由族内子弟，向着族外的武官世家拓展，即与汉人联姻。可以确信的是，汉人的文化习俗与少数民族迥异，这对联姻的双方而言，意味着冲突与考验。最初的族内通婚无疑是避免冲突，保证民族血统纯正，延续民族习惯的最好方式；但是，这些达官家族却渐渐放弃了这一传统，选择与汉人武官通婚。之所以这样，是因为这些达官家族的后裔长期接受汉文化的熏陶，已经高度汉化，这也是汉人武官愿意接受达官女婿或媳妇的根本原因。更重要的是，对这些达官家族而言，能与汉人武官家族联姻，就意味着自家在大明的朋友圈又得到了拓展，在政坛上的地位也变得更加稳固。

其二，达官家族不仅与汉人武官联姻，还与文官甚至是宦官家族联姻。这一点与汉人武官家族区别很大。汉人武官家族往往基于文武之间的传统冲突，多在武官圈内选择联姻对象，很少与文官群体有交集。之所以如此，主要是因为明代的文官地位普遍高于武职人员，以文官节制武将也是明确于朝廷典章制度的。因此，文官群体与武职人员之间实际上缺乏平等对话的条件。而达官家族尽管也是武职人员，但因为有达官这个特殊的身份在，特别是许多达官原就是某部族的首领贵胄，与普通的汉人武官家族相比，地位家世都要略高一些。不少文官考虑到这些达官后裔已经汉化，地位又特殊，故而愿意与之通婚，各取所需。至于与宦官家族通婚，不言而喻是为了攀附宦官的权势，壮大自己的势力。

其三，达官家族与皇室通婚。明朝的皇室嫁娶与以往的时代颇多不同。除了明初的特殊时期，后来几乎都是皇子娶民女，公主下降微末小吏或普通官员。不过，这并不是说皇室婚姻关系中，就没有因政治目的或皇帝个人喜好而娶的社会中上层女子。明朝皇帝的后宫之中，朝鲜人、蒙古人、色目人都有，其他少数民族的妃嫔也不鲜见，这里面就有许多达官家族出身的女子。皇室这么做的目的，是为了稳定社稷，笼络某些处于重要位置的达官为自己效忠。

以上这三点虽然看上去微不足道，但却是揭示了明太祖所制定的民族政策是老谋深算、深思熟虑的结果，他不但要充分利用达官家族的特长为己所用，还要千方百计地笼络他们主动汉化，向朝廷和汉人群体靠拢，将其逐渐驯服为温良恭俭的顺臣、忠臣。

从某种意义上说，明太祖此举加速了民族融合，稳定了大明的社稷江山，也为后来的少数民族政策的制定提供了宝贵的经验。因此，许多人认为继明朝之后，清朝的民族政策更先进、更杰出，远胜于明朝，委实有些为自己的立场大唱赞歌，故意无视两朝各自面对的环境之嫌。明朝建立之初，境内境外的民族关系处理起来相当棘手，民族的成分构成也非常复杂，元朝留下的很多国家政策、体制方面的问题更亟待解决。这些对于一个新生政府以及其领导人的内政外交水平，是一个巨大的考验。相对而言，清人在未入关前，就已经形成了满蒙联姻的传统，至少在北部漫长的国境线上，没有太大的国防压力，国内的很多民族政策或延续明朝的传统方式，或通过宗教手段来加以控制，有前人经验可以借鉴，总是要好一些。今人在两者内政外交能力评价上的厚此薄彼，刻意切断二者之间的承继关系，则多少有些凭个人喜好下结论，有失公允。

第十二章

大佬的 AB 面！

锦衣卫指挥使的善与恶

永乐十三年（1415 年）正月里的一个雪夜，一个衣衫单薄的醉汉被几个锦衣卫架着，借着夜色的掩护，匆匆离开了守卫森严的诏狱。

他们在厚厚的积雪中跋涉，没走出多远，便停下了脚步，将那个醉汉置于一旁，开始着手铲雪。

一锹一锹的雪挥在了醉汉身上，而醉汉躺在地上，仍在醉梦中徘徊，对于覆在身上的冰冷的雪毫无反应。终于，锦衣卫们铲起的雪彻底掩埋了那个醉汉，夜风里连一丝酒味也闻不到了。

这是杀人现场？

没错，他们正在执行一项杀人任务！

到底是什么人，需要用这么特别的方式来处死？下令处死他的又是何人？

这个被积雪掩埋已经僵死的醉汉，正是赫赫有名的《永乐大典》的主编解缙。至于下令处死他的，不是别人，正是明成祖朱棣最信赖的锦衣卫指挥使纪纲。

确切地说，纪纲是在替他的主人朱棣清理掉碍眼的人。

一度红极一时的解缙，怎么就碍了朱棣的眼？实在是他卷入了太子朱高炽和汉王朱高煦的夺嫡之争，犯了朱棣的忌讳。加上他自视甚高，行事又过于张扬，最终被以"无人臣礼"的罪名下狱。

强要说解缙有什么通天的大罪名，倒也真的找不出来，可是朱棣又实在看他不顺眼，不想就这么把他放了。于是，他寻个理由，把解缙撂进诏狱里，眼不见为净。

是杀是放，朱棣作为领导始终不发话，因此谁也不敢把解缙轻易给发落了。作为管理诏狱的一把手，纪纲自然也不敢轻举妄动。虽然解缙吃了很久的牢饭，但毕竟是太子朱高炽的死党，朱棣也没有让汉王朱高煦取代太子的意思，照这样看，天下迟早是太子的，纪纲也没必要去得罪未来的大明天子。

本来事情拖下去，拖到朱棣驾鹤西游就完美解决了。孰料，这一天朱棣翻看纪纲呈上的诏狱在押犯人的囚籍，不经意看到了解缙的名字，故意叹道："解缙还在啊？"

换作一般人，估计会立刻给领导回话，解释解缙目前的情况，并趁势向领导请示如何发落，但纪纲没有，他没有解释，也没有请示，只是沉默着。

因为纪纲心知肚明，这是一个不需要用语言来回答的问题，朱棣要的是行动——让解缙从此消失。

在杀解缙的问题上，朱棣不会给明旨，如果能给，就不会拖到现在。现在他要解缙消失，且不落人口实，最好的方式就是让解缙"自然死亡"，比如病死狱中。可是解缙正值壮年，想要他短期内迅速"病故"，这多少有点强人所难。不过，这难不倒对"花样杀人"早已轻车熟路的纪纲。

当晚，纪纲命人备上好酒好菜给身处诏狱的解缙送去，待其饮醉后，将他埋入了积雪之中。醉酒的燥热遇到积雪的严寒，可谓冰火两重天，一代大才子解缙就这样被顺利地"自然死亡"了。

解缙的死讯传到朱棣的耳朵里，朱棣嘴上虽然批评了几句"监管不力"，但那只是表面的过场，心底深处恐怕对纪纲的善解人意又多了几分嘉许。

之所以用"又"这个字，是因为纪纲在这个方面从来没让朱棣失望过，从他俩相识之初，纪纲审时度势的能力以及对朱棣心思的揣摩，就表现得相当精准出色。

建文元年，朱棣为了从侄子建文帝朱允炆手中夺取大明帝国的皇位，发动了"靖难之役"。他带着麾下的燕军从北平府出发，一路南下，多次挫败建文帝派来镇压的军队，尤其在山东德州以北，大败了李景隆率领的五十万大军，一度占据了上风，进展相当喜人。李景隆大军溃败后，燕军趁势攻占了德州，随后兵过临邑宿安店。

据民间野史传言，燕军在临邑附近演练骑兵，蹂躏百姓，致使境内人迹灭绝。这听起来有点骇人听闻，但就在这种背景下，身为临邑宿安店本地人的纪纲却主动前来投军。他这个坚决要加入谋反大军的举动，多少有些让人意外，也让朱棣有些起疑。对于朱棣的怀疑，纪纲表现得足够真挚，他冒死扣住朱棣的坐骑，强调自己已经下定决心，发誓要追随朱棣夺取皇位，将谋反事业进行到底，死不旋踵。经过一番交谈，面试官朱棣被他的真诚与胆略所折服，又喜于他一介书生居然弓马娴熟，不仅将他收为己用，还破格提为亲兵，让他常侍左右，有意重点栽培。

可以说，这个永乐一朝权倾朝野、威慑皇亲贵戚的纪纲，从入仕之初，走的就是投机路线。虽说投机成败取决于运气，但客观地说，他投机之所以能成功，凭借的是自己殊胜的洞察力和决断力；而运气方面他显然也不差，遇上了一个敢用他的强主。

史料中关于纪纲如何一步步登上锦衣卫指挥使之位的细节，记载得并不详尽，只是突出了他与朱棣之间的一个默契——朱棣惯于把自己厌恶和愤恨的对象丢给纪纲去处置，而纪纲往往办得很合朱棣的心思。

揣摩人心很难吗？

常言道：人心似水，民动如烟。

寻常之人的脾性尚难捉摸，遑论九五之尊！纪纲能时时摸准朱棣的脉门已经很了不得了，更何况他还能急朱棣之所急，广泛设置校尉、布设眼线、大量收集官情民意，充当朱棣最可靠的情报来源。

这样能干的人，精明强干的朱棣岂能不多加使唤？

朱棣夺位后，其内心深处的忐忑，成了纪纲得以步步升迁的关键。朱棣越是恐惧官民对自己得位不正有异议和异心，就越是依赖纪纲的情报网替自己充当防火墙，他希望纪纲能替自己剪除威胁到身下皇座的隐患，特别是建文帝朱允炆的旧臣。久而久之，纪纲仗着朱棣的恩宠，权焰熏天。得益于此，纪纲愈发卖力地为朱棣铲除异己，威慑天下不臣之人。

朱棣心里很清楚，纪纲为自己卖命，替自己处理难以见光的隐秘之事，时间愈久，掌控帝王光鲜面孔下的黑历史自然也就愈多。故而，他不能不更多地信赖和倚重纪纲，不然这多少会对自己产生不利。可是，一味地迁就，也未必就能维持君臣现有的均衡。

纪纲对此应该也是心知肚明的，他知道朱棣对自己依赖和迁就的根源是什么，也了解朱棣不会轻易用人取代他或同他反目，于是利用这个微妙的关系来满足自己的各种需求。一开始也许只是试探，但在得到朱棣默许的回应后，他的胆子日益大了起来，行事作风也变得愈加张扬跋扈，不计后果。

有很多人根据史料中都察院罗列的纪纲的罪名条目，据此认为纪纲从始至终就是桀骜不驯、恶贯满盈之人，认定他只有"恶"这一张面孔。实际上，这恰恰是中了史官们所施的障眼法。

翻看有关纪纲的罪状：矫旨牟取私利，构陷富商谋夺财产，为了争夺美女用铁瓜打伤阳武侯，假意替判了死刑的人说情来骗取钱财……诸如此类的不法行为，至多说明他是个卑鄙的人渣，却尚不足以置其于死地，仗着朱棣的宠幸，横竖也就是个罢官或者充军。真正要紧的其实是这三条罪名：其一，私自从朱棣下诏遴选的佳丽中截留绝色之人，却把挑剩下的给了朱棣；其二，私藏查抄到的已故吴王的冠服，在家里穿着让侍从呼其"万岁"，过皇帝瘾；其三，私蓄大批亡命之徒，修暗道，囤数以万计的兵器铠甲。有这三条罪状在，足以证明纪纲不但有反心，而且已经具体着手欲将谋反付诸实施了。

然而，这些罪状是在纪纲倒台以后被揭露的，究竟是据实而书，还是为了给他身上的"大逆"罪名提供铁证，我们不得而知。只是熟悉历史规律的人会发觉，凡是背负着谋反罪名而被诛灭的权臣，其罪状内容都跟一个模板出来似的。细看纪纲的罪状，也未能摆脱这一套路。先不论纪纲谋反罪状的真假，只看是他嚣张成这样，为啥一直没被人告发？

让我们先来看完这个故事。

永乐十四年（1416 年）的端午节，宫里应节举行传统的射柳比赛，由朱棣亲自主持。身为锦衣卫指挥使的纪纲负责比赛环节的一应布置与人员调度。按说，这只是个节庆活动，按章办事也就完了。但纪纲不知道是出于什么目的，或者他是真的有了反心，竟然对自己的手下——负责比赛报靶的锦衣卫镇抚庞英说："等会儿我故意射不准，你把柳枝折下来，大声宣布说我射中了，让我看看现场有没有人敢站出来纠正。"

上司有命，庞英岂敢不从。

纪纲一箭射出，故意偏了方向。

庞英按照之前的约定，当众折断柳枝，大声宣布纪纲百步穿杨，射柳成功。

这不是在向指鹿为马的赵高致敬么？

如此明显的双簧，傻子也看出门道来了。在场的官员都是从社会底层寒窗苦读考出来的人精，知道你纪纲是皇帝的宠臣，得罪你除非是不想善终，于是都假装事不关己，集体选择了沉默。

纪纲见状，不由得大喜："看来没有人敢为难我了！"

人忘乎所以的时候，离末日也就不远了。

纪纲长久以来为非作歹，之所以没人去告发，是因为畏惧他在朱棣面前的地位，归根结底，他与朱棣是狐假虎威的关系。一旦这层关系不存在了，纪纲的末日也就来临了。

就在端午节过后没多久，一个与纪纲有仇的太监向朱棣揭发了纪纲意图谋反之事。朱棣得知后，异常震怒，下令将纪纲押送至都察院审讯，彻查他谋反的事实。纪纲替朱棣诛杀异己数以万计，加上他自己也有诸多不法行为，与朝野上下结怨之深足以想象。既然"老虎"已无意庇护"狐狸"了，此时不报仇雪恨，更待何时！

都察院接收纪纲后，办案效率之高令人咋舌，一条条罪状迅速被开列出来，定案卷宗很快被送至朱棣的案头。根据纪纲所触犯的条款，结合律法，他被判处了凌迟之刑，他的家人也被全数发配戍边。朱棣似乎很满意都察院给出的结果，核准了此事，并且同意将纪纲的罪状公布于天下。

从东窗事发，到纪纲伏法，用时之短，定案之干脆利落，顺畅得不可思议。处置这样一个具备生杀予夺大权的宠臣，朱棣连一丝丝犹豫都不曾有，甚至对其触目惊心的种种罪状都无意去细细推敲，昔日的情分仿佛根本没有过。虽说最是无情帝王家，但细思起来，纪纲端午节那一出双簧唱下来，扬扬自得时，又何尝想过朱棣的感受？

类似朱棣这样狡黠多疑的人，绝不会只有纪纲一个耳目眼线，也绝不会完全信任纪纲。因此，纪纲之前那么多的不法行为，朱棣多少都会有所耳闻，可他一次又一次选择了沉默；毕竟他还需要纪纲去为自己处理隐患，去替自己大开杀戒威慑不臣之人，达到巩固帝位的目的。然而，当纪纲也变成了帝位的威胁，触碰到朱棣的雷区时，杀掉纪纲，并把大肆屠杀建文帝旧臣、株连无辜的锅甩给他，可谓一举两得。

那个告发纪纲的人，正是洞察到了朱棣内心的这一线波澜，顺势而为，才实现了一击绝杀。

一个谋反的白眼狼，品性如果不坏到人神共愤，怎能背得上这一身罪名？

因此纪纲成了投机倒把、品性不良、行为恶劣之徒，假借天子之名诛杀无算，使天子蒙上残暴嗜杀的恶名，有负君恩，还意图大逆不道，简直是天地不容！

这就是史官们的障眼法，也是朱棣最想要的。

于是，纪纲死了，以何种罪名伏法朱棣毫不在意，只要他的皇帝宝座固若金汤就行。

大约没有人会去深究：以纪纲执掌生杀予夺大权的境遇，非得冒死谋反到底是为哪般？百尺竿头更进一步？

奈何这一步走不好，是要从百尺竿头坠落的！

锦衣卫指挥使深得皇帝信赖，知道皇帝的核心秘密也最多。他们可以凭借三言两语的撩拨决定他人的生死，也会因为知道太多，做得太多，拉了许多仇恨，比其他人担着更高的风险。能在锦衣卫指挥使这个位置上寿终正寝的人太少，绝大多数都会因为各种原因、各种罪名被放逐、被诛杀，以致身败名裂。作为锦衣卫指挥使，想要长久地活到退休，乃至颐养天年，考验的不仅是你的智商，还有你的情商。纪纲在打持久战上，无疑是个反面典型。他的"恶"被钉死在了耻辱柱上，哪怕真假待考。遗憾的是，类似他这样的反面典型在后来的明代历史中依旧层出不穷。不过，接下来提到的这位仁兄是个例外，他凭借自己颇有城府的头脑、灵活的身段，成为大明历史上极少数获得各方好评且全身而退的锦衣卫指挥使。

他的名字叫作陆炳，字文孚，号东湖，平湖人，唐代宰相陆贽的后裔，算是地道的名门望族出身。他与明世宗朱厚熜的关系比较特别，他的母亲是明世宗朱厚熜的乳母，他俩的情况类似清代的康熙皇帝与曹寅，算是知根知底的发小。

陆炳成为锦衣卫指挥使的升迁路线与纪纲不同，他生来就算是见习锦衣卫。他的爷爷陆墀和父亲陆松、叔叔陆桧都隶属于锦衣卫，担任锦衣卫总旗一职；父亲陆松更是从朱厚熜的父亲兴献王就藩之始，就追随左右，颇得兴献王和朱厚熜父子两代人的信任。朱厚熜入京继位之后，陆松被升职为锦衣卫副千户，而后累升到后府都督佥事，协理锦衣卫事务。因此，陆炳祖孙三代，算得上是专业锦衣卫出身。

不过，论资排辈，锦衣卫指挥使尚是陆松遥不可及的目标，更何况小字辈的陆炳呢？因此，在很长的一段时间里，陆炳只能充当朱厚熜的发小玩伴，直到朱厚熜继位八年之后，他才通过参加武会试，成为锦衣卫副千户。需要插一句嘴的是，明代的武会试不仅仅要测单挑的武力值，还要考军事战略等相关知识，也是要提笔写策论的。陆炳可以从武会试中脱颖而出，可见他算得上是个文武双全的人才，不是只会受父祖荫庇的纨绔子弟。

陆炳初入仕途、稳扎稳打期间，朱厚熜却如走马灯一般更换自己的锦衣卫指挥使。从最初的朱宸、骆安，到因张鹤龄兄弟一案颇得贤明美誉的王佐，再到陆炳的前任——谨厚为善的陈寅，均出自兴献王府的班底，皆是知根知底的旧人。这些人的辈分资历大多高于陆松，或与陆松平起平坐。朱厚熜换到最后，也没把锦衣卫指挥使的头衔交给陆炳的父亲陆松。是陆松还没获得朱厚熜的绝对信任吗？

这倒不一定，因为在这个过程中，陆松去世了，很难说朱厚熜没有考虑将他列为指挥使的人选。

父亲陆松去世后，陆炳承袭了指挥佥事之职，不久又晋升为代理指挥使，执掌南镇抚司事务。前文交代过，锦衣卫分南北两个镇抚司，两者职务不同，南镇抚司主要管理锦衣卫内部人员档案和军匠。朱厚熜把南镇抚司交给陆炳打理，可见对陆炳信赖有加，这大约是从小一起长大的情分起了作用。

就是在这个任上，陆炳获得了一个绝佳的机会，使得朱厚熜对他的信任无以复加。

嘉靖十八年（1539年），陆炳随同朱厚熜出京巡幸，仪仗驻跸在卫辉。一天深夜，朱厚熜所在的行宫突发大火。偌大的行宫中，随扈伴驾的官员吓得手足无措，根本不知道朱厚熜人在哪里，场面一度陷入混乱。就在这个千钧一发的时刻，陆炳不顾自身安危，亲自撞开门，冲进火场，背出了朱厚熜，挽救了他的性命。

陆炳究竟是如何猜对了朱厚熜的行踪，这个细节无人披露，但以其与朱厚熜从小到大的交情而言，他对朱厚熜的了解应当比寻常人更深一些，判断的精准度也会高一些。事发突然，不管陆炳当时究竟是出于对朋友兼上司的情分，还是出于投机取巧的心理，单凭不惧火海、舍命相救这一点，朱厚熜就没有不信任他的理由。换言之，他们俩有过命的交情，旁人望尘莫及。

自此以后，陆炳在朱厚熜的眼里自然不再是寻常人等，朱厚熜交付他的差事也越来越多，他的地位也因之愈发接近权力中心。如此，陆炳迅速取代锦衣卫中的前辈老人，超越与自己年资相当的同僚，成为锦衣卫指挥使可谓是顺理成章。

一个毛头小子，乳臭未干，居然凭借天子的宠幸，摇身一变，成了大伙儿的顶头上司，那些熬资历的老家伙们岂能善罢甘休。这些人同陆炳的父亲陆松本是同事，大多是被陆炳叫惯了"叔叔"和"伯伯"的，甚至不乏看着陆炳长大的。而今，陆炳成了锦衣卫指挥使，他们都要尊奉陆炳为老大，脸色难看不说，心里肯定要多别扭有多别扭。这中间有不少人为此不忿，仗着资格老、辈分高，全不把陆炳当回事。

面对种种挑衅，陆炳作何反应呢？

他待这些轻视自己的前辈一如既往地敬重有加，然而这只是表面上的。作为锦衣卫的最高领导，他若不能将这些人的嚣张气焰给打压下去，焉能震慑锦衣卫上下？但若无确凿的把柄在手，想要扳倒他们是很难的。唯一能让这些人露出更多马脚的方法无疑是令他们放松警惕，以便暗中收集罪状。很快，那些对陆炳多有不满和轻视的"异己"相继获罪，堂而皇之地被借故清理掉了。余下的人无不被陆炳过人的心机与老辣的手段收拾得服服帖帖，不敢再造次。

掌控了全局的陆炳就这样树立起了自己的权威，加上朱厚熜对他十分信任，朝臣们无人敢与之叫板，就连内阁首辅同他讲话都得带着七分客气。

这是真正的权倾天下，除了在顶头上司朱厚熜那里，他需要留心应对以外，其他的人或事尽可以毫无顾忌。前文说到的纪纲，后期就是如此路数。可陆炳却不走寻常路，他所表现出的政治素养和敏锐性堪比阁臣。他很清楚官僚集团的实力不可小觑，只有维系好官僚集团与大明天子之间的平衡关系，他才能活得更踏实、更长久。把握住要旨的陆炳，非但没有仗着权势同官僚集团的首脑们针锋相对，反而适时地伸出友好的双手以示亲近，表明自己愿与他们和平相处、互帮互助。

陆炳向象征官僚集团首脑的内阁抛出了橄榄枝，作为内阁首辅的夏言对此心领神会。夏言因"大礼议"事件而崛起，深受朱厚熜的器重，在文武百官之中也颇具威信。他与陆炳达成了暂时的合作关系，使得大明天子、锦衣卫和官僚集团之间形成了难得的制衡状态。然而，好日子没能持续多久，二人很快反目成仇。

造成二人反目的导火索归根结底是夏言太有原则性。陆炳权倾朝野，又是锦衣卫说一不二的首领，办案或是泄私愤时搞出点黑历史属于再正常不过的事情。比如，他就曾因棒杀兵马指挥，遭到御史弹劾，结果皇帝朱厚熜一道旨意下来，不予问罪。类似夏言这样的人精，不难领会皇帝的意图，应能参透这中间的人情世故与利害干系才对。然而，当御史陈其学因盐法事件弹劾陆炳时，夏言却站到了御史那边，并主动草拟圣旨要求当事人陆炳供述认罪，誓要将陆炳逮捕法办。

本是亲密的小伙伴，一秒变死敌，陆炳腹背中刀，要多尴尬有多尴尬。

面对夏言的突然反水，陆炳毫无办法，眼看就要锒铛入狱了。为了求生，陆炳备上三千两黄金求见夏言，恳请其念在过往的情谊高抬贵手，放自己一条生路。夏言得知陆炳的来意后，严词拒绝了他的请求和贿金。见夏言绝情至此，陆炳觉得自己十之八九难逃一死，求生的欲望驱使他放弃了最后的尊严，长跪于地，痛哭流涕，对自己所犯下的罪过一一忏悔，苦苦哀求夏言再给自己一次重新做人的机会。

陆炳至诚至真的忏悔打动了夏言，沉默良久的夏言决定放他一马，以观后效。

夏言撤回了抵在陆炳脖子上的刀，却无法弥合二人之间深深的裂痕。因尊严扫地而恨意倍增的陆炳，很快用行动回应了夏言的"妇人之仁"——明里与夏言亲密依旧，暗中却与夏言的竞争对手严嵩结为同盟。

彼时，大明帝国内阁首辅的宝座只有一个，夏言已经独霸太久了。作为他的副手，严嵩被其压制多年，很不甘心，处心积虑地想要取而代之，然而几轮下来，虽互有胜负却仍无法从根本上取代夏言。陆炳的加入，无疑使严嵩的夺权之路又多了几分胜算。如虎添翼的严嵩在陆炳的暗中协助下，逐渐获得了朱厚熜的青睐，实力稳步提升，最终向着夏言发动了总攻。

历来权力中枢的斗争都是你死我活的残酷。严嵩深知，夏言生性机敏，心机权谋超群，若不能毕其功于一役，置对方于死地，将后患无穷。明嘉靖二十七年（1548 年），他与崔元、陆炳联手设局，借夏言赞成陕西总督曾铣提议"收复河套"之事，诬告夏言，迫使其罢官致仕。鉴于夏言之前有罢官再起复的经历，严嵩决心乘胜追击，务必除掉夏言。于是，他借革员仇鸾之手，再次上书攻击夏言收受曾铣的贿赂，插手关市，意图勾结边将牟取暴利。朱厚熜闻听此事，怒气难遏，下令将涉案的曾铣等人锁拿入京问罪，与此同时，派遣官兵逮捕业已返乡的夏言论罪处死。

踩着夏言的尸体，严嵩成功登顶，陆炳"大仇"得报，二人从此结为嘉靖一朝共同进退的利益集团。为了酬谢陆炳当初的鼎力支持，严嵩主理下的内阁对陆炳本人及其治下的锦衣卫皆采取放任态度，由此官僚集团对锦衣卫的制约力被大幅削弱。为了投桃报李，陆炳尽量回护严嵩一党，甚至动用锦衣卫为严嵩一党监控民意，传递讯息。这意味着，严嵩和陆炳是一体的，有攀附之意的人，即便无法同严阁老套近乎，能和陆炳搭上交情也是一样。因此许多文武大臣为求发达，争相奔走于陆炳的门庭，无不将此视作飞黄腾达的捷径。陆炳本不是视钱财如粪土的清流，又岂会跟钱过不去？陆家原就是江南名门世家，家资丰厚，再加上陆炳如今炙手可热的身价，资财累加达数百万之巨，更别提十余所大宅院和遍布天下的庄园了，估计连陆家的门房数钱都要数得手抽筋。

陆炳与严嵩联起手来，俨然一副可以在大明帝国呼风唤雨的架势，明世宗朱厚熜却表现得并不介意。熟悉历史的人都知道，嘉靖中后期时，朱厚熜崇信修道，不怎么上朝理事，但即便如此，皇权依旧牢牢握在皇帝手中，朝局亦是了然于胸。陆炳作为朱厚熜的发小兼亲信，很清楚朱厚熜对权力的掌控欲有多强烈，也明白自己在前台和严嵩的"演出"，一举一动都在朱厚熜的关注之下，因此"演出"的尺度与分寸可谓相当要紧。他既不能让朱厚熜认为他生了异心，又不能让严嵩觉得他不合群，还要尽可能降低朝野上下对自己的仇恨值，这样的表演难度系数高得吓人。

然而，这样错综复杂的关系，依旧没能难住陆炳。他周旋于各色人物之间，权贵要员皆为其座上宾，清流善类也愿折节以待，出手一视同仁，从不吝惜。

不过，这并不代表他自带主角光环，始终能游刃有余。比如，他对自己十分欣赏的沈炼之死，就无力回天。

沈炼，嘉靖十七年（1538年）进士，历任溧阳、茌平、清丰县令，后因屡次触怒权贵获罪，被贬为锦衣卫经历。

从沈炼被贬锦衣卫经历的起因，就可以解读出他耿直刚正的脾性，也就可以想象他在面对自己的上司和严嵩集团沆瀣一气时的感受。他虽是陆炳的下属，但跟陆炳明显不是一路人，至少表面上大相径庭。之所以说"表面上"，是因为沈炼获罪后转入锦衣卫系统，是陆炳从中周旋的结果。换言之，陆炳对沈炼的耿介刚正是有好感的，也愿以自己的方式为他延续仕途。这间接揭示了陆炳的隐藏属性：正直。

也许是为了调教沈炼这块好坯子，陆炳经常带着他和严嵩、严世蕃父子饮宴。席间，看着长官陆炳与严氏父子推杯换盏、称兄道弟，沈炼非但没能领会陆炳的用心，反而更加憎恶严氏父子。他故意在严氏父子面前箕踞笑傲，旁若无人，搞得大家很尴尬。严世蕃用酒虐待客人，沈炼就站出来唱反调，打抱不平。《明史·沈炼传》中说到严世蕃被沈炼怼了之后的反应，用了"世蕃惮不敢较"六个字来形容。

明眼人都看得出来，严世蕃忌惮的根本不是沈炼，而是沈炼背后的陆炳。

有陆炳这样强硬的上司做后台，又肯屈尊亲自调教指导，沈炼的运气真的是好到爆棚。然而，沈炼不这么想。他觉得，自己是大明的臣子，一定要尽自己的职责。于是，他开始不断上疏弹劾严党专擅国事、排除异己、吞没军饷、废弛战备等十几条罪状，强烈要求明世宗将严嵩父子明正典刑。

这就尴尬了！

严嵩父子是陆炳的利益伙伴，弹劾严嵩父子，不是等同让陆炳难做吗？如此简单的道理，沈炼究竟是不懂，还是不想懂？

对此，史料中，没有留下有关陆炳的只字片语。

严嵩父子专擅的背后是朱厚熜的默许，陆炳心知肚明，他苦心交好严嵩，也正因为此。陆炳不想因为沈炼与严嵩父子交恶，进而触犯到朱厚熜的利益，又无理由阻止沈炼的正义之举，反复权衡下，唯有沉默以对。

我们有理由相信，私下里陆炳肯定对沈炼有过点拨与提醒，只是沈炼疾恶如仇、宁折不弯的性情，恐怕很难违逆自己的良知。

沈炼不屈不挠地弹劾严氏父子，最终招致了严嵩的报复。严嵩在朱厚熜面前反击沈炼，声称沈炼在知县任上就有过失，如今故意上疏得罪自己，其实是想受些小处分，用来避开考察，顺带求取清名。这番说辞，触怒了幕后老板朱厚熜。朱厚熜认为沈炼在自己面前玩这种手段实在可恶，于是当场呵斥了忠直的沈炼，将其施以廷杖，连锦衣卫经历也不让他做了，直接贬去保安州（今河北省张家口市怀来县）为民。

朱厚熜已经对沈炼定了性，陆炳就算有心维护，也不敢违抗。好在只是将沈炼削职为民，无伤性命，也算是不幸中的万幸。

被贬黜的沈炼带着家小去了保安州，一去就是五年多。然而，这些年的草野生活，并没有改变他弹劾严党的决心，他继续和严党分子——时任宣大总督的杨顺战斗，故意献诗指责其谎报战绩，放纵士兵屠杀良民请赏。他触怒了杨顺尤嫌不够，还聚集弟子，扎稻草人命名为严嵩，醉酒后钻射；又纵马居庸关口，手指南面，大骂严嵩。这么一来，严氏父子对沈炼更加厌恶，欲杀之而后快。

此时的沈炼只是一介平民百姓，陆炳再无正当理由可以庇护他，只能眼睁睁地看着他一步一步"自取灭亡"。

终于，借着白莲教在杨顺治下闹事之机，严氏父子指示新上任的巡按御史路楷和宣大总督杨顺，找机会除去沈炼，并许诺二人，事成之后"大者侯，小者卿"。杨顺听从严氏父子之命，在逮捕白莲教徒阎浩等人后，特意作伪将沈炼牵涉其中，并将其名列入招供名单里浑水摸鱼，通过兵部题覆处死。

沈炼之死，有人归罪于陆炳生性软弱，不敢与严氏父子抗争，这显然忽视了陆炳所处的特殊境地。陆炳之权得享于明世宗朱厚熜，他的兴亡也完全取决于朱厚熜的意志。很明显，沈炼的举动尽管出于正义，却并不占天时地利，若非有意为之，则不得不令人感慨沈炼对朱厚熜的秉性及其亲信严嵩得宠的根源把握失准。毕竟，在沈炼之前，有"明朝第一硬汉"之称的杨继盛就因弹劾严氏父子，被构陷入狱，惨遭刑讯折磨。陆炳多方施以援手，终不过拖延了三年光景，并没能改变杨氏被弃市的噩运。已经失败了一次的陆炳，对于严氏父子根基之稳固，有着更为清醒的认知。他深知，再次出手强行挽救沈炼，势必会动摇自己在朱厚熜那里的根基，且无力从根本上改变严党独大的现实，得不偿失。那么，既然沈炼选择牺牲自己倒严，决心已无法改变，不如让他求仁得仁。所谓"物极必反"，待到严氏父子积蓄的仇恨值到了极限，自然会有被清算的一天。

从夏言、仇鸾、李彬到杨继盛，再到沈炼，陆炳似乎一直都选择站在严氏父子一边。然而，仔细琢磨，他与严氏父子的关系其实一次一次在发生微妙的变化。联手诛杀夏言，陆炳是为了消除威胁自己的敌人，与严氏父子是真正意义上的同盟；揭发仇鸾、弹劾司礼监太监李彬，是旨在借势除恶，顺带巩固自身权力，与严氏父子算是各取所需；援救杨继盛，则是出于正义和良知，与严氏父子已然反目在即；坐视沈炼牺牲，则更多是抱着"多行不义必自毙，子姑待之"的心态，等着看严氏父子倒台。

然而，陆炳并没有等到严氏父子倒台的那一天。明嘉靖三十九年（1560年）十一月，掌锦衣卫事太保兼少傅左都督的陆炳暴卒于任上，死后追赠忠诚伯，谥号武惠，祭葬加等，其子陆绎因父荫得任本卫指挥佥事。关于陆炳的死因，据说是替崇信道教的朱厚熜试吃丹药，不幸毒发身亡。

按说陆炳多次与严氏父子联手，到了严氏父子倒台的那一刻，他理应被作为严党清算。可是，直到明世宗驾崩，明穆宗继位，陆炳的后裔依旧安然。这又当作何解？

　　在构陷诛杀夏言这个问题上，陆炳是无法洗白的；但要因此说陆炳与严氏父子为一丘之貉，朝中受过陆炳恩惠得以逃脱冤狱的人恐怕是要抗议的。与严氏父子交好，固然有着巩固自身利益的私心在里面，但更多时候，陆炳是在利用这层关系解救更多的人。《明实录·世宗实录》和《明史·陆炳传》中，都特别强调了这一点。明世宗朱厚熜猜忌之心极重，又极专权，在位之时，数次兴起大狱，偏信严氏父子，祸及无算。而陆炳以其灵活的手腕、错综复杂的人际网，挽救了不少人的身家性命，积累下了较好的声誉。故而，终嘉靖一朝，无人能撼动其地位，更无人站出来请求皇帝追究其罪。

　　待到明穆宗承继大统，本着拨乱反正态度的御史们开始活跃起来，积极上疏皇帝，要求彻底清算严党及其残余势力，以正天下民心。穆宗初登大宝，自然想重树清明政风，为当年遭受严氏父子迫害的人们讨回公道，于是采纳了御史们的意见，下令追查一切与严党有干系的人与案件，彻底摧毁严氏父子苦心布下的关系网。这一追究不要紧，原本一直平安无事的陆家被推到了风口浪尖上。

　　陆家被卷入轰轰烈烈的严党清算行动，除了与严嵩结盟的事实外，也与陆炳在世时未雨绸缪建立的姻亲网有关。

　　陆炳在世时，为了广布人脉，均衡多方关系，在儿女婚姻大事上，也是煞费苦心。陆炳有五女，其中四女分别嫁给了严嵩之孙锦衣卫指挥佥事严绍庭、吏部尚书吴鹏之子吴绶、成国公朱希忠之子朱时泰、内阁次辅徐阶之子徐瑛。他的儿子陆绎还娶了吴鹏的第五女，陆、吴两家算是双重联姻，关系相当密切。如此一来，深为严嵩信任的吴鹏在朝廷人事任免方面的动作，便会为陆炳第一时间掌握。儿女婚姻皆可作为结交权贵和达成政治同盟的筹码，孙子辈的自然也不在话下。陆炳的两个孙女，分别许配给了太仆少卿米万都、锦衣卫南镇抚司都指挥佥事袁存时。太仆寺在明代归于兵部，米万都为其孙女婿，那么兵部的一举一动也可掌握在陆炳手中；袁存时就职于南镇抚司，这样锦衣卫内部的人事动向，陆炳也可了如指掌。

透过这样一张婚姻网，我们细细揣摩陆家联姻对象在嘉靖一朝的地位与兴衰，不得不感慨陆炳心思之精妙缜密。他这一"网"捞起的，要么是当朝实权派，要么是在皇帝面前说得上话的达官贵戚，要么是国家中枢要员，甚至还有"敌对"一方的首脑。此举可谓"进可攻，退可守"，顺带还可以替朱厚熜监视他们的动向，对皇帝尽职尽责，完美无缺。

呕心沥血到这个程度，陆炳不可能不知道自己死后陆家面临的结局，所以从某种程度上来说，他与次辅徐阶的联姻，更多的是为陆家留一条生路。事实证明，他的谋划是明智的。

陆家因严党之嫌被卷入清算漩涡后，已经死去的陆炳被削去官阶，陆家被抄没家产，陆氏子弟先被褫夺官衔，而后以陆炳贪污数十万的罪名遭到羁押。朝廷下旨，勒令陆氏一门偿还陆炳在世时贪污的巨款，陆家一夕之间财物尽丧，处境极其艰难。

彼时徐阶已升任首辅，内阁权力争夺战硝烟再起，碍于种种缘故，他无法或不能对陆氏一门施以援手。直到明神宗继位三年之后，张居正取代高拱成为首辅，才借助陆炳之子陆绎上疏请求免罪之机，以陆炳救驾有功且非谋反、叛逆、奸党之徒为由，归还了陆氏一门的家产，将追赃之责与抄家之事分列，赦免了陆绎之罪，救陆氏一门出水火之境。张居正此举虽有收揽人心之意，但更多的是为了卖一个人情给自己的恩师。他的恩师不是别人，正是陆炳的姻亲，此时已致仕还家的徐阶。

陆氏一门死而复生，自此淡出了人们的视野，陆炳生前留下的棋局也随之收官。

反观陆炳一生，对比有明一代诸多叱咤风云、显赫一时的锦衣卫指挥使，能出其右者凤毛麟角。毕竟，能像他一样担任三公又兼任三孤者仅此一例，能平安着陆，死后保得子孙周全者也仅此一例。他非但不像后世有些人评论的那样懦弱畏缩，只求自保，无意投入到政治权谋中；相反，他为攫取权力与名利所表出的隐忍、权变、缜密等，完全是一个防守进攻型政治老手所具备的基本特质。与同样权倾一时的纪纲等人不同，在陆炳身上，你很难用简单的善与恶来概括他。他的复杂伴随着阶段性的变化，呈现给人不同的面目，善与恶因之交织在一处，难以精准地加以分辨。这也使得他本人的形象生动而立体，鲜活而真实，比其他锦衣卫指挥使更加吸引人。

第十三章

风光背后的尴尬！

锦衣卫囧事两三则

锦衣卫这个群体,表面上鲜衣怒马、叱咤风云,其实暗地里的苦楚和尴尬,细数起来实在是一把辛酸泪。关于这个话题,可以拿出来当故事讲的有很多,似乎流传下来的史料与文人笔记都热衷于记载此类"八卦"。这大抵是因为,明人对锦衣卫的超然地位与所作所为到底心存怨恨吧。

不过,所谓"可恨之人必有可怜之处",那么,锦衣卫的"可怜之处"又表现在哪里呢?

我们不妨来看看下面三则故事。

要说锦衣卫指挥使,那几乎都是大明天子眼中最得力、最值得信任的干将,在皇帝面前,一句话可以决人生死,而且其主管的诏狱也不是吃素的。这种广大群众谈之色变的狠角色,绝大多数时间是以"狐假虎威"的形式存在的。当保护他的"老虎"不存在了,这个狠角色就变成了砧板上的鱼肉,被人一拥而上围攻也只是分分钟的事。在这一点上,明英宗朱祁镇的锦衣卫指挥使马顺无疑最有发言权。

关于马顺是如何被群殴的,正史和明人笔记中出现了多个版本,各个版本就事发当时的细节记述略有不同,无非是"谁先出手""怎么动手的"之类罢了,但大体情况和结果却比较一致,若要概括的话,就一个字——"惨"。

我们先来说说马顺被围殴的原因。

马顺作为明英宗朱祁镇的锦衣卫指挥使(有说是"同知"),本应跟随朱祁镇一同北上征讨瓦剌,但不知出于什么缘故,他留守在了京师。倘若他能预知自己此后的命运,我相信,他宁可跟着朱祁镇御驾亲征;毕竟被瓦剌人抓去做战俘,横竖也不过是给瓦剌人当牛做马、任人欺负,总好过去阎王爷那里报到。

比起史官曲笔下"北狩"的宋徽宗,一腔热血的明英宗朱祁镇可是正儿八经地率领大明军队亲征瓦剌了,可惜打仗这种事拼的不是血气之勇,不能指望侥幸取胜。明英宗仓促用兵的结果，给大明帝国带来了悲剧性的一幕：朱祁镇被瓦剌首领也先俘获，从征的六十六位大臣身死，帝国精锐尽失，局面到了极其危险的地步，弄不好就要放弃北境南迁。

明军战败和皇帝被俘的消息传回京师后，帝国中枢陷入了前所未有的混乱与危机之中。因为朱祁镇是在司礼监太监王振的撺掇下出兵的，尽管王振已死于乱军之中，却无法将帝国从危境中拯救出来。留守的大臣们群情激愤，聚集在一起，一致要求监国的郕王朱祁钰以王振之罪诛灭其满门。

大臣们哭的哭，骂的骂，与各种声调的奏谏声混杂在一处，此起彼伏，整个朝堂乱成了一锅煮开的粥。

监国的郕王朱祁钰毕竟只是个藩王，哪见过如此阵势，而王振到底是朱祁镇跟前的红人，将王家满门抄斩，朱祁镇回来怎么交代？此时，毫无理政经验的朱祁钰大脑一片空白，身边又无可信赖的人商量，于是选择了拖延作为权宜之策。朱祁钰传令百官，要求他们先出宫，事情容后再议。

"你哥哥在瓦剌当人质，国家群龙无首，这种时候，你不将罪魁祸首满门抄斩凝聚人心，还在这里跟我们犯拖延症，举棋不定，你当的什么监国！"

大臣们听到朱祁钰的命令，个个都要吐血了，情绪更加激动，抗议声也更大了，坚决不肯走。

朱祁钰没想到自己的拖延战术被直接无视了，他的命令对大臣们毫无节制力，一时不知如何是好。

就在这个时候，照例列席朝会的锦衣卫指挥使马顺站了出来。他的工作并不是参与朝议，而是维持现场秩序，当好背景板就足够了。因此，发现领导被大臣们搞得焦头烂额，作为下属的他怎么能熟视无睹呢？

马顺觉得于情于理，他都该站出来替领导维持秩序，挽回颜面，却忘记了自己的身份。

不是锦衣卫指挥使的身份，而是"土木堡之变"罪魁祸首王振死党的身份。这种时候，如果他脑子转个弯，不至于酿成灾难性后果，然而他没有。

所谓"门坎"，过得去是门，过不去是坎。马顺的"挺身而出"注定是个过不去的坎。

他在群情汹涌的百官面前，拿出了一如既往的嚣张气焰，呵斥他们，让他们别在这里吵嚷，立刻出去。

王振都不在了，你还敢嚣张！

大臣们的怒气值一下子就爆表了，性格耿直的户部给事中王竑挽着袖子就上去了。

郕王搞拖延就算了，他大小是个监国王爷，我们动不了他，还不能拿你撒撒气！谁让你自己跳出来找存在感！

别看王竑是文官，却是实打实的军籍出身，祖上都是武将，脾气一上来，一把揪住了马顺的头发，将他推倒在地。

马顺毫无准备地跟地面来了个亲密接触，还没缓过神来，就听见王竑在喊："马顺本是王振一党，王振害得皇上落到瓦剌人手里，如今还敢叫嚣让我们出去！"

这一嗓子对本就窝了一肚子火没地方发泄的群臣来说，无疑是极具煽动性的，跟"大家一起来揍丫出气"没有什么分别。于是乎，愤怒到失控的群臣一拥而上，挥笏板的挥笏板，用拳头的用拳头，甚至有人当场把自己的靴子脱了下来，当作武器，义无反顾地加入了这场混乱的群殴活动。

距离马顺最近的王竑捶打马顺更是不遗余力，气到极点的他直接上口咬马顺的脸，生生撕下一块肉来，场面相当暴力。

血腥味刺激了所有人的神经，大家把愤怒纷纷发泄在马顺身上，以至于那位使靴子的大臣，硬是用手里的靴子把马顺的眼珠子都给打出来了。

一旁站着的郕王朱祁钰目睹这一切，整个人都不好了，他的第一反应就是赶紧离开血肉横飞的朝堂。他带着一帮宦官才往外出溜没多久，就得到了"马顺已被活活打死"的消息。

太震惊了！堂堂一个锦衣卫指挥使，被大臣们活活打死在朝堂上！这是大明帝国建立以来从未发生过的事啊！

获得"胜利"的群臣热情高涨，聚集在朝堂上，不肯散去。

朱祁钰见识到了他们的疯狂后，非常恐慌，生怕群臣再做出什么更离奇的事来，忙派遣中官金英去问他们到底打算干什么。

剧烈运动后，汗流浃背的群臣，看着脚下马顺被殴得惨绝人寰的尸体，捞着袖子回复金英说："内官毛贵、王长随也是王振一党，应该一并处死！"

本来只是闹着要杀王振全家的，结果一时激愤杀了马顺后，演变成了要诛杀王振一党。

看看马顺的下场，想想失控的群臣，朱祁钰决定，还是顺从"民意"，把毛贵和王长随两个内官推了出去，让大臣们消消火。

大臣们消了火，还把马顺等三人的尸体像战利品一样拖到了东长安门外曝尸，此事才算告一段落。而马顺也因之成为明代历史上唯一一位被群臣活活打死在朝堂上的锦衣卫指挥使，算是以生命的代价立了标杆！

被大臣们群殴致死，也许还不算是最惨的。被皇帝利用完了，再推出来替罪背锅，连个冤都不让你有机会喊，直接让你去投胎，才是真的惨无人道！

是谁这么倒霉？

明成祖时期的锦衣卫指挥使赵曦。

不是纪纲么？

那得等赵曦死了之后，才能轮到他。

赵曦这人跟他的继任者相比，没有什么特别惊世骇俗的劣迹，但却死得远比纪纲要更惨、更扎心。

事情要从一个叫梅殷的人说起。

梅殷是梅思祖的侄子，明太祖朱元璋第三女宁国公主的丈夫。这位驸马爷不同于一般纨绔，他精通经史子集，理政也是一把好手，人缘关系亦处理得不错，朝野上下交口称赞。是以，他一直很得老丈人朱元璋的喜爱，是所有驸马里最得宠的。

众所周知，朱元璋的法定太子朱标英年早逝，朱元璋经过深思熟虑，选择了朱标的儿子朱允炆为皇太孙，立为法定继承人。可朱允炆毕竟年少，而他的叔叔们皆是壮年，又都虎踞一方，主弱臣强成了动乱的诱因。这多少让日渐衰老的朱元璋隐隐有几分担忧。为了确保皇太孙继承皇位后社稷稳固，晚年的朱元璋为他选拔了很多辅弼良臣以备万一，但这仍然无法让朱元璋彻底安心。临终之际，朱元璋秘密召见梅殷，向他托孤，希望梅殷能效忠朱允炆，辅佐其治国安邦。梅殷接受了朱元璋的临终托付，承诺自己将誓死效忠朱允炆。

朱元璋驾崩后不久，继位的朱允炆开始着手削藩。这一举动直接触动了藩王们的身家利益，也间接促成了他们起兵造反的决心。尽管在这个过程中，梅殷和几位重量级托孤大臣一直站在朱允炆一方，却因种种原因，无法逆转败局。

燕王朱棣打着"靖国难，清君侧"的旗号，率大军一路南下，虽历波折，却攻势不减，更一举击破前去镇压的五十万大军，目标直指京师应天府。在南军节节败退的情况下，梅殷被朱允炆派往淮安，率重兵驻守，旨在拱卫京师。

此时的燕军已然获得了相当大的优势，南军的许多将领也都做了燕王朱棣的俘虏。这样的局势对于实际上占据法统的朱允炆一方大为不利。燕王朱棣看到了这点，意图借助燕军对南军的心理威慑，向驻守淮安的梅殷施压，迫使其放弃抵抗，主动倒戈，借道给燕军南下攻击京师。

面对朱棣派来的使者，梅殷毅然决然地拒绝了其借道进京的要求，还割掉了使者的耳朵和鼻子，对他说："留着你的嘴巴，让你回去给朱棣讲讲什么是君臣大义！"

朱棣闻言大怒不已，却碍于形势，只能选择避轻就重，绕开淮安，从扬州南下攻击京师。很快，燕军兵临城下，六月京师被攻破，建文帝朱允炆见大势已去，火烧宫城，自己也下落不明。一个月后，燕王朱棣得到了天下，成为赫赫有名的明成祖。

朱棣登基时，梅殷尚在淮安军中未归，于是朱棣胁迫妹妹宁国公主写下血书给梅殷送去。梅殷见信，痛哭不已，向送信的使者询问建文帝朱允炆的下落，被告知"已死"。梅殷叹道："本应君死我亦死，如今且容我再忍耐几日。"之后，他亲自替建文帝发丧，为其上完谥号后，启程返回京师应天府。

得知梅殷返京，朱棣亲自去迎接，想给彼此一个台阶下，借以拉拢梅殷。见到梅殷后，朱棣热络地寒暄道："驸马辛苦了！"

不料，梅殷对他的这番寒暄丝毫不领情，回道："劳而无功，唯有惭愧罢了！"

如此当众给朱棣难堪，朱棣也只能以大局为重，隐忍不发，二人不欢而散，自此关系更加恶劣。梅殷因朱棣发动叛乱篡位之故，久久不能释怀，此后时时表现出对朱棣得位不正的不满与愤怒，且溢于言表。为了监视梅殷的一举一动，朱棣派出的亲信经常趁夜潜入梅殷的府邸，以收集梅殷的"罪状"。

这么一来二去的，时间长了，总有被梅殷察觉的时候。二人的关系因此更加恶劣，以致到了不可调和的程度。

臣子和君主不和，吃亏的往往都是做臣子的一方。

果然，仅仅过了一年，都御使陈瑛便上奏朱棣，声称驸马梅殷培养死士，与女秀才刘氏勾结，诅咒朱棣。

朱棣闻言，只说了一句："我自会处理。"

你要相信他这话是包庇自己的妹夫，那就太天真了。他接下来做的事，不但不留情面，而且祸及梅殷的家人。他先是下旨让户部考核公、侯、伯、驸马的仪仗从人数量，削减其奴仆，然后动用锦衣卫强制将梅殷的家人迁往辽东，梅氏族人首先遭到牵连。

一年之后，锦衣卫指挥使赵曦总算是登台亮相了。

这是永乐三年十月的一天，梅殷照常上朝议事，车驾路过笪桥的时候，突然"偶遇"了前军都督金事谭深和锦衣卫指挥使赵曦等人，紧跟着梅殷莫名其妙地掉进河里，淹死了。

堂堂大明帝国的驸马爷在光天化日之下，跟同僚照了个面，然后掉进河里淹死了，这也太无厘头了。

朝廷自有法度，再加上梅殷在朝野中又颇有人望，于是便一路追查了下来。调查到前军都督金事谭深和锦衣卫指挥使赵曦时，他俩给出的说法是："梅殷是自己想不开，投水自杀了。"

梅殷跟皇帝交恶，大家心照不宣，不认为他若真的心灰意冷寻死，会选在上朝路上。他怎么就能算准了谭深和赵曦经过笪桥的时间，而且还是在众目睽睽之下，于过桥时投水而死？自杀为什么还要把谭深和赵曦卷进去？难道他与谭深、赵曦有不可调和的私仇，故意陷害？

一大堆疑点摆在所有人面前，因为漏洞百出，大家想要刻意无视都没法做到。然而，从何处下手，才能挖掘到事情的真相呢？

就在这时，一个重要的目击证人出现了，他就是梅殷的仆人瓦剌灰。

瓦剌灰是一个蒙古人，早年归降明军，之后便跟随梅殷为仆。据他指证，梅殷并非投水自杀，而是被谭深和赵曦等人挤进河里溺毙的。后都督同知徐成得知后，第一时间向朱棣公开揭发此事。顿时，朝野上群情激奋，一致要求彻查梅殷之死的真相。

这么一来，事情就更复杂了。谭深和赵曦作为杀人嫌犯，与死者的仆人，就死者死亡的过程及原因，给出了两种截然不同的解释。一方咬定梅殷是投水自杀，一方咬定梅殷是他杀，双方各执一词，互不相让。

如此大案，涉案的双方又都是敏感人物，谁也不敢妄下定论，于是皮球踢来踢去，最终踢到了朱棣面前，朝野上下无不等着他的圣裁。

谭深和赵曦被押到御前受审，朱棣除了顺势而为，没有退路。

"瓦剌灰指证尔等谋杀驸马梅殷，属实么？"朱棣问道。

"属实。"谭深和赵曦在朱棣面前不敢再狡辩。

"尔等谋杀驸马梅殷，证据确凿，供认不讳，论罪当诛……"

朱棣一言既出，原本镇静的谭深和赵曦再也不淡定了，异口同声地反问道："陛下，杀梅殷是您的旨意，何故要杀臣等？"

现场的空气一下子凝滞了，幕后真凶直指朱棣本人！

本来高高在上充当仲裁者的朱棣，变成了指示臣下行凶的幕后黑手，如此无耻行径，必然会对他的天子形象造成不可逆转的负面影响。极爱面子的他，不得不出手挽回自己即将被扯掉的遮羞布。于是，侍奉在他左右的力士很快派上了用场，他们手中的金瓜成了让谭深和赵曦闭嘴的绝佳工具。

随着力士不断挥着手中的金瓜，谭深和赵曦二人满嘴鲜血，牙齿尽落，疼得连叫都叫不出来，更别说提供更多口供了。

皇帝做出了这般举动，就算是有心替梅殷讨公道的人，也不敢再追究下去了。

因为事实摆在眼前，谭深和赵曦的供词十有八九是真的。然而，皇帝不可能去替臣下偿命，但德高望重的驸马也不能就这么冤死，此案无论如何也得给天下人一个交代。

　　权衡利弊之后，这个黑锅只能让谭深和赵曦来背。

　　想为主人伸张正义的瓦剌灰审时度势，知道真正的幕后凶手自己无法撼动，唯有退而求其次，让明面上的凶手得到严惩。他向朱棣提出要斩去谭深和赵曦的手足，剖开他们的肚子，取出肠子祭奠惨死的梅殷。

　　这个台阶给得相当及时，朱棣立刻表示赞成，将谭深和赵曦按律处死，并抄没二人家产。许成检举揭发此案，还原事实真相功不可没，晋封永新伯。与此同时，朱棣还命官员依照仪轨为梅殷殓葬，追谥"荣定"。

　　一切尘埃落定后，祭奠了梅殷的瓦剌灰随即自缢殉主，朱棣则以牺牲一个前军都督佥事和一个锦衣卫指挥使的代价，除掉了自己的眼中钉肉中刺。也许在他看来，谭深和赵曦是该死的，丝毫无须对他们抱有一丝同情。他们虽然在执行命令上不打折扣，堪为百官之典范，但是他们完成任务的方式，实在是蠢到没朋友。

　　暗中除掉梅殷，不留丝毫痕迹，对于这两个人而言，尤其是锦衣卫指挥使赵曦，可以用的方法实在太多了，但两人却偏偏选了最简单粗暴的方式，光天化日之下当着梅殷仆人的面强行杀人。授人把柄也就罢了，自觉把这黑锅背了，在皇帝心中也算得上是个忠臣。千不该万不该，居然连牺牲自我的觉悟都没有，硬是在御前把实话给说了出来，将主子推到前面来替自己收拾残局，陷大明天子于被动，以致威严扫地。就冲这点，谭深和赵曦死十遍都不足以令朱棣泄愤。

　　又或者，正是因为被赵曦的蠢给弄怕了，朱棣后来才会挑纪纲这个有头脑、有手段的人来继任锦衣卫指挥使吧！

　　马顺和赵曦，一个不识时务，一个做事情简单粗暴，几陷领导于被动之境，搞成这种局面，也实在怨怪不到谁。

　　接下来的这个故事就有点复杂了，纵观它的始末，我们可以清晰地看到身为锦衣卫的无奈与尴尬,深知锦衣卫也会有倍感无力和进退维谷的时候。

令锦衣卫都感到棘手的案子是"李福达案",又称"李福达之狱",是嘉靖年间轰动一时的通天大案。该案扑朔迷离、曲折跌宕,涉及的各方势力错综复杂、盘根错节,简直是一言难尽。

案子起于一个叫薛良的山西人讦告太原卫指挥使张寅系反贼李福达(又名"李午")变易姓名,本也没什么特别,交由地方官府审结也就罢了。谁也没想到,这个案子越审越大,牵扯的人越来越多,最终从一个不起眼的小雪球一路滚到了大明帝国的权力中枢,酿成了一场巨型雪崩。

原告薛良与被告张寅是一对仇家,二人因何结怨,史料没有细说。据薛良的说法,张寅曾是白莲教首领,聚众谋反,只不过他善于变幻身份,于是以捐献粮食为手段骗取了朝廷的信任,为自己求得了太原卫指挥使的官职,顺利地潜伏进了大明的官僚体系。

薛良的告发经由山西巡抚都御史毕昭审讯,被认定是诬告。为了慎重起见,按察使李珏和都御史江潮又进行了两次复审,结果同样认定为薛良诬告张寅。事情到了这里,似乎可以将被冤枉的张寅给无罪释放了。然而,身在京师的张寅之子张大仁只知父亲因仇家诬告身陷囹圄,不知此案在山西已然审结,为了救父,他求告于对自己信任有加的武定侯郭勋。郭勋此人发迹于"大礼议",在明世宗面前也是说得上话的红人,于是一纸书信递到了山西巡按御史马录的案头,要求马录释放张寅。

然而,马录和郭勋在"大礼议"事件中分属两个对立阵营,郭勋等人支持明世宗遵奉生父为皇考、生母为太后,而马录等人则认为明世宗应该遵奉明孝宗(伯父)为皇考、张太后为母亲。也就是说,郭勋得宠是缘于他站在明世宗一边。马录本就对其以此发迹多有不满,如是情形,两人可谓是水火不容,马录又怎么可能听从郭勋的指令呢?

马录认为，这是一个整治郭勋的好机会，于是游说江潮、兵科给事中郑自璧等人，将被告人张寅（李福达）父子按照谋反重罪判处死刑，妻女充作官婢，家产充公。除此之外，他还会同二十余位官员，集体上疏，接连弹劾武定侯郭勋交通妖贼李福达，包庇叛逆，蔑视国法，有谋反之嫌，要求朝廷对其进行隔离审查。

郭勋遭到接连弹劾，感到了巨大的危机。为了自救，他向明世宗辩称说，自己是因为赞成皇帝为亲生父母上尊号而犯了众怒，被众人恶意诋毁构陷。明世宗本就信任郭勋，听到此言，将信将疑，去向另外两个非常信任的大臣——大学士张璁和桂萼求证。张璁、桂萼与郭勋本就是一条绳上的蚂蚱，也曾因为支持嘉靖皇帝给亲生父母上尊号而遭到群臣攻击，此番逮到了机会，便顺着郭勋的说辞，上奏称朝廷大臣内外勾结，陷害郭勋，借以打击他们这批支持皇帝给亲生父母上尊号的大臣。

明世宗本就疑心甚重，虽未擅动，但已然对马录等人生出了几分怀疑。其他大臣却并不知道事情的性质已经发生了变化，仍在热火朝天地弹劾郭勋。这般要整死郭勋的势头，令明世宗更加确信，张璁和桂萼等人的分析是真的。

事情经此一闹，完全变了性质，从对张寅（李福达）真实身份的调查，演变成武定侯与民间秘密组织勾结的谋逆大案，又变成了针对在"大礼议"中支持皇帝一派官员的政治迫害与反迫害。为了慎重起见，明世宗直接指示锦衣卫派人前往山西，将涉案的张寅（李福达）等人押解进京审讯，他要亲自过问。

按照律例，张寅（李福达）被锦衣卫押解进京后，交给了刑部、都察院和大理寺三法司会同审理，审理的结果、供词和判决都没有变化，判定张寅就是反贼李福达。可是，皇帝已经生了疑心，不肯相信三法司的结论，于是又命令文武大臣会集一处，再一次对涉案人员进行审讯。孰料，结果还是跟之前一样，认定张寅就是李福达，郭勋的确包庇反贼，意图不轨。

审来审去，怎么就审不出个真相来？对此，明世宗相当恼火，干脆自己撸袖子要亲审。

大学士杨一清连忙谏言劝阻，建议皇帝还是将此案交给司法机关审讯，不要将自己卷入其中，这样即使审不出真相，也好有个转圜的余地。

明世宗听从了杨一清的建议，下令三法司再审。

刑部尚书颜颐寿等人一看皇帝这架势，心里也明白了个大概。说到底，案子到了这个份儿上，张寅到底是不是李福达、郭勋是否包庇叛逆妖贼都不重要了，真相也变得无所谓起来，最要紧的，是揣度明世宗的心思。直白地说，只要审不出明世宗想要的结果，这个案子就注定没完没了，越闹越大。

那么，明世宗到底想要一个怎样的结果呢？

其实很简单：证明张寅不是李福达，郭勋没有包庇叛贼，薛良是诬告。

只要皇帝能息事宁人，张寅到底是不是李福达有什么要紧！颜颐寿和大家交换了一下意见，一致决定，就按照明世宗想要的判。于是，这一回三法司重审完毕，张寅（李福达）被判成了妖言罪，依律当斩。

这罪名拟定得非常巧妙，避开了叛国、党争之类的敏感话题，也放弃了拉郭勋下马的计划，旨在把张寅（李福达）这个祸头子给处置了，大家各退一步，海阔天空。

三法司也算是挖空心思打圆场了，这下皇帝该满意了吧？

然而，判决书被送到明世宗面前后，明世宗非但没对三法司的重审结果加以赞许，反而大发雷霆，把颜颐寿等人骂得狗血淋头。明世宗认为，颜颐寿等人在没有确凿证据的情况下，就把被告人定为妖言罪是草菅人命，案子审得这么含糊，简直是在敷衍他。

颜颐寿等人傻了眼：费尽心思打圆场，皇帝却并不领情，反倒成了自己在作死。

这也不行，那也不行，皇上您到底想做什么？

明世宗也撂了话："三法司的全体官员个个戴罪上班，将功补过！押解原勘官员马录、毕昭、李珏、李璋、江潮等人进京，给我一个个当面对质，重审！"

圣旨一下，锦衣卫忙得脚不沾地，数月之间，诏狱人满为患。

好容易把原勘官员凑齐了，三法司再次开审，这次判决结果变成了：原告薛良罪犯诬告。

一切又回到了最初的原判，所有人都觉得这次可以交差了。

事实证明，他们太天真了！判决书一下，明世宗的圣旨也跟着下来了："大学士张璁、桂萼和方献夫分别主持刑部、都察院和大理寺事务。刑部尚书颜颐寿，刑部侍郎刘玉、王启，都察院左都御史聂贤，都察院副都御史刘文庄，都察院金都御史张润，大理寺卿汤沐，大理寺少卿徐文华，大理寺丞汪渊，统统给我下诏狱！"

直到这时，所有人才明白，明世宗根本不在乎此案的真相，他在乎的是"大礼议"背后的党争，他考验的不是官员是否忠于职守秉公断案，而是他们的立场。三法司审来审去，都只关注案情本身以及如何让皇帝息事宁人，却没洞察到皇帝内心的真实想法——谁拿"大礼议"挑事就弄死谁！

此案追根溯源，挑事的不是别人，正是马录，但三法司审来审去，都没有锁定马录这个关键，这不是顾左右而言他，诚心包庇同伙，敷衍皇帝吗？这些人既是同党，必然有不可告人的各种关联，必须深挖严审！

于是乎，锦衣卫又忙活开了，奉旨抓了一批大臣回诏狱。他们清楚，这一次不能再像之前那样敷衍了，谁也不敢保证下一次皇帝再发飙，自己是不是会被一同卷进去蹲大牢。

锦衣卫的诏狱，鬼进去都能脱层皮。几番严刑拷打下来，之前坐在堂上发签子打别人板子的大老爷们，却是求生不得求死不能。

这还没完，明世宗的心火还没发泄掉，又指示锦衣卫深挖马录的黑历史。

既然皇上给了明确的攻击目标，锦衣卫便迅速以最高的工作效率，直奔马录的文件柜，查抄文书的同时，顺带连他的私人信件也给一并抄了回来。众所周知，私人信件里难免有些不便公开的牢骚怪话和个人隐私什么的，这么一网打尽，想置马录于死地的意图再明显不过了。

然而，许是马录私下比较谨慎，锦衣卫并未从他与别人的往来信件中找到什么有价值的文字。这么一来，不是很难为明世宗整治马录提供黑料了么? 找不到黑料，怎么定马录的罪? 不把马录往死里整，明世宗就该把锦衣卫上下往死里整了。

既然信件里没法找到有用的证据，那么只能拿与他有信件往来的官员名单做文章了。经过整理，锦衣卫发现马录与大学士贾泳、都御史张仲贤、工部侍郎闵楷、御史张英以及大理寺丞往来信件较多，私交颇好。于是，锦衣卫决定从这些人下手，看看有没有可能进一步收集到马录的罪证，早点完成任务。

马录往来信件被查抄的消息一出，大学士贾泳便知道情况不妙，立刻引咎辞职，而张仲贤等人，连辩解的机会都没给，全数被抓进了锦衣卫治下的诏狱。锦衣卫上下使出浑身解数，动用了能用的所有酷刑，刑讯这些大臣，但仍旧没有什么有价值的证据浮出水面。

锦衣卫上下都很焦虑，因为明世宗的脸色越来越难看，再这么抓下去，诏狱真的要被塞满了! 但事情却毫无进展，继续拖下去皇帝就该把锦衣卫全体投进大牢了!

锦衣卫这边的审讯毫无突破，主理三法司之一的大学士桂萼这边倒是收获颇丰。他先是罗织罪名把之前弹劾郭勋的大臣纷纷投进大狱，扫除异己;

而后直接把目标锁定马录，严刑逼供，胁迫对方承认有意陷害郭勋，为的是打击报复"大礼议"中以郭勋为代表的敌对阵营。

桂萼的手段估计相当残忍，深陷大狱的马录硬是被他屈打成招，承认了桂萼强加给他的罪名。强要说马录陷害郭勋，这多少有些过了，马录起初只是想整治一下郭勋，全没料到事情会发展到这种地步。

被折腾得体无完肤的马录最终画了押，连带着涉案的所有大臣，一并成了有意制造冤狱、构陷忠良、掀起朝廷党争的罪魁祸首与从犯。马录因陷人死罪未遂，判处徒刑；原告薛良处以死刑；张寅官复原职；为马录作证的人全部戍边；其他因涉及此案而获罪的四十余名各级官员，或谪戍边疆，终生不赦，或削职为民，或革职赋闲。

桂萼把判处结果呈报给明世宗，明世宗对此表示欣慰，并以他审案平反之功，赏赐二品官的俸禄、服饰等，还特地亲往文华殿慰劳。

事情到此似乎尘埃落定了，张璁、桂萼和郭勋这一阵营继"大礼议"获胜后，再一次获得全面胜利，沉重地打击了敌对阵营，顺带巩固了己方在朝堂上的实力，扩充了自己的关系网。而明世宗也借助此事，树立了自己的绝对权威，报复了在"大礼议"中与他持相反态度，使帝王颜面无存的官僚集团。只有忙活了将近一年的锦衣卫上下，无功无过，无赏无罚，非但收获了满满的犯人，还得继续加班加点地替朝廷发配犯人到流放地去，实在苦不堪言。

颇为讽刺的是，此案在明世宗去世后不久，由于另一个大案的牵扯，爆出一个令人瞠目结舌的真相——张寅真的就是白莲教首脑李福达，薛良不是诬告，马录的判断精准到位！此时的内阁首辅徐阶出面主持了平反工作，因"李福达案"获罪的大臣们都得到了平反和无罪开释，马录自然也是其中一员。

可惜的是，此时的马录已经成了一粒岁月的砂石，身死于谪戍的边疆，再也无法回到阔别已久的京师，为自己的平反庆贺了。

第十四章

强强联手！

锦衣卫的婚姻与结盟

中国历来有句古话叫："门当户对。"

此言大抵是指男女婚姻之事，应考虑在同一社会阶层中，选择三观相似、家境相当的对象为妙，以免引起诸多冲突，平添麻烦。

许多人信奉"爱情至上"，不肯相信这一"老八股"，一意孤行，结果如何只能说冷暖自知。

由于血亲宗法制度根深蒂固，中国人的婚姻形式表现得与西方人不同：西方人的婚姻是两个人的事，中国人的却是两个家庭的事。既然涉及两个家庭，那么利益交错，有时只凭男女双方是扯不清楚的。所以，很大程度上，中国人的婚姻就像是博弈与结盟，各取所需，当然同时也是一体对外的。

今人尚且如此，明人自然也不例外。

在大明帝国独树一帜的户籍管理制度下，分属不同户籍类别的臣民，很多时候是不愿跨户籍联姻的。这不仅仅是因为不同户籍的报备和变更太麻烦，更重要的是他们生活的社会阶层不同，接触的人脉圈也相对固定，想在这个圈子里攫取最大化利益，只有持续不断地积累资源。如此，同一类别的户籍下，相互联姻，强强联手，成了许多人的首选。

这个道理说白一些，便是"贾府的焦大是不会爱上林妹妹的"；同理，林妹妹家即使破落，出嫁也得寻个世家子弟。否则，光差异巨大的生活习惯和三观，就够折腾的了。

对于锦衣卫这个特殊群体而言，他们的婚姻也摆脱不了这个潜规则。

身为武职人员，他们首先要面对的，便是大明帝国重文抑武的现实。

在明代，天子指派太监监军，安排文官指挥职业军人开展军事行动，这使文官的地位普遍要高于武官。这种在后世看来有些畸形的方式，在当时却是常态。为了防止军人哗变威胁中央政权，他们的职责被压缩到只需按照军令执行任务即可，至于战略规划，他们可以置喙的余地很小。因此，文官集团对武官群体始终保持着居高临下的姿态，武官群体对文官集团则多有不忿，二者之间的关系并不算融洽，婚姻大事方面，自然不会视对方为良配。于是乎，正常情况下，大家各自内部解决，井水不犯河水，皆大欢喜。

军人阶层在内部联姻时，基本也是找门庭相当的。上层武官家族与底层士兵家庭通婚的情况并非没有，但总体比例是很低的。所谓"人往高处走，水往低处流"的古训不是白说的，天下攘攘，皆为利往，对于重视家族传承和荣耀的中国人而言，有谁希望自己的家族一代不如一代？在这个指导思想下，军人家族之间的通婚呈现出了各种各样的形态，也从一个侧面折射出了明代社会的价值观，透露出朝堂上政治斗争波诡云谲的冰山一角。

当然，结两姓之好本为私密小事，寻常人等上不得春秋正史，如今得见，乃是托了考古发掘的福祉。研读各种因缘际会下出土的明代武官家族墓志铭，历史的细微处得以清晰呈现的同时，联姻之事对个人命运的影响也凸显了出来。在这些墓志铭中，有的人通过联姻，实现了底层小人物的逆袭，有的人通过联姻巩固了自身的社会地位，有的人则通过联姻实现了自己的政治诉求。至于这些婚姻的当事人本身是不是幸福，溢美的修辞所展现的真实度有多少，我们不得而知；但通过这些婚姻所织就的关系网，却实实在在地推动过历史的进程，也左右着当事人的人生际遇。

那婚姻究竟带给锦衣卫什么呢？他们的人生际遇到底有着怎样的改变呢？

我们不妨透过一些有代表性的墓志铭拓片及其背后的故事来参详参详。

第一个故事的主人公叫作米玉，他的官职不高，最终不过做到了锦衣卫百户，但他逆袭崛起的故事，却"很励志"。

米玉，祖籍晋阳（今山西太原），因祖父米虎立有军功，被朝廷授予锦衣卫百户，算是地道的军户出身。事实上，他的父亲不是米虎的嫡长子，而是"支子"，传到米玉这一辈，不仅家道中落，更是失去了锦衣卫百户一职的继承资格。于是，米家上下的男丁，都只能以军户身份，务农为生。

米玉在家里排行第五，六岁时，父母相继过世。彼时尚未成人的他，为了生存下去，只有仰赖兄嫂照顾。寄人篱下就得看别人脸色，这个道理，米玉很小的时候就参透了。为了不让兄嫂敌视自己，他经常饿着肚子打饱嗝，装作吃得很饱的样子，非常考验演技。这份少年老成，加之从小锻炼的演技，使米玉积累了相当丰富的为人处世经验。

米玉打小失怙，尽管日子过得很坎坷，但却始终不忘志向高远的初心。他的兄长们终日面朝黄土背朝天，盯着田里的庄稼，憧憬着秋天的丰收，他却在一旁静静地琢磨着自己的人生规划。又或者，他被兄长们排挤得，连务农的资本都没有了，只能另谋出路。不管是出于被动还是主动，他的路注定与别人不同。

成年之前，米玉的着墨之处除了少年老成、演技出色，余下的只是一片空白。成年之后，他做出了让家人和邻居都瞠目结舌的决定——变卖掉自己仅有的全部家产，离开庆阳府安化县，去京师谋生计。他义无反顾地离去，成为家乡人茶余饭后冷嘲热讽的谈资，因为压根没有一个人看好他的未来。

米玉从山西千里迢迢来到繁华的京师，举目无亲，更别谈有什么资源可以利用，只能按照程序，向有关部门申请继承祖父的锦衣卫百户一职。

明代的京师同现今的北京一样，都是全国精英扎堆的地方，人际关系错综复杂，政治山头也多。类似米玉这样赤手空拳的小角色，哪怕在家乡算个戏霸，但到这里，连跑龙套的机会都不会有人给。申请递上去以后，石沉大海一般，米玉也只能等待，他相信，按照程序走，总有申请获批的一天。

问题是，如果不按照程序走呢？如果有人利用职务之便，假公济私呢？

米玉这样自小领略过人情冷漠的人，显然不会傻白甜到相信一切都会按照规则运行。在等待申请批复的过程中，他一直在寻找其他可以出人头地的机会。

　　功夫不负有心人，就在米玉苦苦寻找出头机会之际，一个叫作冯璜的盗贼起兵作乱。米玉果断抓住这次机会，积极参与平乱行动，并由此获得军功，顺理成章地继承了锦衣卫百户之职。终于得偿所愿的米玉，向朝廷申请返乡扫墓。衣锦还乡的荣耀，让之前冷嘲热讽的人们闭上了嘴，纷纷换上了另一张趋炎附势的面孔。因为米玉成了锦衣卫百户，常驻京师，家乡的人从此有了"靠山"，把米玉在京师的家当成了"驻京办事处"，凡是解决不了的难题，都来找米玉，几乎把门槛都踏烂了。

　　解决了"立业"问题后，"成家"自然要被提上议事日程。

　　一个锦衣卫百户，在地方上也许是个大人物，但在京师，却算不得什么。米玉在京师本就没有什么关系网，想要在此长久立足，迅速打开局面，建立关系网是非常有必要的。关系网的建立很讲究，需要审时度势的眼力，也需要不留痕迹的技巧。

　　初来乍到的米玉表现得很低调，娶了一个背景不甚明了的女子杨氏为妻。但是没过多久，杨氏便亡故了，身后没有留下子女。在"不孝有三，无后为大"的社会背景下，续娶是必然的。丧期结束不久，米玉续娶了宋氏为妻。宋氏的背景，史料和出土文字中没有记述，但从她陪伴米玉和生育子女的情况来看，夫妻俩的感情还算不错。

　　妻儿双全，又在锦衣卫百户的位置上，米玉的人生比起之前在山西农村的困顿，算是初步圆满了。可是，人算不如天算，儿子米万春刚满三岁，宋氏突然撒手人寰。娇儿嗷嗷待哺，妻子却已不在人世。

　　两任妻子都早亡，米玉的婚姻似乎注定曲折。

　　大约是对自己的婚姻有点失望或者有了阴影，米玉不再娶妻，只在米万春长大之后，为了抚慰寂寞，先后纳了两房小妾田氏和董氏。日子就这么平平淡淡地过着，直到米玉再一次动了娶妻的心。

这一次的对象有点特别。一个比米玉小十四岁的马姓女子，进入了他的视野，并成了他的第三任妻子。

也许，你会觉得米玉是贪图马姑娘年轻貌美，想要老牛吃嫩草。这个因素不排除，但更重要的，是马姑娘的家世对米玉在京师的关系网很有帮助。

这马姑娘莫非是炙手可热的权臣之女？

以米玉的社会地位和官阶而言，那几乎是妄想。他是个脑子相当清醒的人，类似这样的大事，通常都是深思熟虑之后，才会下决断。在选择妻子上，也不例外。

严格意义上说，这个马姑娘是个没落的贵族出身。

怎么个没落法呢？

她去世的曾祖父是一位驸马。这就意味着，她的曾祖母是大明帝国的公主，她的身上有皇室血统，尽管已经隔了几代。

通过倒推人物生卒年，并检索《明史》等资料，马姑娘家的背景一下子变得清晰起来。

马姑娘的曾祖母是明英宗第六女宜兴公主，于明成化九年（1473年）下嫁广昌县知县马骥之子马诚。金枝玉叶嫁给一个知县的儿子，对比汉、唐、宋以来的公主，明朝的公主不再高高在上，寻常人攀折不得。宜兴公主与马诚成婚一个月后，皇帝赐予了她和另一位广德公主任丘县地共计九百余顷作为嫁妆。宜兴公主从中分得了多少地，史料没有详细记载，想来还是比较可观的。因此，马家的家境至少在宜兴公主生前还是很殷实的。

可是好景不长，公主出嫁六年后的某一日，驸马马诚突然被锦衣卫带走，旋即下了大狱，罪名是私通使婢，淫乱无度。

当着公主的驸马，还要找小三，这不是让公主难堪吗？虽然明朝的公主不像汉唐的公主那么彪悍，但也不是寻常女人那么好欺负的，娘家养着的锦衣卫可不是吃素的！

相信许多人看到这一罪名，都会觉得马诚是罪有应得。不过，真实的情况恐怕另有玄机。在墓志铭中，马诚的获罪被解释为一次善意的施舍，并不是《明实录·宪宗实录》里记载的这么不堪。

根据墓志铭的记载，马诚某次公干期间在潞河过夜，他的手下为了讨好驸马爷，为他找了一位歌妓作陪。马诚在与歌妓的交谈中，发现这名歌妓举止不俗，于是追问歌妓的身世。歌妓称自己是一个罪员的妻子，因丈夫获罪，被迫沦落风尘。马诚感于歌妓可悯的身世，给了她二十金赎身。

这件事被锦衣卫侦查到后，汇报给了当时权倾一时的大太监汪直那里。也不知是汪直与马诚有新仇旧怨，还是汪直突然正直到要替宜兴公主出气，事情很快捅到了明宪宗那里，马诚便被下了锦衣卫大狱。好在宜兴公主的面子还在，锦衣卫只是关了他几天，然后象征性地"发配"他去国子监反省学习了一段时间，停俸五百石，最后仍旧释放回去。

二十金换来一场牢狱之灾，马诚与宜兴公主之间有没有产生嫌隙，我们不得而知，只晓得正德九年（1514年）宜兴公主去世时，府中的经济相当窘迫，连买地修坟的钱都要找户部和工部求助。马家算是彻底衰落了，连三代的富贵都没延续到。

米玉的妻子空有皇族的部分血统和贵族身份，其实家境同米家也没什么两样。不过，既然是贵族，在朝在野，多少总有些个亲戚。米玉与马氏的婚姻究竟是因何而促成，史料语焉不详，反倒留给后人许多想象的空间。米玉在娶了马氏之后不久，两房小妾相继去世，留下了三个儿子，交由马氏抚养。马氏尽管没有子嗣，但将三个孩子视若己出，用心调教，除了长子米万春已成人，以武进士身份步入仕途之外，余下两子皆有所成。尤其是次子米万钟，以进士之身，位及太仆寺少卿理光禄寺寺丞事，在晚明的政治舞台上留下了一抹身影。此外，他在书画上的造诣更是出类拔萃。

从偏僻一隅走出来的米玉，在乡亲们的冷嘲热讽中背井离乡，来到举目无亲的京师打拼，最终通过自己的努力奋斗，站稳了脚跟。他的三段婚姻，尤其是最后一任妻子带给他的资源，提供给他的帮助，对米氏家族的中兴，是足以论功的。

重返锦衣卫阵营的米氏家族，在米玉的主持下，延续了武官家族联姻的传统。米玉的三个儿子，分别迎娶了锦衣卫百户蒋维藩之女、锦衣卫百户皇亲李凤之女、锦衣卫百户王嵩之女，米玉的孙女也嫁给了锦衣卫千户田琯的儿子田元德。特别值得一提的是米万钟，他虽然中了进士，脱离了锦衣卫系统，但他的父亲和女婿都是锦衣卫武官背景，也因此拥有两个政治势力作为后台——新兴武官阶层与破落戚畹阶层。而米玉的成功上位，也为明代的社会流动机制提供了鲜活的案例。

当然，米玉并不是唯一一个利用婚姻巩固自身社会地位与权势的人，米氏家族也不是第一个通过婚姻来经营人脉关系的家族。类似这样的政治结盟案例古已有之，在血亲制度的传统下，"血亲不如姻亲"的古训至今仍是相当有市场的。而在大明帝国，这一点在政治斗争核心层面的家族身上，表现得愈发明显。比如，我们接下来要讲到的徐氏家族。

说到明代的徐氏家族，很多人会第一时间联想到开国将领中山王徐达的家族，因为他既是开国功臣，又是外戚，位高权重，声名显赫。不过，我们要说的是另外一个徐氏家族，一个传承六世的锦衣卫家族。这一家族的世袭武职并不低，位列锦衣卫指挥同知，属于中上等阶层。我们依旧从一份墓志铭入手，来一点一点抽丝剥茧，看一看这个徐氏家族是如何凭借联姻的方式来拓展人际关系，结交政治盟友的。

这份墓志铭是怀远将军锦衣卫指挥同知徐毅的妻子范氏的。在展开分析之前，我们先简单梳理一下徐氏家族的社会背景。

范氏的丈夫徐毅是徐氏家族第二代锦衣卫武官，是前任南京锦衣卫指挥同知徐斌的嫡长子。徐斌是燕王府嫡系，也就是说，徐斌荣升锦衣卫武官，与朱棣发动"靖难之役"成功篡位有关。换言之，徐氏家族在明成祖、明仁宗时期发展得相当不错。明宣德二年，徐斌寿终正寝，嫡长子徐毅顺理成章地继承了他的官职，子承父业，正式进入锦衣卫系统。

有着雄厚背景的徐家，在挑选联姻对象方面，肯定不会马虎。尽管在范氏的墓志铭中，没有直截了当地说明范氏的父母有什么显赫的地位，但考虑到门当户对的传统，范氏家族应该也不是寻常百姓。在仔细查阅墓志内容后，果然看出些不寻常来。

范氏的祖母廖氏，为郧国公廖永安的长女。但凡被加封为"国公"的，身份肯定不一般。廖永安是元末明初人，与弟弟廖永忠因元末动乱，联合俞通海兄弟等结寨自保，后来率领麾下水军归附朱元璋，以军功授管军总管。朱元璋拿下集庆路（今江苏南京）后，他又被升职为同知枢密院院事，并随徐达与张士诚的水军大战于太湖。不料，太湖一战，他遭遇了吴将吕珍，在后军不给力的情况下，他的指挥船意外搁浅，被吴军抓了俘虏。在吴军的战俘营中，他一蹲就是八年，誓死不降，最终死于狱中。朱元璋感其忠勇不屈，追封他为郧国公，憾其膝下无子，只有几个女儿，于是令他的侄子廖昇过继为其子，授锦衣卫指挥佥事。廖永安生前，因与范氏的曾祖父范友谅为同乡，故将长女廖氏许配给其子范琳为妻。

据此分析，范家虽不出众，但也绝非黔首（百姓），很可能是地位不高的武官家庭。范氏嫁入徐家后，与徐毅感情甚笃，育有三子一女。长子徐昇后来继承了父亲徐毅的职务，成为家族第三代锦衣卫指挥同知，次子徐暹和三子徐旭的官职不清楚，估计应该还在武官系统内就职。

在四个子女的婚事上，徐毅秉持了武官世家强强联合的路线。他为长子徐昇迎娶了镇远侯顾兴祖的女儿为妻。顾兴祖为第一代镇远侯名将顾成之孙，顾成早年追随朱元璋南征北讨，为朱元璋帐前亲兵，深得信任。"靖难之役"中，他被燕军俘获，后被明成祖朱棣收入帐下，因功获封镇远侯，赐铁券，出镇贵州，成为一员封疆大吏。因此，顾家也算得上是开国功勋世家，与徐家在皇帝面前的地位足可比肩。也多亏是与徐家联姻，女婿又是锦衣卫指挥同知的高官，顾兴祖才能在宣德年间因故被下锦衣卫大狱时迅速获释，逃过一劫。

除了为长子迎娶镇远侯女之外，徐毅还为次子徐遏迎娶了鹰扬卫指挥之女来氏，为三子徐旭迎娶了神策卫指挥之女于氏，巩固了徐氏家族在锦衣卫之外的关系网。

至于徐毅唯一的小女儿，被他许配给了锦衣卫前所千户沈旺，算是在锦衣卫内部联络感情。一个堂堂锦衣卫指挥同知的女儿，如何会下嫁给一个千户呢？

沈旺是锦衣卫千户不假，但他的身份和背景未必寻常。沈旺的父亲沈友参与过"靖难之役"，而且还在永乐九年跟随郑和的船队下过西洋，只不过他运气比较背，没等到明成祖封赏升迁就病故了。明成祖为了补偿沈友，在沈旺年幼之际，就按照锦衣卫副千户的待遇给他发薪俸，以示荣宠。待到宣德二年八月，沈旺满十六岁，明宣宗亲自下旨意准许他承袭锦衣卫前所副千户。沈徐联姻之后，两家互相支持，荣辱共进，而沈旺的后代则在锦衣卫系统中连续任职八代，直到大明帝国灭亡。

回顾徐氏家族联姻的细节，可知家世门第和武官家族出身是其选择对象的关键。每一段婚姻的背后，都有一番对家族权力与家族威望的布局和长远规划，并非心血来潮之举。可以说，婚姻是他们权力交易与寻找政治同盟的有力手段，皆是出自利益的考量。类似的实例不胜枚举，从小小的锦衣卫百户到居高临下的锦衣卫指挥使，无论官职大小，几乎都以此"政治婚姻"为行事准则，或是攀附一个世家少奋斗二十年，或是彼此互为"护官符"。

其实，这也是中国古代政治最基本的形态，只有理解了这一点，才能从纷繁复杂的历史事件背后解读到各种利益根源。譬如在史料上看似八竿子打不着的两个人，在某一事件中，"突然"联手对敌或是搏命对撕。追根溯源起来，你会"惊喜"地发现：某人可能跟某人是远房的姻亲关系，某人可能跟某人的家族有剪不断理还乱的纠葛……

从有一说一的角度来看，人们往往更容易注意到"打虎亲兄弟，上阵父子兵"，反而忽视了女婿与老丈人、小舅子与大姨子之类更隐蔽的姻亲联盟。这大约也就是"血亲不如姻亲"更受政治家和权谋家青睐的原因吧！

第十五章

一个未被列入《明史稿》的锦衣卫指挥使

在清人所辑的《明史稿》里，大部分颇有权势的锦衣卫指挥使都会在其中拥有单独的传记，混得略差的，至少也会与人合并在一个传记里出现。然而，有一个人，他的名字出现在了《明实录·世宗实录》上，却未被列入《明史稿》之中。

这个人叫陶凤仪。

熟悉明史的人大约都知道，明世宗朱厚熜最信赖的锦衣卫指挥使是陆炳。陆炳权倾一时，地位堪比内阁首辅，上下官员无不对他敬畏有加。而陶凤仪，知道的人相对较少，甚至连他的名字，许多人都很陌生，更甭提他的事迹了。

为何陶凤仪的存在感会这么低？为何他的事迹没有在《明史稿》中占据一席之地？这其中难道有什么特殊的隐情吗？或者是他本来就没什么出色的事迹值得史书去花费笔墨？

其实不然，陶凤仪在明世宗在位期间经历的事情，搁到媒体面前，那也是镜头紧追不舍、疯狂曝光、深度挖掘的大新闻。比起陆炳，他毫不逊色，甚至可以引发小说家井喷似的创作灵感。

说到这里，诸君想必也急于知道我这么说的理由了。

事情比较多，请容我一件一件细细为你们说来。

我们先得从陶凤仪的家族说起。

陶凤仪，字瑞之，因其祖父陶鲁在三广地区政绩卓著，被赐籍番禺。他的父亲陶荆民去世前官至锦衣卫佥事，故而陶凤仪在父亲死后，根据武官世袭制度，成了一个锦衣卫正千户。相比很多袭职的武官而言，陶凤仪的运气还是不错的。为何这么说呢？

因为，理论上说世袭武官之职按照流程办理申报，等待审核，最后朝廷照准、安排职位是一件很容易的事；但是，在习惯讲人情世故的中国社会，理论与实际的差别还是挺大的。很多武官子弟，不仅仅是锦衣卫，在父祖去世后按律申请世袭官职，朝廷都会在受理后告知其安心排队，等着"出缺"。而就算有岗位空出来，也得讲究先来后到，论资排辈。至于实际操作的时候，到底是不是先来后到，论资排辈，那就是负责此事的办事人员说了算了。他跟你私下关系好，那安排你袭职的效率就高；反之，他跟你没啥交集，顶多公事公办，就算是无限拖延下去，你也拿他没辙。

陶凤仪到底用了什么法子，既顺利获得了世袭武职，又得到一个不算高也不算低的仕途起点呢？

这世上有一种人，他们过得好不是因为什么双商高，而是本身就拥有旁人无法企及的强大实力。

陶凤仪就属于这种可以用实力碾压众人的狠角色。

根据后人所著的《天溪陶公传》所载，陶凤仪沉静好读书，写得一手出色的好文章。明代能文善画的人多了去了，不多陶凤仪一个，但陶凤仪还有一个强项，那就是"明法律"，即精通法律法规。"明"到啥程度呢？"有声公卿间"，扬名在外！大部分公卿士大夫谈到陶凤仪在法律方面的能耐，都要竖起大拇指。这样的人物，巴结还来不及呢，谁肯轻易为个小钱小利得罪他？

于是，陶凤仪顺顺利利地凭借个人实力，以极高效率打开了"绿色通道"，获得了锦衣卫正千户之职。

当时正值明武宗在位末期，涉及刑罚的部分管理混乱，经常出现对嫌疑人用重刑或是判罚过重的情况，正直的官员向上反映，往往不被重视。于是，有人向内阁提议，请清廉贤明的锦衣卫武官到一线来调研处理，以正视听。陶凤仪因长于律法，被作为首要人选派往云南平反冤狱。陶凤仪到了云南后，果然不负众望，运用自己所掌握的法律法规，公正严明地平反了许多冤假错案，一时人望颇高。

　　陶凤仪回到京师没多久，东厂就传出缺一个理刑执政的官员。朝廷上下立刻想到了陶凤仪，二话没说，又把他调到东厂任职。陶凤仪到任后经过调查发现，由于东厂采取以全年捕盗数量考核"绩效"的方式来算"年终奖"，所以手下的人为了年底考核优秀，到处罗织罪名诬陷无辜的人为盗，大兴冤狱。陶凤仪查明实情后，释放了含冤入狱之人，并将兴起冤狱的捕者按律法办。

　　此消息很快传遍了京师上下，人人都称赞陶凤仪贤德中正。

　　在东厂洗冤后没多久，身负厚望的陶凤仪就被领导派往下面出差。他要去的地方正是湖北安陆，而他的接头人叫作朱厚熜。

　　也就是说，陶凤仪此行是来宣读朱厚熜被选为皇位继承人的圣旨，他将一路护送朱厚熜回到京师，登上帝位。因此，陶凤仪和朱厚熜即使算不上是共患难的兄弟，也是同行过一段路的友人，彼此是能说得上话的。

　　朱厚熜继位后，对陶凤仪很是重用，一度以他为大明使臣，派往朝鲜履行外交使命。在出使朝鲜期间，他依旧保持着清正廉洁的作风，对朝鲜方面的赠予一概回绝。此举让朱厚熜更加信任他，于是派他替自己去九边[1]巡视防务，犒劳军队。这可是一个不折不扣的肥缺，是一个很多人梦寐以求的捞油水的机会。可是，陶凤仪去九边重镇绕了一圈回来，非但没有捞什么油水，反而从自家口袋里掏出去一万两银子用于应酬开支。朱厚熜得知后，愈发觉得陶凤仪是大明帝国的廉政楷模。不仅如此，陶凤仪回京之后，还就自己巡视的情况，写了一份奏疏上呈朱厚熜，陈述九边重镇的军政积弊。如此认真的工作态度，令朱厚熜甚为感动。为了嘉奖陶凤仪，朱厚熜下旨升其为锦衣

---

　　[1] 九边，又称九镇，是明朝弘治年间在北部边境沿长城防线陆续设立的九个军事重镇，分别是辽东镇、蓟州镇、宣府镇、大同镇、太原镇（也称山西镇或三关镇）、延绥镇（也称榆林镇）、宁夏镇、固原镇（也称陕西镇）、甘肃镇，史称"九边重镇"。

卫指挥同知，可出入中外，参与大政，并加赐一品朝服，把锦衣卫镇抚司交给他打理，兼理诏狱。

由前文可知，陶凤仪能够专理诏狱，就等同于掌握了生杀予夺之权，许多人的性命都掌握在他的手里。如果陶凤仪是一个心胸狭隘、睚眦必报、贪婪无度之人，那么诏狱里的冤案恐怕会牵连许多无辜人群，给众多的家族带来灭顶之灾。幸好，他不是。他打理诏狱期间，史料中用了这样一段话来概括了他的作为："凤仪秉公执法，主持正义，从不阿谀屈从强权。他断案时，必仗义执言，不会因为涉事人是权贵而退缩。若判案有误，哪怕当事人身份卑微，他也会出手为其申冤。故而，凤仪行事，大多很合皇帝（明世宗）的心意。"不单如此，一些朝廷大臣因为失言触怒皇帝而获罪，陶凤仪都会想尽办法保全并解救他们。

做好人不难，难在有坚定的立场和是非观，不做老好人。

陶凤仪对良善之辈，时常施以援手，洗冤除暴，但对真正触犯律法、损害公众利益之人，却是毫不留情。

当时，有一位颇有权势的内官，仗着身份多行不义、触犯国法，为人所告发，下到了锦衣卫诏狱。为了求生，这名内官指使家人向陶凤仪赂以巨款。换作陆炳，可能会斟酌着寻个两便的法子给处理了。可是，行贿的对象是刚正不阿的陶凤仪。陶凤仪一口回绝，坚持以国法论处，最终将这名内官按律正法，可谓大快人心。

朱厚熜崇信道教，长年与道士、方士为伴，沉迷于炼丹修道。他听信道士采阴补阳的说辞，对宫中的宫女多有蹂躏，还强迫她们没日没夜地收集炼丹材料，引发了宫女的反抗。"壬寅宫变"中，朱厚熜差点被杨金英等宫女活活勒死，这一阴影始终笼罩着他，终其一生都不愿再接近后宫，更将帝国的政治中心搬到了西苑。然而，这一事件并未改变朱厚熜对道法的痴迷，道士和方士依旧是他相当宠信的群体。

其中就有这么一个方士，企图利用朱厚熜崇信道法的心理从中牟利，于是对朱厚熜多有欺瞒诈骗之举。事情败露之后，朱厚熜怀疑其中另有隐情，但他并不信任三法司，便将方士下到了锦衣卫诏狱，交给陶凤仪调查。陶凤仪的同事与陶凤仪一同会审这名方士，并想让这名方士编排一些说辞迎合朱厚熜的心思。陶凤仪坚决不许，他说："不能这样做。这个人本就不学无术，更用巧诈之行欺君罔上，这是有违天道的，更是国法所不容的，不能轻易宽赦。"于是，顶着皇帝的压力，陶凤仪将这名方士按律处死并上报。而朱厚熜对陶凤仪能坚持原则、不迎奉上意的行为无可奈何，最终表示了赞许。

陶凤仪执法期间，一贯以最质朴真实的文字来记录案卷，不愿拿具有严肃法律效应的文字来彰显自己的文采。而且，每天工作结束之后，他都会将公文整理归档，从来不用手下的刀笔吏来打理，其目的也是预防职务犯罪的发生。这个习惯一直保持到他卸任返乡。

在严嵩一党专权擅政期间，忠直的大臣们不断上疏弹劾，却相继遭到严党迫害。严嵩和严世蕃父子在朱厚熜面前进献谗言，构陷忠良，许多大臣都被朱厚熜下令逮捕，投入诏狱。其中有一个名叫何维柏的御史，因为上疏弹劾严嵩，被严党报复，以"忤逆罪"逮捕进京。按照惯例，何维柏被投入了锦衣卫诏狱，很快被判廷杖。

众人皆知触怒严氏父子，何维柏在劫难逃，于是出于自保，谁也不敢站出来与严氏父子抗衡，更不敢出言搭救何维柏。消息传到了陶凤仪耳中，当时执掌锦衣卫事的他，秘密指示行刑的锦衣卫校尉留何维柏一条生路，行刑后用席子将其卷起送到他这里，由他从宫禁的偏门护送出去。果不出其所料，锦衣卫这里刚刚廷杖完何维柏，严党的人就赶到行刑地，手持木梃，想要再给何维柏致命一击。但他们没有想到，何维柏居然消失得无影无踪，这让他们的计划落了空，只好悻悻地离开了。就这样，何维柏捡回了一条性命。事后，陶凤仪的善举一传十，十传百，天下闻名，人们都称赞他是一个贤德的好人。

这样的情况，陶凤仪任职期间遇到过太多次了。他虽不能阻止严党迫害忠良，也无法左右帝心决断，但却常常站出来主持公道，设法救护。像何维柏这样有名有姓、有记录的就有四个人，更别说那些被他暗中救助过的人了。

陶凤仪总是出手相救，维护公义，难免得罪当时炙手可热的严党，严嵩本人更是对陶凤仪恨得咬牙切齿。尽管陶凤仪性格沉毅，行事作风谨慎内敛，不容易授人以柄，但百密一疏的情况总是难免的。为了防止被严党寻机报复，他的弟弟陶凤鸁建议他以奉养老母为由，辞官回家，避开朝廷中的政治斗争。经过慎重考虑，他决定听从弟弟的建议，于是向朱厚熜申请辞官，回乡奉养高堂。

朱厚熜见到陶凤仪的上疏，并未刻意挽留，但却特旨准许其使用驿站返回番禺老家，并且每个月锦衣卫的俸禄照样发放给他。陶凤仪回到番禺后，朱厚熜还两度派遣内官千里迢迢去番禺致以问候，还带去了许多赏赐，如赐给陶凤仪母亲郑淑人的金帛、锦絮、杖盖等等。从此，陶凤仪留在了番禺，与弟弟陶凤鸁在白云山下建了一间书屋，奉母而居，再也不曾入仕返京。

不仅陶凤仪不再出仕，他的弟弟陶凤鸁也与兄相伴，一同奉养母亲，终身不曾出仕。

陶凤仪奉母返乡十年之后，母亲郑淑人病卒。消息传到京师，朱厚熜特旨赐祭庐墓，陶母的葬礼隆重一时。因为母亲辞世而伤恸不已的陶凤仪身体每况愈下。大约深感自己时日无多，陶凤仪加紧了陶氏祖祠的建造，又将家族田地拿出来做义田，周济穷困贫乏之人，并将手中的宗族大权交托给选定的宗子族正世代执掌。一切安顿妥当后，他也病入膏肓，很快离开了人世。

得知陶凤仪去世的消息，朱厚熜很是悲伤，特地派出官员前往番禺祭奠，谕赐祭葬，并命陶凤仪的儿子返京袭职，再入仕途。陶凤仪的儿子在此后的仕途中，秉承父亲勤勉谨慎的作风，因功历升锦衣卫指挥使，掌卫事。陶凤仪的孙子陶中麟在其父去世后，继任锦衣卫千户。然而，彼时大明山河已破，社稷尽在风雨飘摇之中，陶中麟身为锦衣卫千户，选择了为国尽忠，一路跟随南明隆武政权且战且行，最终在缅甸遭遇缅方的埋伏，葬身异乡。

这样一个人，就其人生轨迹和作为而言，可以立传的元素实在是太多了，然而《明史稿》却没有对他立传。这实在是一件令人费解的事，要知道陶凤仪的曾祖父陶成、祖父陶鲁两代人的事迹都是有合传的。

在《明史稿》的记载中，陶凤仪的曾祖父陶成优秀到了不可思议的程度。陶成历任交趾诸县典史、凤山县令、署谅江府儒学教事、按察司检校、山东宪司、大理寺评事、浙江按察司金事、浙江按察副使等职务。他还曾于明正统七年（1442年），率部荡平东海倭寇，平定金州和处州两处叛乱，声威远播，直到明景泰元年（1450年），在浙江武义公干之时被害。陶成因公殉职之后，灵柩返回浙江公署，老百姓哭迎的队伍长达数十里，两浙之人闻讯，悲之如丧亲戚。如是人物，"于承平世，奋其一身，为民屏蔽"，扭转了世风，革新了士气，简直是不立传没天理！

这还没完！陶成的传记里，还连带着写了他的儿子——陶凤仪的祖父陶鲁，而关于陶鲁的事迹，内容远超陶成，篇幅简直是前者的五倍！

陶鲁是凭借父荫入的仕途，先后做过广东新会县丞、新会知县、湖广按察司金事、湖广按察使等职，后来又荣升湖广左布政使兼广东按察副使，领岭西道事，兼防军务，总制西南边疆，时人称之为"三广公"，或"陶三广"。《明史稿》称："（陶鲁）历官四十五年，始终不离兵事，大小数十战，凡斩馘二万一千四百有奇，夺还被掠及抚安复业者十三万七千有奇。"

曾祖父和祖父的事迹表明，陶凤仪精通律法，崇尚实干，完全是继承了家族的信条。这也足以解释陶凤仪为人处世的习性、正直不阿的三观到底从何而来。可是，他却没能在《明史稿》中争得一片天地。

《天溪陶公传》是一则民间文献，作者是同时代的解元唐之夒。唐之夒考中进士后，因为文学和书法都很出众，被皇帝钦点留在了京师做翰林院庶吉士。唐之夒深慕陶凤仪的风采，所以专门为他写了一篇传记，记录他和其弟陶凤鬵的事迹。

此举在那个年代是要冒被文人士大夫诟病、指骂的风险的，毕竟锦衣卫的特殊身份，本来就很容易被人指摘，何况是为其树碑立传呢？

在那样一个混乱年代里，举国上下都忙于政治斗争，"纷纭多故，将疲于边，贼讧于内"，皇帝又不体恤民情，只忙着修道和营建宫室殿宇，还任用权奸，果戮直臣。陶凤仪虽能得到皇帝的信任，与皇帝感情甚笃，参议机要，平叛冤狱，救助忠良，却未能将朱厚熜引回正途。这在修官方史书的馆臣们看来，陶凤仪没有尽到为臣子的义务，未能改变当时暗淡的时局，改写明代厂卫与官僚集团之间的紧张关系，居然还能功名终申，全身而退，归乡隐居，数次得到皇帝超出一般待遇的赏赐，实在有违他们的价值观。他们担心将这样的人写进史书里，会造成不好的影响，让人争相效仿。

这便是《天溪陶公传》的作者唐之夒，基于当时的社会现实，预料陶凤仪很难得到官方单独列传的原因分析。事实证明，唐之夒的判断是正确的，陶凤仪确实失去了在官方史料中立身的资格和机会，不仅在明代的官方史册中，就连清人撰写的史书中也遭遇了同样的待遇。

很多时候，修史者的道德和政治立场，决定了其对记录对象的取舍标准及评判。也因为这个缘故，很多非常有料、复杂的历史人物，被迫淹没在历史长河中，消失在后世之人的视野里。史官们似乎见不得楷模一样的人物拥有复杂的人性，希望他们是纯臣良臣，白玉无瑕，以至于"人无完人"的现实，统统被遗忘了。

如果不是唐之夔，我们只能看到陶成和陶鲁的功绩和事迹，感叹于这样的人物居然没有优秀的后代传承。殊不知，陶凤仪的功绩不逊于他的祖先，陶氏家族一脉相承的正直、务实伴随着大明帝国始终。

《天溪陶公传》严格来说是一枚被历史遗忘的碎片，但这枚碎片的背后，反映的是那个时代的社会细节，以及那段波诡云谲的历史。

总而言之，历史的细节也是值得去敬畏、尊重与用心味咀嚼的。在琢磨一个事件、一个人物的过程中，历史的传承性和延展性才能得以充分展现。

有一句话说得好："不要只关注历史事件和历史人物本身，它们只是一扇窗户，推开了窗户，背后是一个广阔的值得探索的世界。"

第十六章

死于缅甸的最后一任锦衣卫指挥使

任何事物都有消亡的那一天，哪怕它曾无比辉煌。

锦衣卫作为一个复杂而特殊的机构，即使在如日中天的时候，好像也不大适用"辉煌"这个词来形容。不过，人们似乎更关注锦衣卫叱咤风云、无人敢侧目的岁月，对于它最后的归宿则鲜有兴趣了解。

用搜索引擎检索锦衣卫最后的归宿与消亡，相关的文字并不多，即便有，也是草草交代几笔了事。很显然，许多人对于这样一个组织的消亡，持着一种"塞翁失马，焉知祸福"的心理。

然而，凡事有始有终。既然这部书的主角的锦衣卫，那么有关锦衣卫的最后归宿，总是有必要交代一下的。

大部分历史资料都将大明帝国的灭亡节点定在公元1644年，当年发生了"甲申之变"，李自成攻破北京，明思宗（又称庄烈帝）朱由检自缢于煤山（今北京景山）。可实际上，明朝政权并未随之消亡，有志于重建河山的大臣们与有实力、有名望的宗室后裔相继建立起了几个流亡政权。为了有别于定都顺天府的传统意义上的正统，后人将这些流亡政权合称为"南明"。

在这数个南明政权中，相对占据有利形势的，无疑是福王朱由崧在南京建立的弘光政权。尽管福王朱由崧并非宗室中最贤能和最有名望之人，但他的血统与朱由检最近，对重视血亲宗法制度的明人而言，拥有绝对的号召力，是辅佐称帝的不二人选。另一方面，大明帝国实行两京制度，在北京和南京各有一套相同的国家机构。这两点都非常有利于弘光政权与入主中原的清政权划江而治，甚至是积蓄力量，东山再起。

然而，大明帝国的轰然倒塌，并不是偶然的，它的背后有着极为复杂的历史原因。这些原因若无法从根本上得到解决或有效调整，想要从头再拾旧河山，委实太难。

弘光政权在内斗与外患的交织中被历史的大潮所吞噬，紧随其后的唐王朱聿键、桂王朱由榔以及孙可望、李定国等人率领的大西军余部，相继合作并建立了若干个政权，但依然没能稳住阵脚。在这些流亡政权中，坚持抗清时间最长的，应属桂王朱由榔在广东称帝后建立的政权。

公元1646年年末，桂王朱由榔在广东肇庆称帝，因以"永历"为年号，故称之为"南明永历朝"。遗憾的是，永历朝建立不久，清兵便南下攻击广东，明军无力抵抗，于是放弃广东，一路辗转向贵州、广西和云南方向撤退。

这支南明流亡政权且战且走，最终于永历十年（清顺治十三年，1656年）迁徙到了云南昆明，暂时停下了脚步，并决定在此建立滇都。还没等建都的消息传遍全国，永历十二年（清顺治十五年，1658年），清军兵分三路，追击而至。

此时，中国版图上大部分的区域已成为清政权的势力范围，永历政权所拥有的军力已不足以自保，脚下的云南成了永历帝朱由榔最后能立足的国土。如果朱由榔选择放弃云南，那么他将失去最后一处安身之所。在这样艰难的形势下，摆在永历政权面前的除了硬碰硬抵抗到底以外，还有两个选择：要么，向吴三桂率领的清军投降；要么，离开国境，往外去求取新的立锥之地。

回顾称帝之后的仓皇，朱由榔的心情愈发沉重。之前几个由宗室建立的政权结局都很悲惨，他之所以在广东肇庆即位，是为了收拾广东的民心，挽回自己在隆武政权监国时期犯下的过失，存续大明王朝的血脉。可是，隆武政权却忙着与自己内战，一心想要把自己消灭掉，清军却借助这个机会，伪装成了明军，出其不意地攻占了广州。自此之后，朱由榔的人生就剩下了不断地逃命，以至于被后人戏谑为"史上四大跑男"之一。

朱由榔曾经信任过刘承胤，但刘承胤却出卖了他，设计将他作为向清政权投降的大礼奉上。多亏他机敏，发现了刘承胤的计划，连夜逃出了全州（今广西全县）。紧跟着，他又在路过柳州的时候，被当地的土司将随身物品洗劫一空，只余一身狼狈。

真是虎落平阳被犬欺！

此时，吴三桂领着清军兵临昆明城下，战事迫在眉睫，能用来做决断的时间相当紧迫，朱由榔必须尽快拿个主意。

这毕竟是一个攸关生死的决定，也是永历政权能否存续下去的关键，朱由榔不得不慎重。他决定听取臣僚们的意见，而在这些人中，最受他信任的是一个叫作马吉翔的人。

马吉翔并没有给朱由榔带来"吉祥"，他是永历朝锦衣卫指挥使，也是象征着大明帝国锦衣卫制度消亡的最后一任锦衣卫指挥使。需要特别说明的是，虽然明朝灭亡之后，锦衣卫这个机构被清朝统治者延续了下来，但很快被削弱实权，于顺治二年改名"銮仪卫"，回归到最初的仪仗队功能，乃至被取消。因此，真正意义上的最后的锦衣卫，其实就是永历朝马吉翔手下的这一批。

马吉翔在南明历史上算得上一个关键性人物。可惜，他对南明政权所起的作用并非正面的，而是充当了死亡推手。

此人是顺天府大兴人（一说为四川铜梁人），为人粗通文义，便黠巧佞，年轻时多往来于有权势的太监门下，深得他们的欢心，很受器重。明思宗朱由检当国期间，他与朱由检非常器重的大太监高起潜等人关系匪浅，由此获利颇多。高起潜奉命担任监军后，动用关系安排马吉翔随军，授予其都司一职，带着他征讨孔有德叛乱、镇压农民起义军等，积累了不少军功。明崇祯九年（1636年）之后，明、清之间战事频发，高起潜畏惧清军，时常在对战迎敌之际，畏战怯战，待清军屠掠过后，割死尸的脑袋冒充军功。明崇祯十一年（1638年）的冬天，面对清军的大举南攻，高起潜与兵部尚书杨嗣昌力主议和，诸事掣肘，致使主战的宣大总督卢象升孤军作战乃至阵亡，其恶行满满，朝野之人无不义愤填膺。马吉翔作为其左膀右臂，为虎作伥的事自然做了不少。

明思宗自缢煤山之后，大明帝国的北部疆域大部分沦为李自成建立的大顺政权的势力范围，此时马吉翔早已南调去了广东。眼见旧主已死，他立刻发挥其善于钻营投机的特点，借往福州送军饷的机会，对在福建称帝的隆武帝宣称自己是锦衣卫世袭之家出身。大乱当前，北疆尽失，隆武帝也没空核查他的说辞。彼时缺人缺钱，马吉翔带来了大批军饷，隆武帝总不能什么表示都没有。于是，隆武帝给了他一个锦衣卫佥事的官职，算是投桃报李。从此，马吉翔的仕途越走越顺畅。

在隆武帝治下，马吉翔谄媚巴结诸位握有实权的将领，利用军功奏捷署名之便，一路累升至安东副总兵官之位。当听闻永历帝朱由榔在广东即位的消息后，他又跑去投靠，割了诸功勋外戚拥立之功的"麦子"，一跃成为锦衣卫指挥使。就这样，仰仗着"内交中官、外结诸将"的雄厚背景，马吉翔侍奉在朱由榔身边，影响着朱由榔的所有决策。

永历帝朱由榔本人对马吉翔的感情也相当深厚，连带他的母亲都认定马吉翔忠诚勤勉，是个值得信任的良臣。朱由榔封他为永安侯，还允许他入内阁，掌丝纶房事，有票拟之权。这点得益于马吉翔出色的演技。朱由榔即位之后，不断遭到清军攻击，经历了许多磨难。在这个过程中，马吉翔始终追随在他左右，可谓患难与共、不离不弃。每到危难时候，马吉翔便出力出钱，总是第一时间挺身相救朱由榔，时机把握得刚刚好。从概率上来说，每次都能恰到好处地表现忠心，这不是一般人能做到的，除非有特殊的信息渠道，否则很难保证时效性和精准度。不过疲于奔命的朱由榔，恐怕压根没有工夫去仔细琢磨这个问题。于是乎，南明本就坎坷艰难的复国之路，前途变得更加渺茫。

朱由榔很信任马吉翔，马吉翔却并非表面上那样忠于朱由榔。他的眼里，没有社稷，也没有君臣之义，有的只是不惜一切代价把自己的利益最大化。

他一边在朱由榔面前装模作样，攫取实权；一边暗中勾结孙可望，为自己寻求更大的靠山。然而马吉翔的真实意图很快就被两位为人忠义的将领得知，他们忍不住将实情透露给了大学士吴贞毓，并恳请吴贞毓进言朱由榔，要警惕孙可望等人，以免受害。

自己的计划为吴贞毓知晓，马吉翔不由得对吴贞毓心生畏惧，由此展开了一系列针对吴贞毓的弹劾与迫害，试图利用朱由榔对自己的信任，除掉吴贞毓这块绊脚石。然而，朱由榔这回没有按照他的剧本走，他很信任吴贞毓，保吴贞毓的立场十分坚定。马吉翔却不死心，一而再地联手孙可望等人，继续构陷迫害吴贞毓。

朱由榔彻底怒了，他发现了马吉翔与孙可望勾结的事实，决定法办与孙可望图谋不轨的马吉翔和庞天寿。这二人闻讯，十分恐惧，连忙进宫求见朱由榔之母。居于宫闱之中的妇人，对外界政局所知甚少，一念之仁，放过了这两个祸首。朱由榔碍于母亲的庇护，无法从明面上除去马吉翔和庞天寿，于是私下里同吴贞毓等人商议，考虑召李定国入卫朝廷。为了确保计划万无一失，朱由榔特地把马吉翔派去祭祀兴陵，将他留在了南宁。

马吉翔对于朱由榔要召李定国入卫的消息有所耳闻，却只当捕风捉影。偏偏一个大臣从李定国那里回南宁，跟马吉翔聊到朱由榔暗召李定国入卫的事，马吉翔才知道事情是真的。迅速缓过神的马吉翔立刻与孙可望取得了联系，孙可望旋即采取行动，派出部将郑国前去问罪。

这个"问罪"明面上问的是吴贞毓等人的罪，实际上是向朱由榔逼宫。孙可望手握重兵，朱由榔为了自保，权衡利弊之下，明知道吴贞毓等人无辜，也只能选择牺牲掉他们。最终，孙可望一党以"盗宝矫诏、欺群害良"拟罪，赐吴贞毓自缢，并斩杀了另外十七位朝臣，史称"十八先生之狱"。

事情搞到如斯境地，朱由榔想不倚重马吉翔都不可能了。他抱着一丝幻想，指望着手握兵权的李定国能成为反清复明的希望，无奈性格耿直的李定国三下五除二就被马吉翔的花式谄媚法给绕晕了，还与马吉翔达成了合作协议——马吉翔在内控制内阁，李定国在外节制军队。这个协议直接使马吉翔一人独掌内外大权，朱由榔彻底被架空，成了马吉翔手中的提线傀儡。

很快，孙可望投降清廷，亲引大军入侵南明，李定国战败，南明政权风雨飘摇。面对清军的步步紧逼，朱由榔最终做出决定：一路从云南撤到缅甸边境。

然而这个决定，与马吉翔不无关系，他担心自己的众多辎重财产被人劫走，于是竭力敦促朱由榔立刻放弃云南，撤往缅甸。仓促之下，朱由榔根本没有置喙的余地，便被马吉翔等人挟持着离开了国境，以至于连群臣和妃嫔宫女都来不及全数带上。此时的朱由榔在马吉翔眼中，与他的私有财产差不多，只不过是个傍身的物件，而官员妃嫔都不过是些不必要的累赘。

永历十三年（清顺治十六年，1859 年）闰正月，一众人逃往缅甸国界，缅人要求他们放下武器方可入境。随行的黔国公征南将军沐天波表示反对，认为这会受制于缅人，马吉翔却下令放下武器，先进入缅甸再说。当明军全部听令卸下武器之后，缅军果然挟制了朱由榔一行。好在此时李定国数万大军尚存，在云南与清军相持激战，缅人不敢轻易得罪朱由榔，态度还算友善。可是，随着李定国节节败退，军队死伤过半，缅人的态度开始发生改变。

缅甸当局的态度很大程度上受时局影响，尤其是在清廷已经控制了大明朝的大部分疆土之后，缅甸的统治者显然畏惧清军远胜于李定国的军队。清朝统治者敏锐地捕捉到了缅甸当局的复杂心理，遂向缅甸当局和云南边境土司施压，企图借他们的手不战而胜，减少自身在兵力、物力和财力上的输出。

就在朱由榔等人逃亡缅甸的同年九月，业已投降清廷的洪承畴奉旨致书缅甸军民宣慰使司和蛮莫宣抚司，要求主动交出朱由榔、沐天波和李定国。

次年，吴三桂所率大军已实际控制整个云南，被清廷下令留镇云南，总管该省军民事务。

清廷摆出如此姿态，缅甸当局也不是不懂眼色的傻子，对朱由榔等人的态度日益恶化。为了防止缅甸当局迫害朱由榔，李定国和白文选一再进兵缅甸，试图将其救出，结果反而与缅军兵戎相见，双方关系跌至冰点。永历十五年（清顺治十八年，1661 年）正月初六，缅甸国王莽达派遣使者到达云南，求见吴三桂，提出以交出朱由榔为条件，请清军配合攻击李定国和白文选部明军。

吴三桂并没有直接答应莽达的要求，而是玩了一个虚张声势的策略，让永昌、大理戍边的军队到国境线上"大张旗鼓、号作先锋"，唬住李定国和白文选部明军，并牵制莽达，使其不敢将朱由榔移交李定国等人，再图后策。

然而人算不如天算，半年之后，吴三桂的后招还没出，缅甸内部先出了乱子。亲明的缅甸国王莽达因为政变被杀，继任者是他的弟弟莽白。

莽白继位后，派出使者，前往朱由榔处索要登基贺礼。朱由榔客居异邦，处处受制于人，早已坐吃山空，哪里拿得出像样的贺礼，遂以"其事不正"为由，不予致贺。莽白显然也不是真的为了讹诈财物，而是为了让仅仅具有象征意义的明朝皇帝朝贺自己来增加政治地位。朱由榔的拒绝，使双方的关系彻底恶化。

两个月后，莽白再次派出大臣前往朱由榔处，当面叱责明朝方面"毫不知恩报恩"。随即，缅方决定铲除朱由榔及其随行官员，他们要求明方朝臣过河议事。明朝众臣鉴于双方紧张的关系，都心怀疑惧，不敢过河。莽白又出一计，再遣使者前来，邀请这些大臣一起前往者梗之睹波焰塔饮咒水盟誓。

明方上下如何看不出莽白的伎俩，可是人在屋檐下不得不低头，想要在缅甸存身，有些事情不得妥协。黔国公沐天波替朱由榔答复缅甸使臣的话中，清晰地点出了缅方意欲加害明方君臣的计划，但仍然无法严词拒绝这个咒水之约。沐天波对于眼前的末路心知肚明，内心充满了对大势已去的愤懑不甘，他对缅甸使臣说："今日我君臣虽在势穷，量尔国王不敢无礼。任尔国兵百万，象有千条，我君臣不过随天命一死而已。但我君臣死后，自有人来与尔国王算账。"

缅甸一方势强，哪管落于下风的明方心里如何作想，只是一味催促明方朝臣必须如期前往饮咒水结盟。

在明朝君臣面前表现得相当强势的马吉翔此刻也认怂了，作为永安侯、锦衣卫指挥使、内阁重臣，他无论如何也逃不掉赴咒水之约的命运。一贯怕死的他再也不纠结于辎重财产了，他只想保命。斟酌再三，他想到了拉着黔国公沐天波一起去赴约。

马吉翔挑中沐天波随行，不仅因为沐天波武力值高，还因为沐天波特殊的身份。

沐天波是明朝开国名将沐英的后代，沐氏家族奉命世代镇守云南，在西南边境各邦国、土司眼中，有着举足轻重的地位。马吉翔认为，沐天波黔国公的背景对缅方多少有些威慑力，应该可以防患于未然，降低发生人身意外的概率。可事实证明，马吉翔的认知水平也就到此为止了。因为，他在沐天波回复缅甸使臣的话中，完全解读不出沐天波对时局的判断，就连悲观的情绪都没解读出来。

沐天波是何许人？他是世代镇守云南的黔国公，他怎会不懂得此中利害？

云南周围环绕的各种势力，与其说是忌惮沐氏家族，不如说是忌惮沐氏家族背后的大明帝国。大家都是畏惧明朝雄厚的实力，给沐家赔笑脸，而今大明帝国就剩朱由榔和一帮残臣败将，沐天波再有本事，黔国公的分量也要大打折扣，哪有底气和资本力挽狂澜。况且入缅之时，你马吉翔不反对，执意要放下武器装备，现在手无寸铁，又拿什么去跟缅军对峙较量？

所谓饮咒水结盟，不过是缅甸当局摆的一出鸿门宴，很可惜，莽白不是优柔寡断、骄傲自大的项羽，马吉翔也注定做不成刘邦。

马吉翔的心思压根瞒不住缅甸当局，为了实现谋杀计划，他们勉强同意沐天波随同明朝官员一同渡河赴咒水之约。

史料没有记录下结盟前夜，明方驻地都发生了什么，是不是一如既往的平静，每一个人的内心都经历了怎样的波动。这一夜，最终只留下了一段遗憾的空白。

次日黎明，马吉翔集合所有官员，与黔国公沐天波一道，收拾齐整后渡河，前往者梗之睹波焰塔，准备饮咒水与缅方盟誓。他们离开后，明方驻地只留下了十三个宦官以及跛足总兵邓凯守卫"行宫"，此外就只有朱由榔及皇后等老幼妇孺共计三百余人。

这一天上午，大明仅剩的文武官员跋涉许久，终于抵达了缅方指定的者梗之睹波焰塔下。然而，迎接他们的并不是说好了前来盟誓的缅甸国王莽白，而是缅甸军事指挥官及其麾下的三千名全副武装的缅甸士兵。

随着一声令下，缅军将明方的全体官员围了个水泄不通。

此情此景，马吉翔再傻也知道情况有变，立刻想找沐天波来解围。

针对沐天波，缅方显然早有准备，没等他站出来解围，缅甸军事指挥官便果断下令，将黔国公沐天波拖出包围圈，另行处置。

这么一来，沐天波知道事情确如他所料，向着最糟糕的方向发展了。身为黔国公的他，犹记得自己祖先镇守云南，保护大明社稷的职责与使命，于是夺取缅甸士兵手中的刀，奋起反抗，连杀缅军九人。

沐天波开了杀戒，明方队伍里的武官们也紧随其后，愤然操起可以使用的"武器"——一根普普通通的柴棒予以还击。对于这些职业军人而言，手握着街头小混混械斗用的柴棒与全副武装的敌人做殊死搏斗，简直是职业生涯最大的耻辱。然而，他们无能为力，结局也毫无悬念可言。从他们被马吉翔命令放下武器的那天起，这个悲壮的命运就已经注定了。与其说他们是为了活下去而奋起反抗，不如说，他们明知将死，也要捍卫身为军人的荣誉。

他们的反抗对于缅方来说，只是在做困兽之斗。柴棒哪里敌得过刀枪剑戟，缅军奉命而动，不消一会儿，大明王朝最后的文臣武将，连同黔国公沐天波共计四十二人便尽数倒毙于血泊之中，做了异国他乡的孤魂野鬼。

最后的锦衣卫指挥使——马吉翔在哪里？

身为锦衣卫指挥使的马吉翔居然手无缚鸡之力，血腥屠杀刚一爆发，他连反击的机会都没等到，就横尸当场了。

继他之后，锦衣卫掌卫事任子信、金书张拱极、丁调鼎、刘相、宋宗宰、刘广银、宋国柱等，也一并被缅军就地屠杀。

真正意义上，属于大明帝国的最后一批锦衣卫，就这样毫无悬念地葬身于缅军的包围圈中，消失在历史的暗夜里。距离当年锦衣卫诞生，已历二百八十余年。

缅军踏着四十二具大明官员的尸首，即刻渡过河流，争先恐后地冲入朱由榔所在的"行宫"。他们搜掠财物，凌辱妇女，任意杀人，场面混乱不堪，只留下满地尸体，触目惊心。

目睹这一切的朱由榔手足无措，他愤恨、惊惶却又无可奈何，种种情绪交杂在一起，最终只剩下了绝望后的求死心切。想到当年自缢于煤山的明思宗，他决定与皇后一起自缢，给自己、给大明帝国留一个最后的体面。

在这紧要关头，侍卫总兵邓凯却苦苦规劝他说："太后年老，如今飘落异域。皇上您丢失了江山社稷已是不忠，再要丢下太后去寻死便是不孝，就是死了，又有何面目见太祖高皇帝于地下啊？"

此言击中了朱由榔痛苦纠结的内心，回顾年老的母亲，他想要以死殉国的决心动摇了。已经丢失了祖宗的江山，再让年迈的母亲白发人送黑发人，于心何忍？

选择为孝道苟活下来的朱由榔与皇后、太子一并二十五人，被凶悍的缅军赶进了一所小屋内关押。至于屋外的人员，则形同缅军砧板上的鱼肉，想怎么蹂躏就怎么蹂躏。朱由榔的两位贵人与吉王及其妃妾等百余人，大部分不堪凌辱，自缢身亡。

黔国公沐天波的屋内，留守的内官和妇女共计有两百余人，面对缅军的欺凌，唯有恐惧地哭泣。流传下来的史书中，用了这样一段话来描绘当时的场景："……母哭其子，妻哭其夫，女哭其父，惊闻数十里。"而缅方的大臣直到缅军搜刮殆尽之后，才现身主持"公道"，喝令缅军说："王有令在此，不可伤皇帝及沐国公。"

"不可伤皇帝及沐国公"？

咒水盟誓现场，因寡不敌众倒在血泊里的黔国公沐天波又是谁？

缅方真是把所有的戏都做足了。野蛮的洗劫结束之后，一片狼藉的明方驻地，幸存人员已无法再正常生活。

附近寺院的僧众见此情景，心生慈悲，纷纷送来饮食，供给幸存人员活命度日。

朱由榔的性命虽在，但抗清复明的斗志已亡。作为大明帝国仅剩的象征，缅甸国王莽白还要拿他同清廷谈条件，攫取利益，因此又派人多方安抚，只为了避免朱由榔在清军到来之前自尽身亡。

南明永历十五年八月，清廷根据平西王吴三桂的请求，下令出兵缅甸，胁迫缅甸方面交出朱由榔，并摧毁在云南边境地区继续抗击清军的明军李定国部。

很快，清军兵分两路西进，于当年十二月初一，追近缅甸阿瓦。吴三桂与爱星阿将军在部署官兵前致书莽白，勒令其立即交出朱由榔等人，否则兵临城下，追悔莫及。缅甸国王莽白对清军的神速推进深感恐惧，毫不犹豫地决定尽快向吴三桂交割朱由榔一众人。

十二月初三，缅方借口朱由榔等人的羁押地在己方的运兵路上，恐他们受到惊扰，强行要将他们搬离。使者宣布完这个消息后，立刻指示缅军将朱由榔连杌子一起抬走。朱由榔的母亲并皇后、太子、公主等一众人，悲声震天，被驱赶于后，徒步走了两百多步，才有三顶轿子赶上来接了朱由榔的母亲等人代步。一众人被连夜驱赶，行了五里多地，还摸黑渡过了一条河流，直到二更天时才被赶进旧晚坡的一个军营。待到安顿下来，朱由榔才知道，自己已经落入了平西王吴三桂的手中。

朱由榔见到吴三桂后，叱责吴三桂背主叛国，吴三桂不敢作声，只是跪在地上。朱由榔当然知道自己未来的命运，于是对吴三桂说："事到如今，也就这样了，朕是北京人，想见到十二皇陵再死，你能帮朕达成心愿吗？"

吴三桂回答说："臣能任之。"

此后，直到朱由榔被杀，期间二人再未会面。

十二月初五那一日，总兵邓凯匍匐在朱由榔的帐前对他说："事情已经到了今日这般田地，皇上当一死以全名节，使老臣得其死所！"

此时的朱由榔对吴三桂的承诺仍然抱有幻想，他对邓凯说："我知道！但是，太后还在。况且，洪某（洪承畴）、吴某（吴三桂），世代累受皇恩，未必会毒害我们母子。"

事实证明，朱由榔太高估吴三桂的操守了。

尽管返回昆明的一路上，吴三桂对朱由榔等人的照顾颇为尽心体面，但也不过是另有图谋，同时等候着清廷对朱由榔的处置意见。

　　相较清廷对朱由榔的生死一直犹豫不决，吴三桂想要处死朱由榔的决心更大，也更迫切。他必须要加快控制云南的步伐，利用清廷对自己的信任，效法沐氏家族，在新朝建立稳固的政治地位。处死朱由榔，一则可以向清廷表现自己效忠新朝的决心，二则可以令云南境内还在负隅顽抗的南明军队丧失精神支柱。因此，在他的运作下，朱由榔最终于永历十六年（清康熙公元，1662 年）四月十五日，被吴三桂的手下用弓弦勒死于昆明算子坡，太子亦同时被处死，余下的家眷由清军押送回北京。吴三桂由此被清廷记一大功，晋封为亲王，割据一方。

　　就这样，抗争了十几年的南明政权彻底覆灭，天下进入了一个新的时代。

　　社稷的覆灭，天下的动荡，对沐天波、吴贞毓等人而言，是一个剖心泣血、力图恢复山河的悲情时代，而对马吉翔、高起潜等人而言，则是一个投机钻营、攫取利益的黄金时代。至于吴三桂之流，无所谓对错，无所谓黑白，道德、人命、良知等等一切，都只不过是用来换取权力的工具罢了。

参考文献

古籍文献

[1] 明实录 [M]. 台湾：台湾"中央研究院"历史语言研究所,1962.

[2] （清）张廷玉. 明史 [M]. 北京：中华书局,1974.

[3] （清）龙文彬. 明会要 [M]. 北京：中华书局,1956.

[4] （明）徐溥,刘健,李东阳. 大明会典 [M]. 台湾：新文丰出版社,1976.

[5] （明）王世贞. 丛书集成初编·锦衣志 [M]. 北京：中华书局,1991.

[6] （明）傅维鳞. 明书 [M]. 济南：齐鲁书社,1992.

[7] （明）傅凤翔,编撰. 皇明诏令 [M]. 嘉靖二十七年补刻本.

[8] （清）夏燮. 明通鉴 [M]. 北京：中华书局,1980.

[9] （清）谷应泰. 明史纪事本末 [M]. 北京：中华书局,1972.

[10] （明）王世贞. 弇山堂别集 [M]. 北京：中华书局,1985.

[11] （明）余继登. 典故纪闻 [M]. 北京：中华书局,1985.

[12] （明）冯梦龙编. 喻世明言 [M]. 香港：中华书局,1981.

[13] （明）冯梦龙编. 警世通言 [M]. 香港：中华书局,1980.

[14] （明）刘惟谦. 大明律 [M]. 正德十六年刻本.

[15] （明）朱元璋. 大诰武臣 [M]. 洪武二十三年刻本.

[16] （明）沈德符. 万历野获编 [M]. 北京：中华书局,1985.

[17] （明）谈迁. 国榷 [M]. 北京：中华书局,1958.

今人著作

[1] 丁易. 明代特务政治 [M]. 上海：上海书店出版社,2011.

[2] 张建伟. 锦衣卫 [M]. 北京：作家出版社,2010.

[3] 杜婉言,方志远. 中国政治制度通史·明代卷 [M]. 北京：人民出版社,1996.

[4] 梁志胜. 明代卫所武官世袭制度研究 [M]. 北京：中国社会科学院出版社,2012.

[5] 顾诚. 隐匿的疆土：卫所制度与明帝国 [M]. 北京：光明日报出版社,2012.

学术论文

[1] 刘凡. 明代特务机构东西厂、内行厂 [J]. 南京史志 ,1989(6).

[2] 徐连达. 明代锦衣卫权势的演变及其特点 [J]. 复旦学报（社会科学版）.1992(6).

[3] 商传. 明代的特务机构：东厂 [J]. 炎黄春秋 ,1995(6).

[4] 孙志江. 明代特务政治发达的原因 [J]. 渤海学刊 ,1997(1).

[5] 廖元琨. 锦衣卫与明代皇权政治 [J]. 北方论丛 ,2008(4).

[6] 廖元琨. 锦衣廷杖与明代官僚心态 [J]. 南华大学学报（社会科学版）,2009(1).

[7] 张金奎. 锦衣卫职能略论 [J]. 明史研究论丛 ,2010(10).

[8] 于小秦. 明代锦衣卫冗员考 [J]. 黑龙江生态工程职业学院学报 ,2010(3).

[9] 李生华. 明代特务机构——厂卫研究初探 [J]. 北方文学（下半月）,2010(3).

[10] 周松. 明代南京的回回人武官——基于《南京锦衣卫选簿》的研究 [J]. 中国社会经济史研究 ,2010(3).

[11] 崔航. 厂卫系统与明代监察制度 [J]. 法制与社会 ,2010(7).

[12] 张欣. 锦衣卫与司法审判 [J]. 法制博览（中旬刊）,2012(11).

[13] 廖元琨. 明代锦衣卫行为研究 [D]. 兰州：西北范大学 ,2007.

[14] 张凡. 明代会审研究 [D]. 北京：中国政法大学 ,2008.

[15] 姚骏. 明朝刑部审判权研究 [D]. 上海：华东政法大学 ,2009.

[16] 李保贵. 明代热审制度研究 [D]. 北京：中央民族大学 ,2010.

[17] 祝家尧. 论明代热审制度 [D]. 大连：辽宁师范大学 ,2011.

[18] 高希. 明代北京亲军卫研究 [D]. 北京：首都师范大学 ,2011.

[19] 邹瀚莹. 明朝职务犯罪侦查研究 [D]. 重庆：西南政法大学 ,2012.

[20] 赵勋. 明代中后期锦衣卫研究 [D]. 湘潭：湘潭大学 ,2012.

[21] 孙志虎.《锦衣卫选簿》整理与研究 [D]. 西安：陕西师范大学 ,2013.